東海道五十三次

いまむかし歩き旅

高橋真名子

河出書房新社

はじめに

東海道と言っても一つではない。

車なら東名・名神高速道路や国道一号線、鉄道なら東海道新幹線や東海道線がそれに相当し、東京と大阪を結ぶルートということでは空の便も広義の東海道だ。

東海道新幹線の東京・大阪間の年間利用者数は、日本の総人口に近いというから驚くべき数だが、それ以外の交通手段も含めれば、それこそ数え切れない人たちが日々東海道を通っていることになる。もちろん私もそのうちの一人だ。

東京に生まれ、四十年近くを東京で過ごしてきた私は、十数年前に結婚し大阪に住むことになった。とはいえ、当時七十代後半で一人暮らしなどしたことのなかった父を一人東京に残すことができず、東京と大阪を移動しながらの生活が続いた。東から西へ、西から東へ……。振り子のような移動の日日に慣れてきた頃、新幹線で走り抜けている全長五百キロの道を自分の足で歩いてみたいと思うようになった。

時速二七〇キロから五キロに減速したら、どんな風景が見えるだろう。かつて宿場町として栄えた町は、いまどうなっているのだろう。人々が暮らし、旅人たちが歩み固めてきた東海道を、歩く速度から見てみたい。そんなことから私の東海道歩きが始まった。

歩いたのは東海道の旧道、いわゆる旧東海道である。これは徳川家康が慶長六年（一六〇一）全国支配のために整備した五街道の一つで、江戸の日本橋を起点とし、五十三の宿場を経て京都三条大橋に至る、およそ四九二キロの道のりだ。

五十三回荷物の継ぎ替えを行うので五十三次と呼ばれるが、五十七次の東海道もあった。東海道は京都の一歩手前、大津の先の追分で二手に分かれると、一方は京都へ、もう一方は大阪の高麗橋《こうらいばし》に向かう。大阪への道は、文禄三年（一五九四）豊臣秀吉が伏見城と大坂城を最短距離で結ぶため、淀川沿いに築かせた文禄堤が元になっており、家康の時代に伏見、淀、枚方《ひらかた》、守口の四宿が設けられたので五十七次になるが、江戸と京の都の間を意識したく、私の旅は京都を目指す五十三次とした。

平成二十二年（二〇一〇）に日本橋を出発。最初はおそるおそる、次第に慣れてくるとペースがあがり、毎月一日から三日程度の旅を続け、およそ一年がかりで京都三条大橋に到着したが、都から東を目指した人々の気持ちにも寄り添いたくなり、到着後すぐにまた京都を発った。さらに東海道の往復と並行して、脇街道である姫街道や佐屋《さや》街道、大阪の高麗橋に至る五十七次の東海道（京街道）、伊勢に通じる伊勢街道も歩いたので、取材は約二年、千キロを優に超える旅になった。

最初に正直に申し上げよう。現在の東海道にはがっかりさせられることが多い。排気ガスが充満した国道、立ち並ぶビル群、破壊された遺跡、工場の煙突からはき出される煙、どこまでも続くシャッター商店街……。そうした場面に直面すれば落胆もする。けれども、いやだからこそと言うべきだろう、延々黙々と歩き続けていくにつれて、私の目は変わっていった。

土地は生き物だ。こちらが心を寄せれば、必ず良いところを見せてくれるようになる。そうなればしめたもので、次第に私はこの街道に魅せられていった。

東海道を歩きながら驚き心を奪われたのは、何よりもこの街道に堆積した歴史の厚みだった。五十三の宿場に沿って歩くので最初の関心は江戸時代に向けられるが、歩きながら次々に現れる史跡を辿っていくうち、この街道は戦国時代、鎌倉時代、平安時代はもちろんのこと、有史以前まで遡る日本列島の歴史を有する道、さらにいえば日本の歴史そのものであると思え、東海道歴史絵巻を繰るような思いで歩き進んだ。

各地で語り継がれる神話や伝説の数々も、私の心を捉えた。具体的には浦島太郎やかぐや姫などの伝承や、神話の英雄日本武尊《やまとたけるのみこと》の伝承などで、それらが東海道沿いに伝わる不思議を追い求めていくにつれ、語り継いできた土地の人たちの思いにも心打たれ、必ずしも史実とは一致しなくても、それもまた歴史なのだという気持ちを強くした。

東海道が持つ空間的な拡がりにも、目を見張らされた。言うまでもなく東海道は東西を結ぶ街道で、東西それぞれの起点が現在に至るまで日本の政治や経済、文化の中心地であり続けていることから、常に二つの地点の間を人やものが行き来し、街道沿いには双方からの影響が様々な形で及んでいるが、東海道はそればかりか南北各地とも強い結びつきを持つ。内陸と海岸沿いを結びつけているのは富士川、大井川、天竜川のような河川と、川沿いに発達した身延《みのぶ》道や秋葉《あきは》街道に代表される川筋の道だが、東海道を新幹線で行き来しているだけの頃は、そのことに気づくことはなかった。

空間的な拡がりということでは、海の存在も重要だ。日本橋を発ってから四日市に至るまで、ときおり海の存在が意識に上るが、海は東海道から遥かに離れた土地との結びつきを可能にするスケールの大きな道でもあった。外洋のきらめきを目にするたび、東の海の道の往来に思いを馳せた。

最後にもう一つ。東海道を歩いていると、懐かしい街道風景や、海、山、川が絶妙に配された自然景観に出会う。現在の東海道は交通量の多い殺風景なところが多く、そういう道を何時間も歩き続けるのは苦痛だが、それだからこそ青空に浮かぶ富士山に出会えたとき、坂の向こうに蒼い海を捉えたとき、時間を巻き戻したような町並みを目にしたときの喜びはひとしおで、その気持ちが次の一歩への原動力になった。

東海道に堆積した歴史の厚み、多くの人が行き交い残した足跡や伝説、所々で目にする自然豊かな風景や旧道らしい町並みといった、私が東海道に魅せられた要素に照らし、四九二キロ、五十五箇所を風の吹くまま描いた結果、視点の定まらないものになってしまったが、そもそも旅というのは、行き当たりばったりの不確定要素によって面白みが増すということもある。この紙上の旅もそうあってほしいと願いつつ、出発の合図をすることにしよう。

いざ東海道へ。

東海道五十三次いまむかし歩き旅

◉

目次

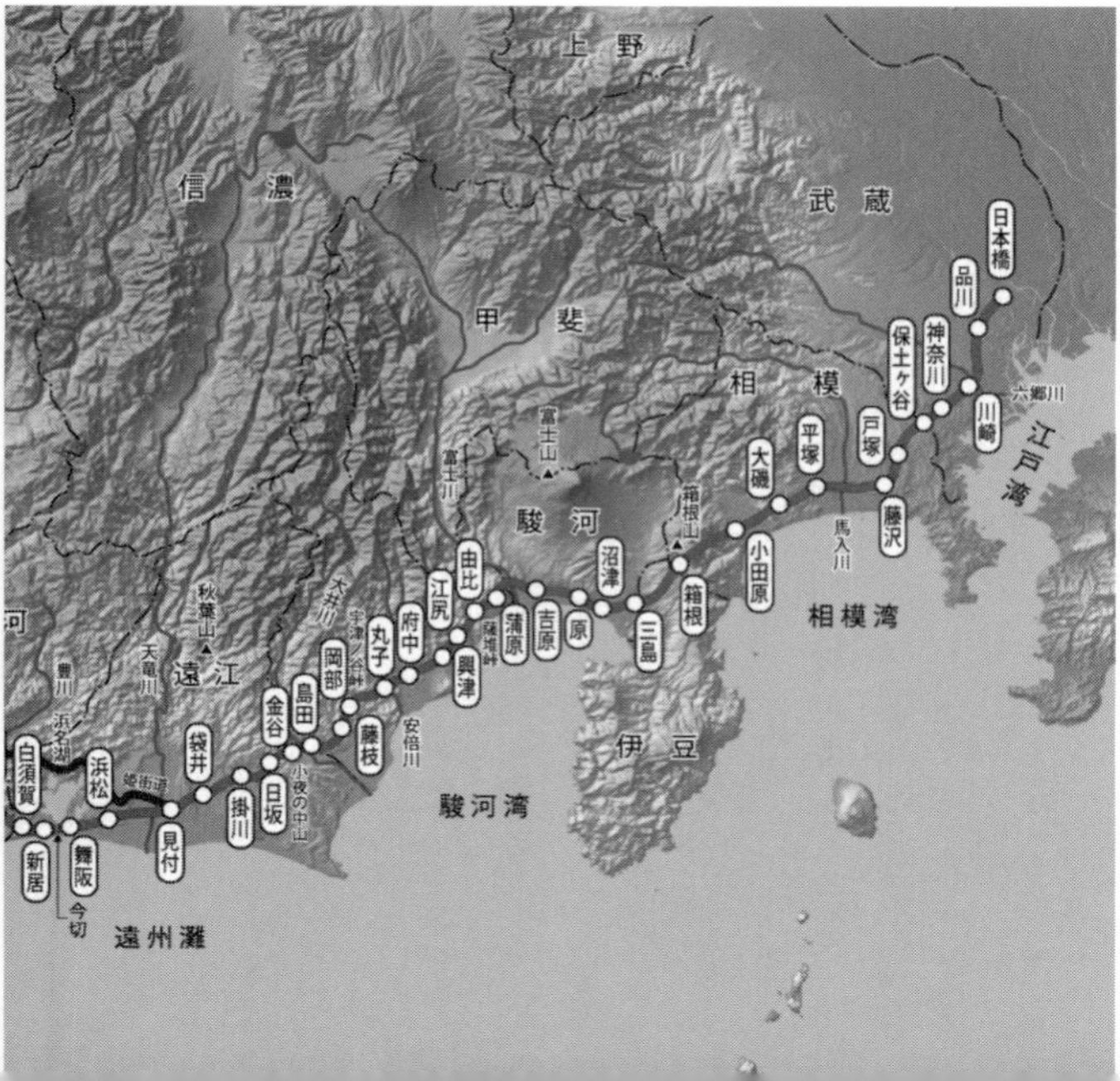
上野
信濃
武蔵
甲斐
相模
駿河
遠江
伊豆
相模湾
駿河湾
遠州灘
江戸湾
日本橋
品川
川崎
神奈川
保土ヶ谷
戸塚
藤沢
平塚
大磯
小田原
箱根
三島
沼津
原
吉原
蒲原
由比
興津
江尻
府中
丸子
岡部
藤枝
島田
金谷
日坂
掛川
袋井
見付
浜松
舞阪
新居
白須賀
今切
六郷川
馬入川
箱根山
富士山
富士川
薩埵峠
宇津ノ谷峠
安倍川
大井川
小夜の中山
秋葉山
天竜川
豊川
浜名湖
姫街道

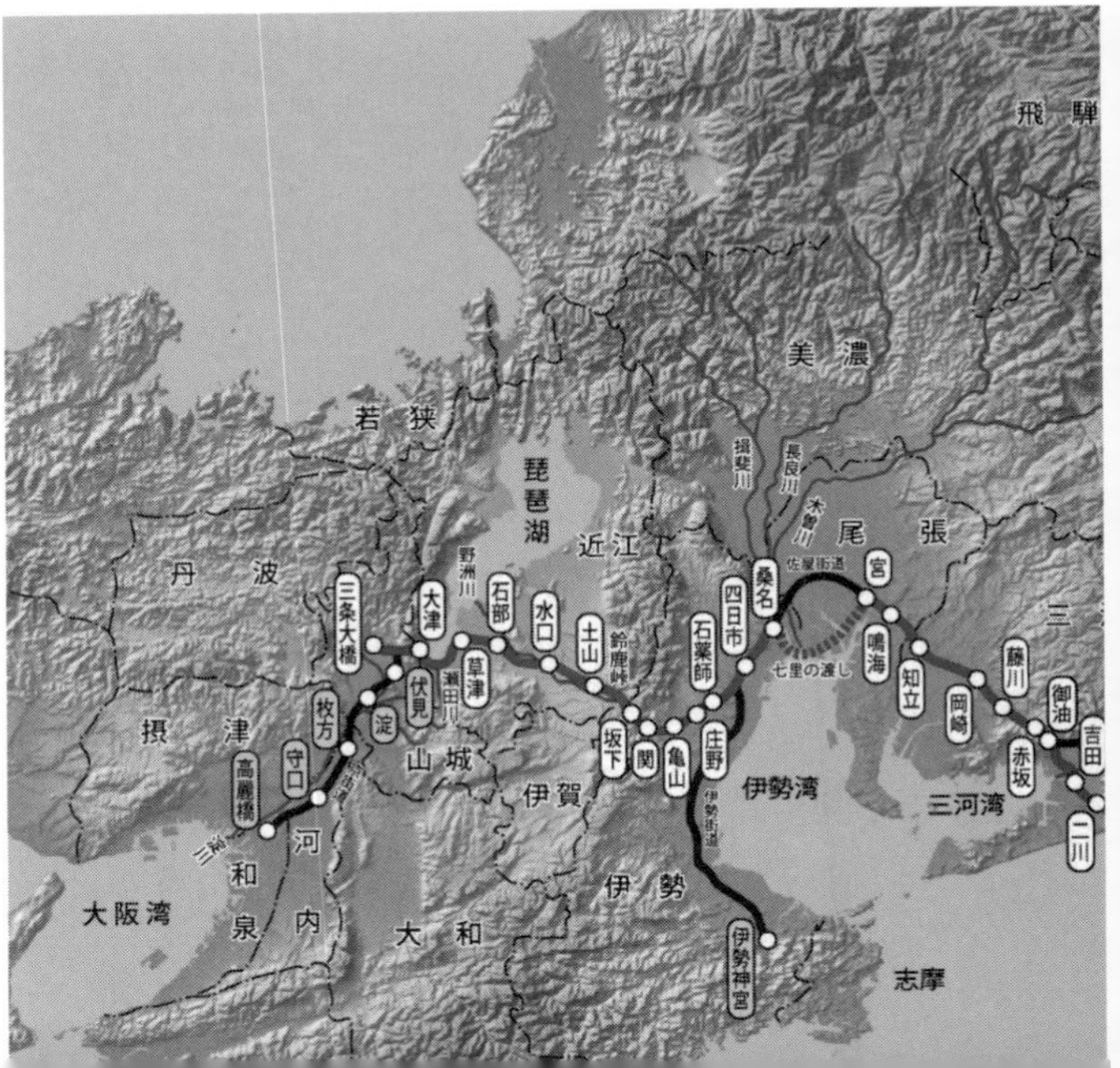
飛騨
美濃
若狭
琵琶湖
近江
尾張
三
丹波
摂津
山城
伊賀
伊勢
大和
河内
和泉
大阪湾
伊勢湾
三河湾
志摩
揖斐川
長良川
木曽川
野洲川
瀬田川
佐屋街道
七里の渡し
鈴鹿峠
伊勢街道
三条大橋
大津
石部
水口
土山
伏見
草津
淀
枚方
守口
高麗橋
坂下
関
亀山
庄野
石薬師
四日市
桑名
宮
鳴海
知立
岡崎
藤川
赤坂
御油
吉田
二川
伊勢神宮

＊各タイトル下の地図は、それぞれ東京東北部・東京西南部（各5万図）、東京・横須賀・静岡・豊橋・名古屋・京都及大阪（以上20万図。いずれも国土地理院発行）より。

装幀——水上英子
写真——高橋真名子
（カバーは「関宿」）

東海道五十三次いまむかし歩き旅

I

日本橋から小田原へ

歌川広重「日本橋〈朝之景〉」
（『東海道五拾三次』保永堂版より、以下同）

1

日本橋《にほんばし》

麒麟と獅子に見送られ

地下鉄銀座線の三越前駅で地上に出ると、再開発まっただ中の日本橋の街が拡がっている。それまであった建物がなくなりそこにぽっかりと穴が開くと、以前何があったのか気になるものだが、現在の日本橋がまさにそうだ。作業服を着た人に聞いてみる。「あぁ、ここはね」と教えてくれ、ようやく一昔前の記憶と現在が頭の中で一致する。建設中のビルの向こうに、別の建設現場のクレーンが顔をのぞかせ、四方八方工事中の囲いの奥から金属的な音が聞こえてくる。

思い起こせば、日本橋は江戸形成という大きな変化の中で誕生した。家康が江戸に入った当時、そこは草の生い茂る低湿地で、現在の大手町から汐留付近までは海に向かって舌のように突き出し、江戸前島と呼ばれていたし、日比谷も八丁堀も海だった。江戸城は日比谷入江の奥に建っていたことになるが、家康は防衛上日比谷入江を埋め立て、入江に注いでいた平川を付け替えて江戸前島の東側の海に流した。さらに江戸城から道三堀《どうさんぼり》と呼ばれる水路を掘り、新しく付け替えた平川と繋いだことで、

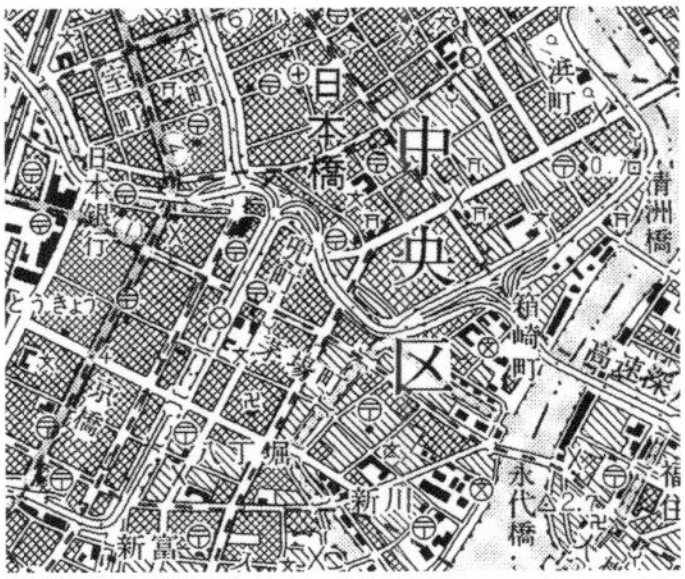

江戸城を江戸湾や墨田川河口と一本の水路によって結んだ。この新しく付け替えられた平川が、現在日本橋の下を流れる日本橋川だが、こうした水路の完成によって水路交通の要衝として日本橋の町は生まれた。何もなかったところに町が出現した当時を思えば、現在の日本橋より変化が激しかったとも言える。

歌川広重が保永堂版東海道五十三次の日本橋で、丸い太鼓橋を描いているように、東海道は橋としての日本橋から始まる。日本橋が東海道をはじめとする五街道の起点となったのは慶長九年（一六〇四）のこと。以来この橋は江戸、さらには日本の中心として発展してきたが、不思議なことに橋の建設時期も名前の由来も公式の記録がないため確かなことはわからないという。

現在の日本橋といえば、首都高速に空を覆われ、圧迫感があって薄暗い。それが嫌でいつも足早に通り過ぎてしまうせいで、橋の下に川が流れていることすら忘れかけていた。加えて、頭上を走る首都高速の壁に据えられた日本橋と書かれた青銅製の表示を見て、日本「橋」はもうなくなっていて、表示の日本橋は地名だと思っていたこともある。それほど日本橋という橋は関心の外にあったが、ここは東海道の旅の始まりの場所だ。橋の上を横切る首都高速を頭の中で消し、先入観を捨て新たな気持ちで日本橋を眺めてみると、それは意外なほど優美だ。

橋は花崗岩でできた石橋で二重のアーチを描き、中央には翼を持つ麒麟、四隅には獅子を乗せた橋柱が立っている。五十メートル近くある橋の両端と中央には一里塚にちなんだ松と榎を施した燈柱が置かれ、橋に華やかな雰囲気を添えている。

現在の日本橋は、明治四十四年（一九一一）にそれまでの木橋から石橋に再建されている。明治の近代化の象徴だが、そこでふと江戸時代の名残に目が留まった。四隅を飾る青銅の獅子が乗せられた石の土台に、銘板が埋め込まれている。東海道の進行方向に向かって右は漢字で「日本橋」、左はひ

高層ビルの間に老舗が点在する日本橋の街

五街道の起点、日本橋

らがなで「にほんはし」と書かれているが、この字は橋の架け替えの際徳川慶喜に依頼して書いてもらったものという。慶喜が亡くなったのは大正三年（一九一四）。つまり最晩年の字だ。江戸の中心として、また江戸の交通網の起点として賑わい続けてきた日本橋。家康に始まる江戸時代が、自分の代で終焉を迎えることになった慶喜が、その文字を揮毫するというのは、どのような気持ちだったのだろう。

日本橋はなぜ日本橋と言うのか。それにはいくつか説があるらしい。ここに全国から人や物や金が集まったからとか、橋の上から朝日を拝むことができたからとか、橋を普請した際に全国から人が集められたからとか様々で、三浦浄心による『慶長見聞集』に、平川（日本橋川）の工事のため全国から人が集められたとあるので、その可能性が高そうだが、いままさにここから東海道を歩きだそうとしている私には、街道を通じ日本橋から全国に拡がり繋がっていくこの橋の実態が、日本橋の由来に思える。

日本ばし何里〳〵の名付親

日本ばしどこへゆこふがすきな所コ

『川柳江戸名所図会』に、こんな川柳がある。ここから思い浮かぶのも、全国各地に拡がりゆく日本橋だ。

2

品《しな》川《がわ》

地蔵菩薩の足下で

旧東海道とはいえ、当分は大都会の道だ。海外の高級ブランド店が並ぶ賑やかな銀座の街を抜け、新橋、浜松町、田町と、交通量の多い国道十五号線（第一京浜）を足早に進むと、石垣の上に樹木が茂った高輪《たかなわ》の大木戸跡が見えてくる。

大木戸は宝永七年（一七一〇）、江戸の治安維持のために設置された簡易関所のようなもの。現在は進行方向左手の石垣しか残っていないが、かつては街道の両側に石垣があり、その間に柵門が設けられていた。江戸時代ならここを過ぎるといよいよ旅の気分が高まってきただろうが、現代の旅人には、大木戸を過ぎても依然そこは大都会東京の内。コンクリートに固められた風景は、この先まだ当分の間続く。

品川といえば、二〇二七年に開業予定のリニア中央新幹線の始発・終着駅になることが決まっている。まだ先の話だが、こんなニュースを耳にすると、時代を問わず品川は交通の要衝であり続けているのだなとつくづく思う。

たとえば古代、品川には古東海道の大井駅が置かれ、武蔵国府（現府中）の津は品川付近にあったと言われている。中世になり太平洋海運が盛んになると、品川は湾内でも有数の湊として栄えた。品川湊は目黒川河口にできた砂州《さす》を利用した天然の良港。かなりの規模で、湊町には中世すでに宿場的な機能が芽生えていた。

家康による近世の品川宿は、そうした中世の宿場町を基に造られたもので、江戸に近いこともあって、宿泊というよりむしろ休憩に多く使われたが、江戸庶民たちの遊興の場としても栄えた。しかしいまでは江戸時代の品川が吉原に次ぐ色街だったとか、桜や紅葉の名所であったといったことは忘れられている。

人混みをかき分けるように品川駅前を過ぎると、旧東海道は御殿山に向かって上り坂に変わる。その先にある北品川商店街に、江戸時代品川宿が置かれていた。南北に長い旧道沿いには、魚屋に八百屋、畳屋に金物屋、食事処、スーパーなどが建ち並んでいる。大半は新しい建物だが、品川は戦災による被害が少なかったとみえ、ときおり懐かしいたたずまいの店も残っている。

タイル貼りの壁と青銅の屋根が目を惹くのは、大正時代からの金物屋で、所狭しとあらゆる金物が並んでいる。東京ではあまり見かけなくなった畳屋からは、藺草《いぐさ》の香りが漂う。小さなビルの前には、ゲストハウスの看板。布団と机、照明だけの簡易宿泊所で、一泊三千円からと格安、品川宿時代の旅《はた》籠《ご》を思わせる。

高層ビルばかりだと思っていた品川に、思いがけない庶民的な顔がうかがえる。しかもあちらこちらで目にする説明表示から、町全体で宿場時代の記憶を留めようという心意気も伝わってくる。朝早いこともあって、人通りは少ないが、店が開く時間になれば、地元の人で賑わうのだろう。

品川寺の地蔵菩薩像

かつて品川宿だった北品川商店街

こういう道は歩調が自然と緩やかになる。左右に目を向けながら散歩気分で歩いていると、南北に長い商店街の中ほどまで来た頃だろうか。品川寺《ほんせんじ》の参道に鎮座する、大きな地蔵菩薩座像に目が留まった。

台座の上に乗っているので、余計見上げるようになるが、像自体も三メートル近くありそうだ。大都会品川にも、こんなお地蔵様があるのかと、嬉しくなって眺めているところに、カメラを下げ寺から出てきた初老の男性に話しかけられた。

「江戸六地蔵の一番目ですよ。ここの前の道は旧東海道でしょう。他のお地蔵さんは、中山道や奥州街道、甲州街道沿いのお寺にあります。丈六《じょうろく》のお地蔵さんをということで、同じころに造られたので、どこも皆似てますけど、ひいき目なのかここのが一番よく見えます」

その人は歴史好きが高じて、品川のボランティアガイドをしており、ちょうど境内の銀杏が見頃なので、休みを利用して写真を撮りにきたのだという。

境内に足を踏みいれると、二十メートル以上もありそうな銀杏の大木が、空を覆わんばかりに黄金色の葉を拡げている。

「見事でしょう。樹齢六百年だそうです」

「ということは、このお寺もそのころの創建ですか?」

「いえ、ここは空海が開いたと言われてるから、平安時代の初めです」

平安時代の品川といえば、大井駅の時代だ。空海開基が事実かどうかは別にして、古刹の存在は品川が古くから開けていたことの証だろう。

「そういえば、ここに来るまでいくつもお寺があって、意外だなと……」

何気なく言った私の一言に、その人の目が輝いた。

「品川には寺が多いんですよ。ちょっと北には天妙国寺、南には海雲寺ってね。旧東海道沿いだけじゃなくて、第一京浜の方にもたくさんあります。立派な寺町ですよ、品川は」

庶民的な商店街に続き、品川に対して抱いていたイメージが、良い意味で裏切られていく。

興味深いのは、ここ品川寺は別にして、品川にある寺の多くは中世の創建で、宗派も多岐にわたり宗教都市さながらだったということだ。

中世といえば、品川の湊が発展した時代だ。船で品川にやってきた中には、布教目的の人もいただろう。あるいは航海安全への願いが、寺の建立に繋がったかもしれないが、何より寺の開基を後押しする町の力が欠かせない。品川に林立する寺院は、中世品川湊の発展を物語っているのだろう。

その人から聞いた旧東海道沿いにある天妙国寺の話がおもしろい。何でもその寺は鎌倉時代の創建で、当時は五重塔が聳える大寺だったという。

「天妙国寺の七堂伽藍整備に関わったのは、その時代有徳人として知られた鈴木氏でしてね。鈴木氏は室町時代、熊野から船で品川にやってきたらしく、道永、道胤《どういん》、源三郎の三代にわたって廻船業や金融業などで財をなし、品川の発展を支えたんです」

鈴木氏三代の中で、とくに道胤は交流が広く文人肌、京都から連歌師を招いて連歌に興じたというから、当時の品川は何と文化的に豊かだったことか。

それにしても、熊野からはるばる渡ってきた鈴木氏が、中世の品川の繁栄を先導することになったのだから、海の道は思いがけない場所同士を結びつけるものだ。

中世の品川には、鈴木氏以外にも熊野方面から品川に渡り、品川湊の発展を支えた人がいたという。彼らはもともと熊野権現に奉仕する熊野地方の豪族だった。最初品川に渡ったのは、熊野信仰を広めるためだったろうが、それをきっかけにして品川に根を下ろしたその子孫たちが、中世品川の発展を支えることになったということだろう。

「もう少し南にいくと、鮫洲《さめず》に出ます。そこに、鮫の腹から出てきた観音像をお祀りする海晏寺《かいあんじ》という寺がありますけど、その寺を支えたのは榎本氏といって、鈴木氏と同じ時代に熊野から来たようです」

海晏寺は江戸時代紅葉の名所として聞こえた場所だが、山号が補《ふ》蛇《だ》落山《らくさん》というから、いかにも熊野との縁を感じさせる。急ぐ旅でもない。その海晏寺にも立ち寄っていこうか。

東海道は東の海の道と書く。東海道は陸の道だけでなく、こうした海の道も含めて「東海道」なのだ。

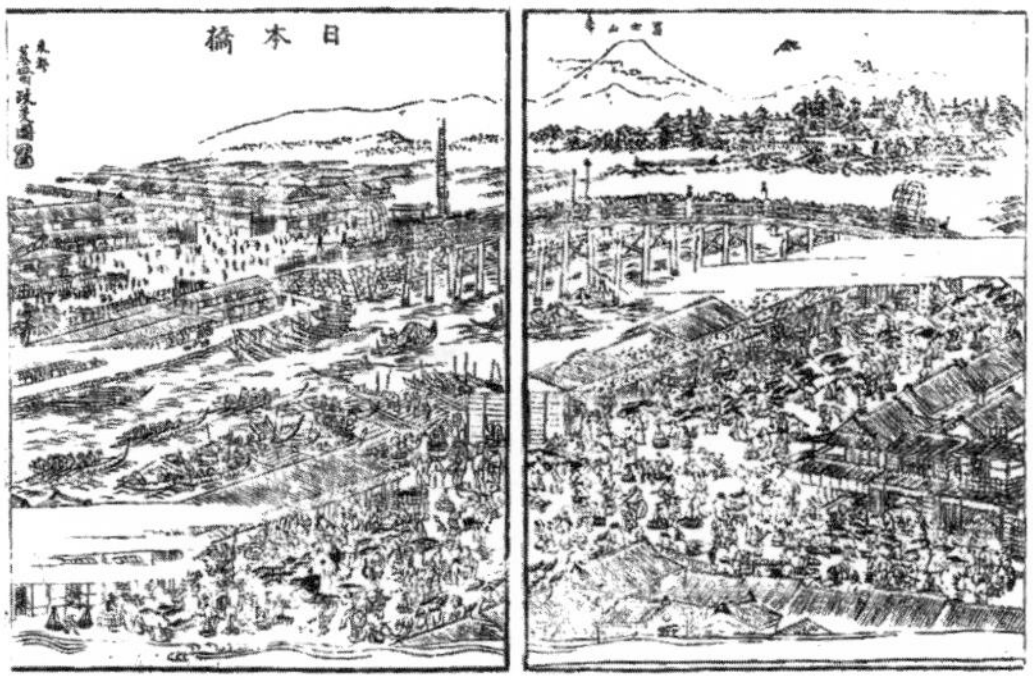

『東海道名所図会』より「日本橋」

3

川《かわ》崎《さき》

蜻蛉のゆくえ

交通量の多い国道を早く抜けたい一心で、多摩川を目指した。

多摩川を越えれば神奈川県、六郷橋の袂からかつての川崎宿に入る。旅人にとって多摩川は最初の境界、最初の小さな目標だが、一刻も早く先へと私を駆り立てたのは、国道に充満する排気ガスのせいだった。大都会の幹線道路を車と一緒に歩くのだから仕方がないとはいえ、背後からひっきりなしに車が駆け抜けていくうえ、トラックの轟音には耳をふさぎたくなるほどで、閉口する。

品川を出てから、およそ二時間は歩いただろうか。ようやく六郷橋に到着した。現在の多摩川に渡船場の面影はないが、都会の川にしては河岸に自然が残り、葦や薄《すすき》が風に揺れている。かつてこの川を行き交った船の様子を思い浮かべながら、ほっと一息ついて多摩川の流れに目を落とした。上流の御《み》岳《たけ》渓谷のような瑠璃色の水面《みなも》には及ばないが、都会を流れる多摩川下流も、秋晴れの空の下で透明な色をしている。ようやく出会えた自然の風景。風に吹かれ、鼓動を鎮めた。

多摩川の下流には川崎大師がある。正式には平間寺《へいけんじ》という真言宗の寺で、その縁起に漁夫の平間兼乗が夢のお告げで海から弘法大師像を引き上げ、大治三年（一一二八）海辺に小庵を建ててお祀りしたことに始まるとされ、海の向こうから信仰が伝わった様子がうかがえる。江戸時代には、厄除けに霊験あらたかというので、江戸から大勢参拝者が押し寄せた。それが川崎宿の経営を支えたこともあるように、川崎にとって重要な寺だ。

このまま橋を渡っても、現在の川崎に宿場時代の名残があるとは思えない。しばらく殺風景な大都会の道を歩き続けたので、寄り道をして気分を変えてみたくなり、川崎大師へと道を逸れてみることにした。

参道の両側に並んだ土産物屋で次々に菓子の試食を勧められながら境内に辿り着くと、平日の午前中というのに境内は賑わい、参拝者が引きも切らずに本堂に入っていく。本堂が東を向いているのは、海を意識してのことだろう。そういえば今日は二十一日、弘法大師の月命日だ。。これからいくつか行事があり、縁日も立つようだった。

創建の由来となった弘法大師像は秘仏で、十年に一度だけご開帳になるというから今日は拝観はできないが、その像が祀られている本堂に入ると、中は外の賑わいとは一転静かな祈りの場に変わり、しばらくして婦人会による祈禱が始まった。鉦《かね》でリズムを取りながら口から紡がれるその祈りは、音楽を思わせる。堂内に響く声に耳を傾けているうち、ここが大都会川崎という感覚が次第に薄れ、どこか山中の聖地に身を置いているような気分になっていった。

江戸を出た庶民は、多摩川という境界を越え、川に沿った大師道を歩き、川崎大師に向かったが、寺の周りには用水路があり、そこに架かる橋を渡らないと境内に入れなかった。その橋は九境の橋と呼ばれていたというから、川崎大師は九品《くほん》浄土に見立てられていたのだろう。江戸の人々にとって、川崎大師にお詣りに行くというのは、浄土の世界に渡る感覚に近かったのかもしれない。私は楽をして川崎駅から電車でやってきたが、ここが心理的に別世界だという感覚は、確かにいまもある。

川崎大師へのお詣りの後、すぐ東海道に戻ってもよかったが、せっかくの機会なのでもう少し周辺を歩いてみることにした。実は先ほど車内で地図を眺めながら、川崎の新田開発をした池上氏にちなんで付けられた池上町や池上新町という地名を見つけ、気になっていた。

池上氏といえば、鎌倉時代、初代宗仲《むねなか》の代に館があった場所に池上本門寺（東京都大田区）を建立したことが知られるが、江戸時代、二十一代幸広が一族郎党を引き連れ川崎の大師河原に移り住み、その後代々臨海地の干拓や新田開発に力を注いできたというように、川崎と縁が深い。川崎大師から南に五百メートルほど行くと池上新町。早速そちらに向かった。

池上新町は、町の中央を首都高速と産業道路が通り、東側は完全な工場地帯、そのほかはどこにでもあるようなごく普通の住宅街で、ここが新田開発によって生まれた土地だということは微塵も感じられない。現代にあってはやむを得ないが、産業道路西側の住宅街を歩いていると、「池上幸豊翁之碑」と刻まれた大きな石碑を見つけた。そこは汐留稲荷神社の境内。御由緒に目をやると、御祭神は豊宇気姫命《とようけひめのみこと》、大物主大神《おおものぬしのおおかみ》のほか、二十四代の池上幸豊とある。

池上幸豊は、享保三年（一七一八）大師河原の生まれ。新田開発に加え、精糖法の開発、製塩、梨や葡萄といった果樹栽培など、川崎の各方面の殖産興業に大きく貢献、しかも収益を村普請の資金や村人への貸し付けに回し、農民の生活を救った篤志家でもあった。近世川崎の発展に大きく貢献した人物、ということらしい。

神社は初め海に近い塩浜にあったが、後でここに遷されたのだという。詳しい時代や理由はわから

川崎の開発に尽力した池上幸豊の顕彰碑

川崎大師に通じる仲見世通り

ないが、池上幸豊が亡くなった後だろう。

　神社で写真を撮っていると、声をかけられた。写真を撮るようなものがあるのかと不思議に思ったらしい。歳のころ八十ぐらいなので、昔の川崎のことを何か知っているかもしれない。神社があったという塩浜は、『江戸名所図会』の川崎のところに、塩を焼く風景が描かれているように、かつて塩を作っていたはずだ。

「川崎の塩田は、明治にはもうなくなってますよ。記憶にあるのは、海苔です。子供の頃は、この辺に小さな川が張りめぐらされててね。海苔を採った船がここまで入ってきたんです。川には鰻や鯊《はぜ》がいたし、海まで行くと浅蜊や蛤《はまぐり》がバケツ一杯採れたね。春には雲雀、秋には蜻蛉。蜻蛉なんて空を埋めつくす程だったよ。早朝には朝靄がふわーっと立ってね。いまでもその光景が目に浮かぶねぇ」

「川ですか？」

「そうそう。そこの道も、あっちも川だった」

　昭和八年生まれというその人は、堰を切ったように子供時代の川崎の様子を話し、最後に一言つぶやいた。

「長生きするのもどうなのか。あまりにも変わってしまって……」

朝靄の立つ川が流れる川崎を知っている人にとって、現在の臨海部が見るに耐えないのは当然だろう。川崎が激変したのは、ちょうど私が生まれた時代だ。五十年は長いとも言えるが、歴史の流れの中ではわずかな時間に過ぎない。その間に起きた川崎の、とくに沿岸部の変化を思うと、背筋が寒くなった。

川崎駅前の砂子《いさご》交差点が江戸時代川崎宿の中心だった。表示によってかつての本陣や問屋場《といやば》の場所はわかるが、ビルの建ち並ぶ繁華街に宿場の面影は皆無だ。

六郷橋から見た多摩川

信号が変わり、皆が一斉に動き出す。気がつくと流れに押され、人の大海に放り出されている。

「語り継いでいかないと、歴史は消えてしまうからね」

先ほどの男性の言葉が脳裡に立ち現れたが、またすぐに雑踏の音にかき消された。

4

神《か》奈《な》川《がわ》

ここにも浦島伝説が

鶴見駅前の賑やかな商店街を抜けると、生麦に入る。

まずそこで目に飛び込んできたのは、街道の両側に並ぶ数十軒の魚屋だった。生麦魚河岸と言うらしい。昼過ぎでほとんどが店をたたみかけていたが、ちょうど一軒だけ開いている。どんな魚があるのだろうとのぞいてみると、「穴子に蛸に秋刀魚に鯖。青柳や赤貝、浅蜊なんかの貝も多いよ」とのこと。

江戸時代、将軍家に海産物を献上する代わりに、漁業に関する特権を与えられた浦があった。御菜《おさい》八ケ《やっ》浦《うら》と呼ばれ、品川や羽田がそうだったが、生麦もその一つで、定期的に江戸へ魚介類を献上した。御菜浦の特権で支えられてきた生麦浦は、村の四分の一にあたる六十軒ほどが漁業を生業としていたが、明治になると貝類の養殖に切り替わった。これが成功して、鶴見川河口付近には貝の加工工場ができた。そうした当時の名残だろう、お稲荷さんの参道や路地裏に細かく砕けた貝殻が混ざり、日

ざしを受けて白く反射している。

生麦事件の碑を過ぎると、旧道はすぐに国道（第一京浜）に合流する。東海道線、京浜急行線、新幹線、さらには首都高速といった現代の交通網が束ねられたこのあたりは、交通量も多く、歩く身には辛い道だ。しばらくは史跡もなさそうなので、早く通過してしまおうと速度を上げた。

浦島町と書かれた表示に目が留まったのは、そんなときだった。地図を見ると、浦島町の北には亀住町が、亀住町の北には浦島丘もある。

品川では鮫が観音様を運んできたし、実際鯨もやってきた。川崎では弘法大師像が海の向こうからやってきた。ここでは浦島太郎だろうか……。

最初冗談交じりにそんなことを思ったが、こうもあちらこちらに浦島太郎にちなんだ地名があると気になる。調べてみると、蓮法寺という寺に浦島太郎とその父の供養塔があるらしい。

東海道の神奈川で浦島太郎とは、思いがけない。

蓮法寺は少し戻った子安《こやす》駅の北にある。少々遠いが、退屈を断ち切りたいという思いもあって、その寺に向かった。

急な石段を上がると、山門には亀と波の紋、山門手前に供養塔が二基建っている。囲いがしてあり近づけないが、供養塔の間には亀の形をした石像も見え、いかにも浦島太郎にゆかりの寺らしい。

説明によると供養塔三基とあるので、亀の石像も供養塔ということのようだが、手前にある他の像に隠れてしまってよく見えない。体をひねってのぞき込んでいると、寺から出てきた男性に声をかけられた。

「浦島太郎関係の場所を回ってるんですか？」

「いえ、東海道を歩いてたら浦島町とあったので、来てみたんですけど、浦島太郎関係って他にもあ

生麦魚河岸を通る旧東海道

浦島太郎ゆかりの蓮法寺

るんですか？」

そう尋ねたところ、神奈川には浦島太郎が足を洗ったと伝わる川や井戸がある上、浦島太郎にゆかりの寺は他にもあるのだという。

いま目の前にある供養塔は、かつてこの付近に広大な寺域を有していた観福寿寺、通称浦嶋寺にあったもので、そこには浦島太郎が竜宮城から持ち帰ったと伝わる観音像もお祀りされていたが、慶応年間に寺が火災で焼失し、観音像は近くの慶運寺に移された。そのため現在浦島寺といえば慶運寺のほうを指すらしい。本来の浦島寺（観福寿寺）は焼失後再建されないまま、大正の末に現在地に移ってきた蓮法寺が供養塔を管理することになった、とそのようなことだった。

それにしても、神奈川に浦島太郎とその父の供養塔や、浦島太郎が竜宮城から持ち帰ったという観音像があるのは、どういった経緯なのだろう。京都府の丹後半島に浦島太郎に関係する地名や神社が残っているように、浦島太郎といえば丹後だと思っていたが、神奈川のここにも浦島太郎にゆかりある地名がある。不思議に思っていると、その男性は神奈川に伝わる話を教えてくれた。

「浦島太郎の父は相模の人で、太郎は父の赴任先の丹後で生まれたんです。竜宮城から戻ってきた浦島太郎は、里の様子がすっかり変わって両親もいないことに驚いて、持ち帰った観音さまに祈りを捧げた。すると夢にその観音さまが出てきて、『私を背負い相模に行くように』と告げたんです。太郎は早速三浦半島に行くと、そこで浦島家の子孫に出会い、武蔵国に墓があると教えられる。さらにそちらに向かったら、塚のように高くなったところで急に観音さまが重くなって、そこが父親の眠る場所と悟った、という話で、塚のように高くなったところというのが、まさにこの高台周辺なんですよ」

なるほどここは、全国各地に伝わる浦島太郎伝説地の一つということらしい。

浦島太郎の話は、古代に強大な力を持っていた丹後の国で、豪族たちの始祖とされてきた浦嶋子についての伝承が元になっていると言われている。それが『日本書紀』や『万葉集』、『丹後国風土記』に取り入れられ、さらに後の鎌倉時代から江戸時代に『御伽草子』の「浦島太郎」となって広く知られるようになった。ここ観福寺の歴史は室町時代に遡るという。とすれば、浦島太郎の話が神奈川に伝わった背景には、『御伽草子』の広まりが関係していたかもしれない。

東海道を歩いていると、海こそ見えないが、その存在は感じることができる。一笑に付されそうだが、神奈川に浦島太郎の話を伝えたのは、丹後の海人を祖先に持つ人だったのではないか、あるいは浦嶋子の子孫その人だった可能性もあるのではないかと、つい空想好きの性分が頭をもたげた。

後になって、天保十二年（一八四一）編纂の『新編相模国風土記稿』の三浦郡西浦賀に、次のような記述があると知った。

> 浦島清五郎は、旧くより当所に土着せし民にて、近隣の着姓にして、丹後国の住人、浦島太郎の遠裔なりと云う……小田原北条氏分国の頃は浦島和泉と称し、当郷の大庄屋なり

古代人の行動範囲は、現代人が考えている以上に広範囲に及ぶ。いつの時代かはわからないが、丹

後から神奈川に浦嶋子の子孫が移り住んだ可能性はあるだろうし、もしかしたらいまも神奈川周辺のどこかにいるかもしれない。

　そう思うと、夢が膨らむではないか。

第一京浜の信号にも浦島町の表示が

5

保《ほ》土《ど》ヶ谷《や》

武蔵国から相模国へ

かつて相模国と呼ばれた地域は、ほぼ現在の神奈川県に相当するが、保土ヶ谷は相模国ではなく武蔵国だった。日本橋から保土ヶ谷まではおよそ三十四キロ。随分歩いてきたのにまだ武蔵国なのだから、大変な旅を始めてしまったと少々気弱になってくる。

何はともあれ、武蔵国と相模国の境界まで頑張ろうと、無心で住宅街の中の旧道を歩いていると、保土ヶ谷宿の江戸方見付まであと数百メートルというところで「追分」の表示を見つけた。久しぶりの表示だ。駆け寄ってみると、そこから細い道が分岐している。ごく普通の住宅街の道なので、表示がなければ素通りしたところだったが、この道は八王子道、通称「絹の道」で、横浜開港によって大いに賑わった歴史の道と知った。

横浜の開港は安政六年（一八五九）。その前年に締結した日米修好通商条約で神奈川の開港が定められると、アメリカは神奈川の本覚寺《ほんがくじ》に、フランスは慶運寺にそれぞれ領事館を置いたが、神奈川は

東海道沿いのために交通量が多く、諸外国と衝突する危険があったことから、日本側は当時まだ寒村だった横浜を開港地に変更した。そこで最も多く取引されたのが生糸だった。

八王子は甲州街道の宿場町でもあり、甲州街道のほか群馬、埼玉、山梨諸方面からの街道が集まる交通の要衝だったことから、周辺地域で作られた大量の生糸が八王子に集まってきた。横浜開港はそんな八王子にとっても追い風となり、それまで静かだった八王子と保土ヶ谷を結ぶ街道が俄《にわか》に活気づき、輸出用の生糸を運ぶ商人たちが頻繁にここを往来した。

ところが明治二十二年（一八八九）に現在のＪＲ中央線に相当する甲武鉄道が開通、さらに明治四十一年（一九〇八）にはＪＲ横浜線に相当する横浜鉄道が開通したことで、生糸の輸送は完全に鉄道に切り替わり、絹の道はわずか半世紀で役目を終えた。

道にも栄枯盛衰があるのだ。

保土ヶ谷宿が置かれていた保土ヶ谷駅の商店街を抜けると、旧道は権太《ごんた》坂《ざか》に入っていく。権太坂は一番坂、二番坂と、険しい坂がおよそ一キロにわたって続いていたことから、東海道を西に向かって歩く旅人が最初に出会う難所で、昔はそこで命を落とす人も多かったという。実際、行き倒れた人や馬を葬った投げ込み塚の穴と多数の骨が、このあたりで見つかっている。

現在の権太坂はというと、勾配がきついとはいえ、険しいというほどでもない。開発の過程で削られたのだろうが、むしろ現代の旅人にはこのくらいの坂があった方が、街道歩きに変化がついてよい。

権太坂を上りきると、整備された広場に「武相国境之木　これより相模国戸塚宿一里九丁」と書かれた傍示杭が立っている。ようやく武蔵国と相模国の境界に来たのだ。

日本橋から数えて九番目、品濃一里塚

難所だった権太坂

> この地は、武相の国界たり。坂路の両傍には、蒼松の老樹左右に森列たり。坂の上にて右を望めば、芙蓉の白峯玉をけづるがごとく、左を顧れば、鎌倉の遠山《えんざん》翠黛《すいたい》濃《こま》やかにして、実に、この地の風光また一奇観と称すべし。

『江戸名所図会』の「品野坂」に、境木の様子がこのように書かれている。これほど見事な眺望が得られるなら、境木に到着した感慨も一層深まるだろうが、「鎌倉の遠山翠黛濃やか」な風景が拡がっているはずの目の前は、新しくできたマンションで視界を遮られている。立ち止まって写真を撮ると、相模国への一歩を踏み出した。

相模国の東海道は、焼き餅坂という急な下り坂で始まる。坂続きのこのあたり、かつてここに焼いた餅を売る店があったので、そう呼ばれるようになったという。昔は切り通しのような道だったのだろう、土手は蔦や苔に覆われ、急に緑が増えた旧道沿いには、石仏も残る。いつの間にか、高い建物も視界から消えている。少しずつ、だが着実に、大都会臭が失せ、土地固有の香りが立ち上り始めている。

しばらくして道の両側に高く盛り上がった塚のようなものが現れた。その上には木々が鬱蒼と茂り、両側から旧道を覆っている。品濃《しなの》の一里塚。日本橋を出てから初めて目にする、原型を留めた一里塚だ。相模国に入ってすぐ、こういうものに出会えるとは幸先がよい。

一里塚の先にも、勾配の急な品濃坂が待っている。そこを下れば、戸塚宿も近い。

武蔵国と相模国の境界に立つ傍示杭

6

戸《と》塚《つか》

南朝の亡霊

鎌倉古道とか鎌倉街道と呼ばれる中世の道がある。鎌倉時代に、周辺諸国の武士たちが鎌倉へ赴いた道だ。よく知られるのは上の道、中の道、下の道だが、中心になったこれら以外にも、鎌倉に通じる間道や脇街道は多く、広い意味でそれらすべてが鎌倉街道といえる。後北条氏時代の保土ヶ谷・藤沢間の道も、広義の鎌倉街道と呼んでも差し支えないだろう。

戸塚宿の江戸方見付まで間もなくの柏尾というところで、鎌倉街道の史跡に出会った。脇道の奥、こんもりと木の茂る高台を上っていくと、そこは護良《もりよし》親王をお祀りする王子神社だった。

護良親王は、南北朝の戦乱の中、父後醍醐天皇の鎌倉幕府倒幕に協力し父を助けたが、倒幕後の新政下で足利尊氏と対立、讒言により謀反の罪で鎌倉東光寺の土牢に幽閉され、後に殺害されたと伝わる。

木々の茂る薄暗い境内でお詣りしていると、犬を連れた小柄な初老の男性がやってきて、私と入れ

替わりに拝殿に向かって手を合わせた。熱心なお詣りの仕方を見るともなしに見ていると、お詣りを終え振り向いたその人と目が合った。軽く会釈をした後、「本殿の下に、護良親王の首が埋められているんです」と、その人はぽつりと言った。

御神霊ではなく御首級《みしるし》とは、ずいぶん生々しい。どういうことかと聞いてみると、鎌倉の東光寺で足利直義《ただよし》の家臣に命を奪われた護良親王の御首級を、仕えていた侍女が盗み出し、この地の豪族に救いを求めて逃れてきた。それを井戸で洗って清め、王子神社に葬ったということらしい。

「あそこに木の切り株があるでしょう。埋葬するまでの間、その松に隠しておいたらしいですけど、木は落雷でやられてしまったんで、こんな風になってるんです」

そう言って古びた木の切り株を指した。

その話が事実なら、侍女はまさに鎌倉街道のどれかを通ってここにやってきたことになる。地図を見ても、鎌倉とこの場所とを直接結ぶ道は見当たらないが、柏尾から鎌倉にかけての丘陵を抜ける、道とも言えないような道だったのかもしれない。

「そうそう、これはご覧になりましたか」

続けてその男性は手水舎の方を指した。

「建武中興六百五十年を記念して、吉野で掘り出した石でしてね。柱は吉野檜です」

建武中興六百五十年は昭和五十九年（一九八四）、そろそろバブル経済が始まろうかという浮き足だった時代だ。南朝への思いが強い吉野ならまだしも、そこから遠く離れた戸塚の地で、こうして親王の功績を称え、霊を慰める行事が続いていたというのだから驚く。

ちなみに親王の御首級を盗み出したのは侍女ではなく、寵愛を受けていた雛鶴姫という説もある。山梨県の都留《つる》には、護良親王との間にできた皇子を出産後、産後の肥立ちが悪く、命を落としてし

王子神社

二軒あった本陣の一つ、渡辺本陣跡

まった雛鶴姫をお祀りする神社もあれば、それこそ復顔術が施された護良親王の御首級をお祀りする神社もあるという。山梨の都留にこうした伝承があるのは、親王の御首を持った一行が、東海道ではなく東山道を経て京都に向かったということで、鎌倉から方々に延びる道には興味が尽きないが、それはともかく後者は石船《いしふね》神社といい、御首級は都留市指定有形文化財になっているというから、確かにそういうものがあるのだろう。

親王の御首級は戸塚ではこの王子神社に、都留では石船神社にお祀りされていることになっている。どちらが本当なのかわからないし、そのどちらも本当ではないのかもしれないが、こういう話を聞くと、各地でいまなお受け継がれている南朝への尊崇を目の当たりにした思いがする。

東海道に戻り、戸塚を目指し先を急いだ。

街道沿いのステーキハウス前に江戸方見付の表示、戸塚宿はそこから始まっていた。吉田大橋を渡ると、やがて道は戸塚駅前を過ぎ、かつて宿場の中心だった場所に入っていく。

戸塚にも宿場時代の面影はなく、ごく普通の現代の町並みが続いている。途中いくつかの神社にお詣りに立ち寄るも、あっという間に上方見付の表示が現れ、道は次第に上り坂に変わった。

保土ヶ谷から戸塚に向かうまでの間、権太坂を上り焼餅坂と品濃坂という二つの坂を下ったが、戸塚を過ぎてもまた坂だ。ここの坂は大坂という。名前の通り大きな坂で、かつては一番大坂、二番大坂と三段階に分かれる急坂がおよそ一キロにわたって続き、荷車は助けを借りないと上がれなかったという。

大坂を一歩一歩踏みしめるように進む。やがてぽつりぽつりと松並木が現れる。

坂の途中、建物の間からほんの一瞬顔をのぞかせた大船や鎌倉方面の風景にしばし目を休ませ、また坂を上った。

大坂に立つ表示。歩く際の励みになる

7

藤《ふじ》沢《さわ》

遊行寺にて

長く緩やかな遊行寺坂《ゆぎょうじざか》は、緑の坂だ。そこを駆けるように下ると、紅色の遊行寺橋の先に黒い冠木《かぶき》門《もん》が見えてくる。清浄光寺、通称遊行寺は、その奥に広い寺域を持つ。

藤沢宿は遊行寺の門前町でもあった。気を引き締め、門をくぐった。

上りの参道沿いに、塔頭《たっちゅう》が並んでいる。その一つ一つに目をやりながら境内に入ると、天に通じているかと思うほどの大銀杏が聳え立っている。樹齢は千年に届きそうだ。

いまは冬。密生した枝がむき出しになり、黒々と空を染めているが、もう数カ月早かったら黄金色に照り輝く姿を見られただろう。木の根元には、幹を囲むようにベンチが置かれ、参拝者や地元の人たちが思い思いに時を過ごしている。

本堂での参拝後、木立の奥に一遍上人の銅像を見つけた。質素な衣を纏い前屈みに手を合わせているその姿は、念仏を唱えながら教えを説いているところだろうか。

全国各地を遊行し、踊り念仏で庶民の間に信仰を広め、捨て聖の遊行生活のうちに生涯を終えたのが一遍上人だ。自らの著述や書を残さなかっただけでなく、持っていた書物なども自身で焼いてしまい、ひたすら遊行に徹したと伝わっている。そのため一遍を知るには、『一遍上人絵伝』や『一遍上人語録』によるしかないが、その『語録』に「法師の跡は跡なきを跡とす」とか「畳一畳しきぬれば、狭しとおもふ事もなし、念仏まふす起ふしは、妄念おこらぬ住居かな、道場すべて無用なり」という印象的な言葉がある。

遊行寺は、遊行上人第四代・呑海《どんかい》の時代に、藤沢の地に草庵を結んだのが始まりとされる。一遍が亡くなってから三十六年後、正中二年（一三二五）のことだが、先ほどの一遍の言葉を受け継ぐなら、遊行寺が創建されることはなかったはずだがと、銅像の前で疑問が頭をよぎる。

大銀杏に戻ると、今度は本堂とは反対の西に歩いていった。屋根に菊の御紋、その下には葵紋を頂いた堂々たる中雀門《ちゆうじやくもん》が目を惹く。その左には入口の冠木門より一周り小さな黒門があり、寺務所へと通じている。寺務所入口に置かれた小冊子を手にとって眺めていると、いつの間に来たのか作務衣《さむえ》姿の若い男性が正座をして控えている。

音もなく現れたので驚いたが、ちょうどよい。

「遊行寺は四代呑海によって開かれたということですが、それ以前はお寺を持たずに遊行していたのでしょうか？」

尋ねると、その人は次のように教えてくれた。

一遍の跡を継いだ二代目の他阿《たあ》が、遊行上人の位を引退後、相模原の当麻《たいま》山《やま》に道場を開き独住されたのが時宗の寺として最初のもの。その後内部対立で、四代目の呑海は当麻山に入れなかったため、兄のつてで藤沢にあった廃寺に草庵を結び清浄光院とした。それが遊行寺の前身で、その後呑海の後継者たちによって寺としての形が整えられ、呑海から二代後の一鎮の時代に足利尊氏の寄進で本堂が完成、寺名も清浄光寺と改められたという。

「一遍上人自身は、寺を必要としていませんでしたが、時代が変わると民衆の求めも変わってまいります。一切衆生に念仏を広めるという上人の教えを受け継ぐことが大切ですので」

とその人は続けた。

当麻山に最初に開かれた時宗の寺は無量光寺といい、場所は町田から西に六キロほどの、相模原市南区の相模川左岸である。現代の感覚からすると何故ここにと思うが、無量光寺の由緒によると、当麻山は弘長元年（一二六一）に遊行中の一遍上人が妙見菩薩の祠《ほこら》を見つけ庵《いおり》を結んで修行した場所だそうで、その後も何度か遊行の途中に立ち寄ったことがあることから、二代目の他阿が嘉元二年（一三〇四）に寺を造ったということらしい。

当時の当麻は八王子と厚木を結ぶ大山《おおやま》街道沿いにある上、相模川の渡船場も設けられた交通の要衝だった。そのため、関東西部や甲信越を中心に活動していた他阿にとって、当麻は思いの外便利な場所だったのかもしれないが、その後清浄光寺が建てられた藤沢はさらに地の利を得ていた。

藤沢は東海道沿いにあるうえ、江ノ島、大山など各地に通じるいくつもの脇街道が集まっているが、何より鎌倉に近い。言うまでもなく鎌倉は鎌倉時代には政治の中心地、室町時代には東国統治のための鎌倉府が置かれ、室町幕府に通じていた。そういう鎌倉と目と鼻の先にある藤沢は、鎌倉新仏教の中で遅い出発だった時宗が総本山を置く場所として、結果的に相模原の当麻より相応しかったようだ。

ちなみに時宗の歴史を紐解いてみると、藤沢は一遍上人自身にとっても縁が深い土地だった。

遊行寺創建のおよそ半世紀前のこと、全国各地を遊行していた一遍は当時宗教の中心地でもあった鎌倉に入ろうとするが、幕府に制止されて入ることができず、片瀬の地蔵堂に留まり念仏踊りをした

時宗の総本山、遊行寺（清浄光寺）

一遍上人像

と言われている。そんな一遍のもとに連日多くの人が教えを求めて訪れたことから、結局一遍はそこに四カ月近く留まり教えを広めることになった。片瀬は、時宗が民衆に大きく受け入れられたことを実感できた、一遍にとっても特別の思いがあった土地ではなかっただろうか。

後年そこから至近の藤沢の西富に、総本山が建てられることになったのだから、土地の縁とは不思議なものだ。

それはともかく、鎌倉に近いというのは良いことばかりではなかったようで、鎌倉に近いことが寺の発展に繋がった一方、幾度も戦禍を被る結果にもなった。焼失したのは一度や二度ではなく、永正十年（一五一三）に相模の三浦義同《よしあつ》と北条早雲の戦いで全焼した後、一世紀近く再建されることはなかった。命を吹き返したのは慶長十二年（一六〇七）、その後徳川家による手厚い保護もあり、東海道の宿場として藤沢が発展していくのに合わせ、遊行寺も勢いを盛り返していったという。

遊行寺の栄枯盛衰は、一遍聖絵さながら、絵巻物を見るような展開だ。江戸時代には二百七十四もの末寺を持つ大寺院に発展し、八月の開山忌には江戸や近隣から大勢人が集まったというが、江戸時代の遊行寺人気には、ここが小栗判官《おぐりはんがん》伝説にゆかりの場所だったこととも関係している。

小栗伝説は、中世のころから山伏や瞽女《ごぜ》、熊野比丘尼《びくに》などによって、仏教の教えを説く説経節のひとつとして口承されてきたが、江戸時代になると浄瑠璃や歌舞伎にも取り入れられるようになった。近松門左衛門の「当流小栗判官」が爆発的な人気を呼んだおかげで、小栗判官が毒殺された舞台として、藤沢の名は人々の脳裡に刻まれ、それが遊行寺詣にも繋がったのだ。

　だが藤沢に伝わる小栗伝説は、一般に知られる話とは少々異なっている。蘇生した小栗判官亡き後、その子助重が供養のために建てた閻魔堂の隣に、照手《てるて》姫が草庵を結び、自ら出家して仏門に帰依した。それが塔頭の一つ、長生院《ちょうしょういん》とのことで、最後は長生院の創建に結びつける展開になっている。

　神奈川に浦島太郎伝説があったように、東海道にはさまざまな伝説が流れ伝わってくる。そうした伝説がその土地固有の話に変化していくことで、また独自の伝説が生まれ、広まっていく。藤沢の場合は、時宗の布教手段の一つとして取り上げられたことで、時宗の広まりとともに人々の心に刻まれることになった。

　遊行寺詣の最後に、北西隅の高台にある長生院に向かった。

　広くはない庭に、小栗判官と従者、照手姫の墓が並んでいる。表示には、遊行寺の太空《たいくう》上人が十人の毒殺された家臣を境内に埋葬し、満重の息子の助重が池のほとりに墓石を営んだ、とある。墓石を前にすると、藤沢における小栗伝説が、真実味を帯びたものに感じられてくる。長年小栗伝説を信じ、ここで手を合わせてきた人々の思いが作り出す気配によるのだろうか。私もそこで手を合わせ、遊行寺を後にした。

　ちなみに藤沢では、江戸時代以前から門前に宿場があり、江戸時代の藤沢宿はそれを元に発展したものだ。室町時代の後北条氏時代、遊行寺門前近くの大鋸《だいぎり》には後北条氏直属の職人集団がいたが、その棟梁格だった森家は三浦義同と北条早雲の戦いで遊行寺が焼失した際、後北条氏から僧侶の管理なども任されていたことから、かなりの有力者だったらしい。その森家が中世藤沢宿の伝馬《てんま》も請け負っていた。時代を問わず藤沢宿と遊行寺の関係は深かったということだが、藤沢にはいまもその子孫が暮らしていると聞いた。

時間は途切れることなく、連綿と続いている。

藤沢宿唯一の本陣だった蒔田本陣跡

8

平《ひら》塚《つか》

南湖の左富士から相模川、再び富士山

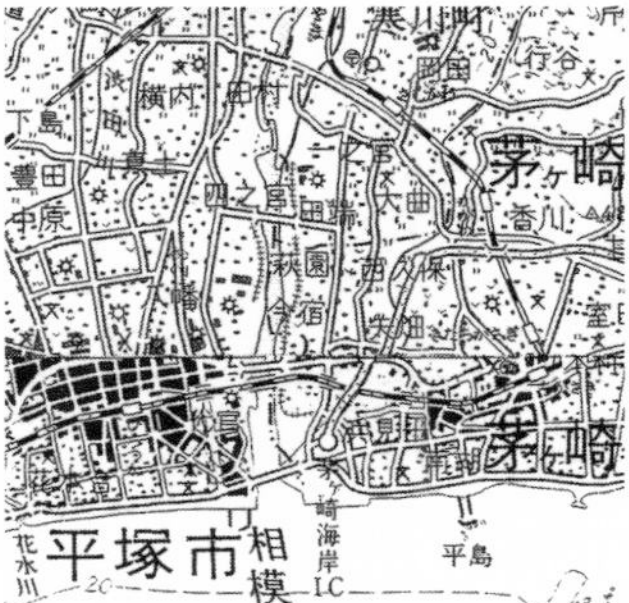

遊行寺を出てから二十分ほど。街道沿いに松が現れた。はじめは右に数本。そのうち左にもちらほらと。細い木が多く、並木と呼ぶには貧弱だが、東海道でこうして道の両側に松が連続しているのを見るのは初めてだ。

松並木はその後一端途切れるが、茅ヶ崎市に入ると、今度は先ほどよりも本格的な松並木になる。右に傾く木あり、大きく幹をねじる木あり、好き勝手に空に向かって伸びている。

松並木が見られるのはまだ当分先だと思っていたので、予想外のこの風景には心躍る。同じ国道一号線でも、松があるのとないのとでは大違い。こういう道なら、いくらでも歩けそうな気がする。しばらく目を楽しませてくれた松並木は茅ヶ崎駅を過ぎたあたりで終わり、また殺風景な国道に戻るが、気持ちは晴れやかだった。

このまま三十分ほど歩けば、「南湖の左富士」として知られる名所に出る。東から西に向かう旅人

にとって、富士山は右に見えるものだが、南湖の鳥井戸橋に立つと、道が北を向いているので富士山が左に見える。それが珍しいというので、江戸時代名所になっていた場所だ。

歌川広重も竪絵東海道のシリーズで、「南湖の松原左り不二」と題して描いている。松並木の向こう、東海道の左手に、雪を頂いた富士山が空に映え、松並木の下には茶屋らしき建物も描かれている。実際南湖には規模の大きな立場《たてば》（休憩用の場所）があり、茶屋が並んでいたというから、江戸時代の旅人は運が良ければ富士山を眺めながら一息入れることができた。

いまそこに茶店はないが、せめて富士山だけでも見たい。

鳥井戸橋にやってきた私は、期待をこめてゆっくり顔を左に向けた。すると一直線に延びる川の上流に、雪を頂いた富士山がくっきりと見える。目を凝らすと、降り積もった雪に浮かび上がる山肌の凹凸まで捉えることができる。工場の金属的なパイプや無機的な建物が山裾を消しているのは残念だが、日本橋を発ってまだ間もない場所で、江戸時代名所だった風景をこうして目にすることができるのだから、少々の欠点は大目に見るべきだろう。

左富士の風景に満足した私は、その光景を脳裡に刻み、また西に歩き出した。

鳥井戸橋から半時間ほど歩いた頃、「国史跡　旧相模川橋脚」と書かれた杭に目が留まった。相模川はここからまだ一キロ以上先のはずだ。不思議に思って眺めていると、自転車で通りかかった男性がもっとあっちだと指さしている。

行ってみると、太さ五、六十センチの杭が、池の中から生えたように立っている。どうやらこちらが相模川の橋脚で、街道沿いの杭は表示のための単なるデザインとわかったが、説明を読むとこれらは発見当時の様子を再現したレプリカらしい。本物でないのは残念だが、その歴史がおもしろい。

鳥井戸橋から見た左富士

鳥井戸橋に建つ「南湖の左富士」の碑

関東大震災で液状化した田圃から、杭が何本も浮かび上がってきた。調べてみると、鎌倉時代に源頼朝の家来稲毛重成が、亡き妻の供養のために相模川に架けた橋の橋脚の一部と判明したのだという。ちなみに亡き妻は、北条政子の妹にあたる。

それにしても、鎌倉時代、相模川に橋が架けられていたとは初耳だ。

現在の相模川はここから数キロ西で相模湾に注いでいるが、当時の相模川は現在地から橋脚が出土したようにずっと東寄りで、しかもかなり蛇行を繰り返していた。そういう川に、北東から南西に向かって四十メートル以上にもなる橋が架かっていたというのだ。

具体的な橋の様子は想像するしかないが、当時の橋梁技術はかなり高かったと見られる。おそらく立派な木橋だったのだろう。妻の供養のためとはいえ、稲毛重成がそれほどの橋を架けたのかという気もするが、頼朝が落成式に参列したことが事実なら、幕府をあげての工事だった可能性もある。

ちなみに頼朝の死因は様々に言われているが、その一つに落馬説がある。建久九年（一一九八）この橋の落成式に参列した帰り道に落馬し、それが元で翌年亡くなったということが『吾妻鏡』にも記されている。落馬した場所は、現在の辻堂付近という説あり、相模川下流という説ありで、場所だけでなく落馬自体も実際のところどうだったのかよくわからないが、相模川の下流が馬入《ばにゅう》川と呼ばれるのはそれに由来している。馬が驚いて川に飛び込んだのは、平家の亡霊に驚いたためだとか、亡霊を見たのは頼朝のほうだとか、落馬の原因についても様々な話が伝わっている。

橋は彼岸と此岸を繋ぐもの。異界との架け橋という当時の橋のイメージが生んだ話かもしれないが、中世の相模川に橋が架かっていたことが確かだとすると、ここでの頼朝の落馬もあり得ないことではない。

鎌倉に近いこのあたりらしい歴史の断片である。

国道一号線に戻り、三十分ほど単調な道を歩くと、ようやく現在の相模川に出る。そこでまた、大きな富士山を捉えた。

馬入橋の先に見える富士山は、先ほど鳥井戸橋から見たものより一回り大きく、迫力も増している。真っ青な空に、白い富士山。典型的だが、申し分のない風景だ。橋から川を見下ろすと、相模川もこれ以上ないくらい深い青を湛えている。

これまで何度も電車で相模川を越えているのに、この川がこんなに青いことにも、川越しに富士山がこんなにもくっきりと見えることにも、まるで気づいていなかった。南湖の左富士もいいが、この日の風景なら私はこちらに軍配を上げたい。

ときおり吹く風が、上着の中に滑り込む。その風を受けながら、目の前の富士山に引き寄せられるように馬入橋を進んだ。

9 大《おお》磯《いそ》

高麗山《こまやま》と渡来伝承

大磯町に入り花水《はなみず》川を渡ると、高麗山《こまやま》の存在感が一段と増す。お椀を伏せたようにころんと丸いこの山は、標高こそ百六十メートルほどと低いが、周りに高い建物がないので遠くからでも目に付く。

山の名前同様、地名も高麗というように、周辺には渡来伝承がある。東海道から一キロほど南にある花水川河口の地名は唐《とう》ヶ原《はら》というから、渡来人たちはここから上陸したのかもしれない。ちなみに河口の海岸も唐ヶ浜だ。

高麗山の麓に高来《たかく》神社がある。そう呼ばれるようになったのは明治時代の後半からで、それ以前は高麗神社、高麗権現社あるいは高麗三社権現だったように、高麗山と関係が深いお社《やしろ》だ。

私の東海道の旅に、街道沿いや周辺にある寺社参詣は欠かせない。時間が押すのを承知で鳥居をくぐった。

境内は鬱蒼とした木々に包まれ、木立の奥に拝殿が見える。屋根は瓦葺き、その下には短い注連《しめ》縄。

高来神社と書かれた提灯が左右に吊され、普通の神社の拝殿ではなくお寺のお堂のように見えるのは、別当寺だった高麗寺のお堂をここに遷し、神社の拝殿としたためだ。

いつ頃の創建だろうと境内を見回すと、由来の書かれた表示を見つけた。そこには「神武天皇の時代」とあるが、渡来人が関係する土地なら、この神社の創建時期もある程度予想がつく。

お詣りを済ませ、高麗山への登山道に向かう。道は男坂と女坂の二つ。体力温存のため、緩やかな女坂を行く。緩やかとはいえやはり山は山、次第に息があがってくるが、日本橋からここまで舗装された道ばかりを歩いてきたので、土を踏みしめる感触に嬉々とする。かさっ、かさっと、落ち葉を踏みしめる音が、心地よいリズムを生む。やがて目の前に心臓破りとも言えそうな急な石段が現れ、そこを一気に上がると、こぢんまりとした平坦な空間に出た。

むき出しになった小さな石の祠《ほこら》の前に、礎石と思われる四角い石が点々と置かれ、そこに木漏れ日が射し込んでいる。高麗権現社跡のようで、地元の人らしい老女が石の祠に向かって熱心に手を合わせている。後に続いて私もお詣りを済ませると、片隅のベンチに腰を下ろし、リュックから地図を取り出した。先ほど渡った花水川は高麗山の東を通り海に注いでいるが、源流はどのあたりなのか気になったのだ。

地図を指でなぞりながら川を遡っていくと、高麗山の北で川は名前を金目《かなめ》川と変え、秦野に通じているとわかる。秦野といえば、秦氏のゆかりの土地だ。秦氏は養蚕、金工、土木などの技術をもたらしたことで知られる新羅系渡来人だが、とくに治水の功績が大きい。

花水川の名は、万葉仮名の波奈美頭可波《はなみづがは》に由来するという。美頭は波のようにうねる古代人の髪のこと。そういう川なら、ひとたび大雨が降れば水が溢れ、周囲に被害をもたらしただろう。そこに秦氏の技術が生かされたことは十分考えられる。

再び地図に目を落とすと、高麗山から西に丘陵が続いているのがわかる。現在湘南平と呼ばれる西続きの山は、かつて泡垂《あわたら》山と呼ばれていた。『曾我物語』に由来する名で、虎御前のもとにいた兄十郎に会いに、弟五郎が馬でこの山に駆け上ったところ、山頂付近で馬が泡を垂らしたところから、そう名付けられたとのことだが、さらに古くは泡多羅山とか阿波多羅山などと書かれていたというから、これはタタラ製鉄に由来するのではないだろうか。花水川の上流が金目川というのも、鉄を連想させる。

そういえば数日前、大磯の浜辺で左義長《さぎちょう》祭があった。竹や藁で編んだ巨大な斎灯を燃やし、無病息災を祈る祭で、今回は行くことができず残念だったが、その由来にも鉄の存在が垣間見える。

由来というのはこういうことだ。一つ目小僧と呼ばれる厄神が、村人の行いを帳面に書いてまわっていたところ、夜が明けてしまい、慌てた一つ目小僧は帳面を道祖神に預けて帰ってしまった。困った道祖神は自分の家とともに帳面を燃やすことにした。これが大磯の左義長の始まりと伝えられ、その厄神が来る十二月八日は外出を控える、玄関先に目の多い籠を出して追い払う、といった風習が戦前まで続いていたというが、ここに登場する一つ目小僧というのは、製鉄の神天目一箇神《あめのまひとつのかみ》のことではないだろうか。

古代たたら製鉄では炉を見続けたために片目を失う人が多かったことから、一つ目の神が製鉄、金作りの神として信仰されるようになったと言われる。左義長祭の由来にある一つ目小僧に、製鉄の神の姿が重なっていたとしたらどうだろう。

鉄は古代人にとって大切な資源だ。大磯に残されている渡来人の足跡も、そうした大磯の土地の力に引き寄せられた証だったのではないだろうか……。

いつの間にか、先ほど手を合わせていた老女はいなくなり、薄暗い高麗山の山頂は私だけになった。

大磯の松並木

高麗山の麓に鎮座する高来神社

こういう場所は、むしろ一人きりのほうがよい。向き合い語りかけるのは、土地の精霊。答えはない。自分で見つけなさい。木の葉が風に揺れる音に混じって、ふとそんな声が聞こえたような気がしたが、思い過ごしだったようだ。

東海道に戻り、高麗山から西に続く大磯丘陵の山並みを正面に見ながら、先を急いだ。旧道はその後ＪＲの線路を越えて国道一号線に合流し、しばらく海岸線に平行するように西に向かう。その辺りまで来ると、浜までは二百メートルほど。ときおり潮の薫りが漂ってくる。

そういえば、高麗山に気を取られていたが、大磯では海を見るのを楽しみにしていたのだった。

脇道に入り海岸に出ると、目の前には広大な太平洋。砂に足を取られながら、波打ち際まで行ってみる。弧を描きながら果てしなく続く海岸に、波が押し寄せては引いていく。その様子を眺めていると、こちらの体まで持っていかれそうになる。

富士山はあいにく雲に隠れているが、独特の形をした箱根の連山は見える。正面遥か彼方の小さな点、あれは大島だろう。

群青色の海が手前に来るにつれて少しずつ色を薄め、最後足もとまで来ると、波になって色を失う。

相模《さがむ》道《ぢ》の余綾《よろぎ》の浜の真砂《まなご》なす子らはかなしく思はるるかも

広重「大磯〈虎ヶ雨〉」

（『万葉集』巻十四　三三七二）

大磯の浜は小淘綾浜《こゆるぎはま》と呼ばれ、風光明媚なことから古来歌に詠まれてきた。小淘綾は律令制の時代このあたりが余綾郡だったことに由来するようだが、さらに元を辿れば「よろぎ」というのは、緩やかに打ち寄せる波のことだろう。

この波に乗って様々な人が大磯に流れつき、この地を踏んだ。波の揺らぎを見ているうち、海面に射す陽光の帯が、東の海の道に見えた。

10

小《お》田《だ》原《わら》

パノラマの双璧

小淘綾浜《こゆるぎはま》の波音が、残響のように耳奥から聞こえてくる。その音に歩調を合わせるように、さらに西を目指す。

大磯から小田原まではおよそ四里、平塚大磯間の五倍近い。五十三次の中でも三番目に長い距離だが、高麗《こま》山《やま》を過ぎたあたりから東海道の風景に自然を愛でる楽しみが加わったおかげで、いくらでも歩ける感じがする。旧道歩きに慣れてきたということもあるだろう。

二宮が近づくと、進行方向右手に吾妻山が視界に入ってくる。標高は一三六メートル。東海道沿いの家並みの向こうに、なだらかな稜線をのぞかせるその山は、高麗山のような特徴はないが、山頂から富士山と海を一望するパノラマ写真を目にして以来、一度は登ってみたいと思っていた。信号表示に吾妻神社入口とあるのを見つけ、反射的に足が山の方に向かった。

高麗山登山でだいぶ調子が上がってきたようで、十分足らずで吾妻神社に至る。日本武尊《やまとたけるのみこと》の后・弟《おと》

橘媛《たちばなひめ》を御祭神とする神社だ。板石を敷き詰めた参道の両脇に、刈り込まれた低木や石灯籠が庭園さながらに配されている。拝殿には朱色の欄干。鄙びた境内を想像していたが、そこはかとない華やぎは弟橘媛の持つイメージに相応しい。

東征中の日本武尊は、三浦半島の走水《はしりみず》から海路房総半島へ渡ろうとしたとき、突如わき起こった暴風雨に行く手を阻まれ、進むことができなくなった。弟橘媛は海神の怒りを鎮めようと、「さねさし　相武《さがむ》の小野に　燃ゆる火の　火中《ほなか》に立ちて　問ひし君はも」と歌い日本武尊に別れを告げると、荒れ狂う海に入水した。波はすぐさま穏やかになり日本武尊は船を進めることができたが、尊《みこと》の悲しみは深く、足柄山で「吾妻はや（わが妻よ）」と嘆いた。日本武尊の東征神話での、有名な一つのクライマックスである。

二宮は律令制による相模国成立以前、師長《しなが》国に属していた。弟橘媛はその師長国の国造だった穂積《ほづみの》忍山宿禰《おしやますくね》の娘と、『日本書紀』にはある。日本武尊は伝説上の人物だろうが、弟橘媛はこの土地に生きた実在の人物だったかもしれない。

吾妻山を擁する二宮には、弟橘媛が身につけていたものが岸に流れついた伝承地がいくつかある。袖ヶ浦は袖が流れついたことからそう呼ばれ、吾妻山の麓の梅沢は袖が埋められた場所という。二宮には袖ばかりか櫛も流れてきた。その櫛を埋めたのがここ吾妻山で、神社はその櫛をご神体としてお祀りしている。

お詣りの後、小さな庭を巡っていたら、植樹の日付を記した札や奉納の石碑に目が留まった。この土地の氏神として、地元の人たちによって大切に守り続けられているのだ。

東海道はもとより、各地に日本武尊やそれに関連する伝承地がある。そうした土地を訪ねると、長い年月そこで祈りを捧げてきた地元の人々の思いが感じられる。吾妻山もその一つだった。

吾妻山からの眺め

蒲鉾の店が建ち並ぶ旧東海道

　その後私は、カメラと三脚を手にした人たちの後について、山頂を目指した。皆が急に駆け出すので、つられて小走りに山を駆け上がると、視界が開けた先に息を呑むような幻想的な相模湾の風景が拡がっていた。

　斜面は早咲きの菜の花で覆われ、灰色がかった海が視界に収まりきらず果てしなく続いている。眼下にはこれから歩こうとしている小田原方面の町並み。海岸線を辿ると伊豆半島に至る。半島の山々は幾重にも折り重なり、奥の山は次第に白くなって空に溶け込んでいく。箱根の連山も見えるが、富士山はあいにく雲の中だ。

　空の様子は刻々と変化する。見ているそばから雲は墨を混ぜたように薄黒くなって空全体に拡がり、伊豆半島の山の稜線に垂れ込めていく。

　墨色の雲がオーロラのように襞を作りながら、水平線に近づいてきた瞬間、海と雲の隙間のわずかな空が、光を放ったように見えた。

　神々しいとはこのことで、空からか海からか、何かが立ち現れるような気配に思わず身震いした。

　日本橋から八十二キロの表示。通しでここまで歩いてきたわけではないが、一歩一歩の積み重ねがこうして数字に表れるのは嬉しい。とはいえ、五百キロ近い東海道の六分の一ほどを歩いたに過ぎない。この先には東海道中最大の難関、箱根の峠越えが待っている。

　登山電車やバスが懸命に上がっていく箱根の急坂を登り切ることがで

きるのか、小田原に入ったばかりというのに不安と緊張が頭をもたげてくるが、徐々に鍛えられてきたこの脚が、箱根の山にどこまで通用するのか、試してみるのは楽しみでもある。

それにしても昔の旅人の体力には感心する。日本橋を発ち、一日目は保土ヶ谷か戸塚に泊まり、二日目には小田原までやってきたのだ。一日に歩く距離は平均して男性で十里、女性や老人でも八里と言われている。十里といえばおよそ四十キロ。それをほぼ毎日、二週間以上歩き続けたのだから考えただけでも大変なことだ。私などその三倍近くもかかってようやく小田原に辿り着いたのだから比較にならないが、それほどの脚を持っていた江戸時代の旅人にとっても箱根の峠越えは難関で、関所の存在もあって相当な覚悟が必要だったようだ。

箱根の峠越えを控えていたこともあり、小田原は浜松や岡崎、宮と肩を並べる大きな宿場だった。天保十四年（一八四三）の『東海道宿村大概帳』には、小田原宿には本陣が四軒、脇本陣が四軒、旅籠が九十五軒とある。本陣と脇本陣合わせて八軒もあるのは小田原だけ。しかも小田原は城下町でもあった。

大磯からここまでしばらく国道を歩いてきたが、新宿《しんしゅく》の交差点から先は久々の旧道になる。旧道を歩いていて目につくのは、蒲鉾《かまぼこ》の店だ。「いせかね」「わきや」「山上《やまじょう》」「丸う」といった老舗《しにせ》が住宅や商店を挟んで点々と店を構えている。

小田原でいつ頃から蒲鉾が作られるようになったのかは諸説あるようで、古いものでは北条早雲の時代というが、一般には天明年間と言われているらしい。それはちょうど東海道の宿場町として小田原が賑わっていた時代だ。城下町でもあった小田原には、全国から職人や料理人が集まっていたので、蒲鉾の技術もそうした職人たちを通じて小田原にもたらされたのだろうか。

とある一軒で蒲鉾を買い東海道に戻ると、万町《よろっちょう》、高梨町、宮前町《みやのまえちょう》と旧町名を記した碑に目が留まる。

万町には旅籠が五軒、小田原提灯《ちょうちん》を作る店もあった。高梨町には問屋場《といやば》が、という具合で、碑に刻まれた詳しい説明から少しずつ宿場の中心に近づいているのがわかるが、喫茶店、食堂、床屋といった店が住宅に混ざって点在する旧道は、商店街というには寂しい感じもする。

　江戸時代の様子がわかるように、町割り地図のコピーを持っていた。それと旧町名の表示とを見比べながら歩いていくと、本陣跡が旅館になっているはずの場所に高齢者向けの新しいマンションが建っている。通り過ぎてしまったのかと戻ってみたが、本陣があったのはやはりそのマンションのあたりで間違いない。

　よく見ると「脇本陣古《こ》清水旅館」と小さな表示が出ている。本陣・脇本陣が旅館になり、さらに高齢者住宅になりかわっていた。

「２Ｆ　資料館」とあるので中に入っていくと、管理人室に座っていた六十歳前後の男性が「見学ですか？」と、にこやかに鍵を持って出て来た。

「ここは江戸時代脇本陣だったところで、明治からは旅館をやってたんですけど、昨今の事情でこのようになりまして。兄が本陣、弟が脇本陣で隣り合ってました。あまり宣伝はしてませんが、本陣や脇本陣で使っていた道具や、旅館の部屋の一部を展示しています。どうぞこちらへ」

　エレベーターで二階に上がると、その人は部屋の鍵を開け、電気を付けた。ガラスケースの中には、蒔絵の重箱や屏風、漆器、江戸時代の旅行ガイドブックなどが展示されている。本陣の筆頭格だったというだけあって道具類はどれも立派で、その一つ一つから宿場時代の雰囲気が感じ取れる。丁寧に説明してくれるその人は現当主の清水さんで、十八代目に当たるという。

　興味を惹かれるのは、清水家の来歴だ。先祖は清和源氏の出で、伊豆の下田で後北条氏に仕える武士だったという。北条早雲に従って伊豆に入り、後北条家の家臣団の一つ、伊豆衆の筆頭として活躍したらしい。

清水家の祖先で、とりわけ実力者として名を馳せたのは清水康英だ。康英は後北条水軍の前線基地だった下田城を任され、天正十八年（一五九〇）豊臣秀吉の小田原攻めの際に籠城・防戦したが、秀吉方の水軍に敗れ開城を余儀なくされた。

同じ頃、康英の息子たちも小田原で奮闘したが、結局小田原城も落ち、二人とも自害してしまった。その子孫が東海道の宿場が整備された際、小田原に戻り、旅館業を始めた。それが清水本陣と脇本陣ということで、後北条氏の存在が、江戸時代の小田原においても消えずに残っていたのがわかる。ちなみに沼津宿にあった本陣の一つも清水家が務めているが、その清水家も康英の子孫という。

戦国時代、海を舞台に活躍した様子が目に浮かぶ。

「屋上に行ってみませんか」

しばらく展示を眺めていると、そう声をかけられた。高所好きな私には願ってもないお誘いだ。

案内された屋上は期待以上だった。南には一面真っ青な海が拡がり、真鶴《まなづる》岬や伊豆の山々が見える。肉眼で捉えることはできないが、伊豆半島に沿って南下すると、清水家の祖先がいた下田に至る。向きを変えれば、小田原城も見える。

「小田原城からまっすぐ左に目を向けると、秀吉が一夜城を築いた石垣山が見えるでしょう。さらに左は海です。小田原攻めの舞台がここからパノラマのように見えるなんて、これを建てるときには思ってもいなかったんですよ」

後北条氏の家臣を先祖に持つ清水さんに、その滅亡の舞台を見せられるというのは不思議な感じだが、秀吉は小田原の落城をもって天下統一を果たしたのだから、目の前に拡がるパノラマは、当時においては新しい時代の幕開けの舞台だったとも言える。

後北条氏が滅びた関東には家康が入り、小田原城主に家康の腹心大久保忠世《ただよ》が任命された。秀吉が亡くなり、関ヶ原の戦いを制した家康が天下を取るのはその十年後のことなので、後北条氏滅亡からあっという間に世の中が変わったことになる。

後北条氏の城下町として繁栄してきた小田原にとっても、小田原攻めからの十年間は激動の時代だっただろう。小田原の人たちの身の振り方はそれぞれだった。出ていった者もあったが、清水家は小田原に戻り本陣・脇本陣職に就き、その後四百年にわたり小田原宿を支えてきた。

「十五年ぐらい前に旅館を廃業したんですけど、結構皆さん残念がってくれましてね」

「そうでしょう。私だってもしその頃東海道を歩いていたら、間違いなくここに泊まったと思います」

「時代の流れには逆らえませんな」

うなずきながら再び海に目をやると、先ほどより青さを増した海に、光の筋が走ったように見えた。

『東海道名所図会』より「小田原外郎《ういろう》」

II

箱根から藤枝へ

広重「箱根〈湖水図〉」

11

箱根《はこね》

羊腸の小径は、苔滑らか

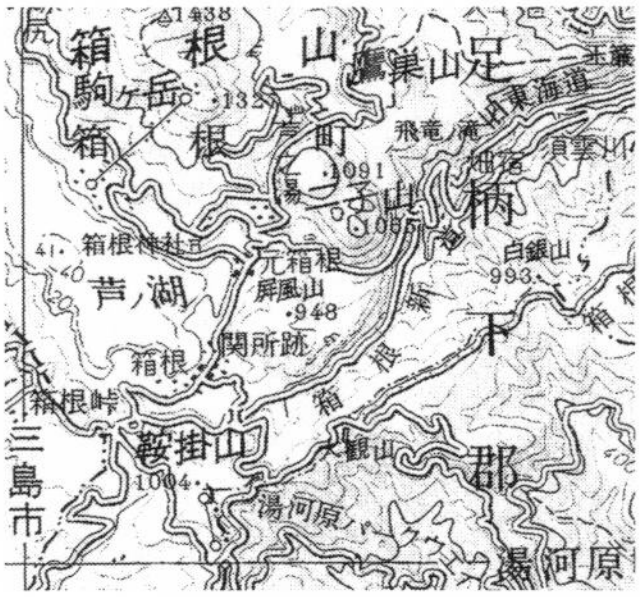

芦ノ湖に発する早川は、仙石原・宮ノ下を経て小田原で相模湾に注ぐ。小田原から湯本のあたりは下流らしいゆったりとした流れで、大小様々な石が横たわる川面を、静かにすり抜けるように水が流れていく。小田原を出ると、その流れに逆らうように、箱根の山を目指し西に歩いていった。

ときおり箱根湯本行きの電車が、音を立てながら私を追い越していく。子供の頃家族で箱根に遊びに行くときは、いつもこの電車に乗って行った。小田原からの電車は湯本止まり、そこから先は登山電車に乗り換え、早川を左に見ながら、大平台、宮ノ下を通って強羅《ごうら》に至る。強羅から先、芦ノ湖まではロープウェイに乗り換えることになるが、芦ノ湖までの間、早川の渓谷美あり、煙立ち上る大涌谷の不気味で雄大な風景ありと、東京から二時間ほどでやってきた別世界の風景に夢中になったのを思い出す。

登山電車は早川の流れにほぼ沿っているが、早川沿いには現在の東海道である国道一号線も通っている。国道が早川に平行するのは宮ノ下までで、そのさき国道は南西に向きを変え、芦ノ湖の南端・元箱根に向かう。箱根駅伝のコースでよく知られているが、私がこれから歩こうとしている旧東海道は湯本の三枚橋で国道一号線から分かれた後、早川の支流須雲川《すくもがわ》に沿うように南西方向に山を上がっていく道で、国道よりだいぶ南を通っている。三枚橋を起点に、Ｖの字を横にしたように箱根の山に切り込んでいく二本の道があると思えばわかりやすい。

　小田原を出て一時間ほどで、三枚橋にやってくる。橋周辺は交通量が多く観光客の姿も見かけるが、橋を渡り旧道に入ると車も人も急に途絶え、湯本周辺の観光地とは別世界に入った感じがする。

　平坦だった道が坂道に変わる頃、左に白山神社、右に早雲寺が見えてくる。早雲寺はその名の通り北条早雲の遺言により創建された寺で、境内には北条五代の墓がある。秀吉の小田原攻めの際には、ここに本陣が置かれたらしい。背後に山を抱く静かな境内は、全盛期には十を超える塔頭《たっちゅう》を持つ大寺院だっただけに、今も風格が漂う。

　小田原の名産品の一つに、漆器がある。平安時代に都を追われた惟喬《これたか》親王が、相模国の早川に移り住み木工技術を伝えたことに始まると、この辺では語り継がれているそうで、早川には惟喬親王を御祭神とする紀伊神社があり、五十年ほど前までは木地挽《きじひき》という字《あざ》も残っていた。

　惟喬親王は木地師の祖と伝えられ、木地師発祥の地とされる滋賀県の君ヶ畑には親王や木地師にゆかりの場所がいくつもある。箱根の山を間近に控えた早川にも、惟喬親王の伝説がある。もっともそれは、山を渡り歩く木地師が自分たちの身分に箔を付けるために作られたもので、発祥の地とされている君ヶ畑も親王が実際に隠棲したのかどうか。

　ともあれ惟喬親王の伝説のあるところ木地師の姿がある。私が惹かれるのはそこだ。
早川で挽かれるようになった木地は、後北条氏の時代に塗りの技術と結びつき、小田原漆器が生まれた。その名品が、ここ早雲寺に伝わっている。ひょっとして拝観できるのではと、楽しみにしていた。名品は芹椀《せりわん》と呼ばれ、飯椀、汁椀、平椀、壺椀、杯からなる。後北条氏四代目氏政の時代に百組が早雲寺に寄進され、そのうち五十組が五代目の氏直によって高野山に渡ったという。写真で見たそれは、たっぷりとした木地に芹が金の蒔絵で描かれ、華やかさと素朴さを兼ね備えている。あいにく普段は拝観できないそうだが、曝涼《ばくりょう》のときに他の寺宝とともに公開されるというから、機会を改め訪ねてみることにしよう。

早川の木地師は、その後木材を求めて箱根の山中に入り、湯本、畑宿《はたじゅく》などにも足跡を残している。早雲寺に伝わる芹椀が造られた時代、木地師たちはすでに箱根山中に入っていただろう。名品芹椀も箱根の山に散っていた木地師の手によって作られたものかもしれない。

湯坂山が迫るころ、舗装道が石畳道に変わる。あたりはすっかり山中の雰囲気で、須雲川の水音に落葉の音、野鳥の声も響いている。それらの音に包まれながら、誰もいない石畳を上っていくと、やがて須雲川に出た。

前日に降った雨のせいだろう、川底に横たわる巨大な石に水が激しくぶつかり、しぶきを上げたり渦巻いたりしながら流れていく。激流と言ってもよいその流れの上を、人一人歩くのがやっとの細い板が渡してある。一瞬ひるんだが、進むしかない。

重たい荷物でバランスを崩しそうになりながら対岸に辿り着くと、その後も石畳道が断続的に続く。復元された石畳も多いが、それなりに古びて、すっかり箱根の山に溶け込んでいる。大沢坂という苔むした急勾配の石畳を上り終えると、長く続いていた鬱蒼とした木立ちが途切れ、アスファルトの県道に出た。

江戸時代に間《あい》の宿《しゅく》（宿場間に設けられた休憩用の施設）が置かれていた畑宿に着いたのだ。

どこからともなく木を削る金属的な音が聞こえてくる。風に乗って木の香りも漂ってくる。畑宿にいま茶屋はないが、五、六軒の箱根細工を扱う店や工房がある。

そのうちの一軒に入ってみると、からくり箱をはじめ、お盆や湯飲みなど、さまざまな箱根細工が並んでいる。

「上で説明があるので、よかったらどうぞ」

言われるまま二階に上がると、すでに数人の客がいて、腰かけるとすぐに職人による説明が始まった。

「箱根細工というのは、指物《さしもの》と挽物《ひきもの》があって、いま主流の寄木《よせぎ》は指物のいろんな技法を組み合わせたものです。こうやって木を束ねたものを薄く削っていくんです」

そう言いながら、何種類もの異なる木を束ねたものを見せてくれる。それは種木《たねぎ》と呼ばれ、色の異なる木を薄い板状にして重ねたり、四角柱や三角柱に切った木片を組み合わせたりして膠《にかわ》で固定されているが、切り口がすでに寄木細工特有の模様になっている。その模様を薄く削って箱などに貼ると、店先に並んでいるような製品になる。

紙のように薄く削られた寄木模様の木片を手渡される。触れると驚くほどしなやかだ。

「種木を削らず轆轤《ろくろ》でくりぬいていくと、こういう器になります」

今度はまるで表情の異なる製品を見せられる。現れた模様はなだらかな曲線を描き、木ならではの温もりが感じられる。使われている木は二十種類以上。焦げ茶色は神代桂《じんだいがつら》、象牙色はまゆみといった具合で、同じ茶系でも微妙に色が異なるので、どの木を使うかでまるで違ったものになる。

寄木細工自体は、寛永十一年（一六三四）、駿府（現静岡）に浅間神社を建立するにあたり、全国から集められた職人の中から生み出されたもので、江戸時代後期にその技術が畑宿に伝わったらしい。元々木地師が足跡を残した土地だ。寄せ木細工が根付くのも早かったのだろう。

色目の美しいボールペンを見つけ、自分用と家族への土産に二本買って店を出た。やはり木は良い。畑宿を過ぎると、直径が九メートルもある大きな一里塚が道をふさぐように聳えている。復元された新しいものだが、歩いている旅人にはありがたい。日本橋から数えて二十三番目の一里塚。百キロ近くを歩いてきたことになる。けれども喜んだのも束の間、その先は一歩間違えば千尋の谷底に落ちるとかつて旅人に恐れられた急坂が延々と続く。

石畳からアスファルトへ、またアスファルトから石畳へと、江戸時代と現代を行き来するように、急勾配の道を上がっていく。ヘアピンカーブの道を腿に手を添えて体を押し上げるように這い上がっていると、後ろから車が重たそうにゆっくりと上がっていく。箱根の山道は車にとっても大変らしい。あたりを見回すと、それまで仰ぎ見てきた山々が、いつの間にか眼下にある。真冬であることを忘れるほど、体が火照り汗が流れる。呼吸は乱れ心臓の鼓動が頭の中で鳴り響き、もはや限界かと思われた頃、坂道の先に「甘酒」と書かれた紺の暖簾《のれん》をなびかせた、茅葺きの茶屋が現れた。

引き戸を開け倒れ込むように中に入ると、薄暗い店内は満席に近く、囲炉裏に掛けられた薬缶から立ち上る湯気で店内が霞んでいる。ここまでの道中、畑宿のお店以外誰一人として人に会わなかったのに、この混雑ぶり。ドライブの立ち寄り先になっているらしい。寒空の下、顔を火照らせ額から汗を流している人など他にいない。そのせいだろうか、一瞬客たちの視線がこちらに集まったような気がして、ばつが悪かったが、土間に上がりリュックを下ろすと、いつしか客の中に溶け込んでいた。

「ご注文は」

その声で我に返り、甘酒と力餅を頼みながら、いつからこの茶屋があるのか聞いてみた。

曾我五郎ゆかりの割石坂

江戸時代から変わらない箱根古道の石畳

「江戸の初めです」

昔は箱根の道中いくつもの茶屋があったが、現在残っているのはここだけという。建物は再建されたものだが、茅葺きの茶屋とは嬉しい。

しばらくして注文したものが運ばれてくると、それまで封じ込められていた空腹感があふれ出し、あっという間に平らげた。満腹になったせいだろう、急な眠気に襲われた。


「おいっ、何をするんだ。刃がこぼれるではないか」

「父上の敵、無事果たすために失敗は許されぬ。この刀がその役目を全うしてくれるか、試してみたのだ。兄上、見事に石が割れましたぞ」

「うむ。これならどんなに堅い頭もかち割れそうだな。では行くぞ」


須雲川を渡り終えた先に現れた坂は、敵討ちに向かう曾我兄弟に謂われのある割石坂《わりいしざか》だった。

「我々はこの先箱根の峠を越えて京へ戻るが、そなたはここで東国へ引き返し、門徒衆を教化してほしい」

「そ、そんな……。これまで私は親鸞様の教えを信じともに布教をしてまいりました。何故ゆえそのような……」

「我らがみな東国を離れてしまったら、誰がその後東国で教えを導くのだ。東国の門徒たちを見捨てることはできない」

「わかりました。親鸞様のそのお気持ち、私がしかと」

涙ながらにそう答える性信《しょうしん》に、親鸞は自分の身代わりにと仏像を手渡した場所は、茶屋手前の笈《おい》の平《たいら》だった。

そんな場面が脳裏に浮かんでは消え、消えては浮かび……。

どのくらい茶屋にいただろう。身支度を整え再び歩き出した体はすっかり力を取り戻し、残りの山道を進む足取りは軽かった。

やがて石畳道は緩やかな下りになり、それまで街道を厚く覆っていた木立が透け、石畳に日が射すようになる。

初めて明るい石畳を見たと思ったそのとき、透けた木立の奥に白く光る芦ノ湖が見えた。

12

三《み》島《しま》

旅は道連れ

昨晩は早々に眠りについたおかげで、目覚めは早かった。今日も長丁場、出発は少しでも早いほうがよい。

静まりかえった元箱根を過ぎると、視界から湖が消え、木立に囲われた薄暗い道になる。目の前に立ち現れたのは巨大な杉の群れ。東海道というと松並木がほとんどだが、ここ箱根は杉並木。大地に突き刺さり、天空を射貫く、圧巻の並木だ。

箱根の杉並木は、元和四年（一六一八）幕命によって川越城主・松平正綱によって植えられたと伝えられる。並木道はおよそ五百メートル。その間に四百本近くの杉が残っている。

迫力に圧倒され、まだ半分眠りの中にあった体が完全にたたき起こされた。手で触れると、朝靄で湿った木肌がひんやりとして心地よい。

峠を越えると、東海道の風景が一変する。深山幽谷の趣で坂もきつかった東坂の記憶が鮮明なまま

西坂を歩き出したが、こちらの勾配は拍子抜けするほどなだらかだ。石畳も凹凸が少なく歩きやすい。西坂では、高木に代わり箱根竹が目に付く。ときに葉がアーチのように道に覆い被さっているが、隙間から朝日が射しこみ、道は明るい。

「三島に行くにはこっちですか」

しばらく歩いていると、二人連れの男性に声を掛けられた。一人は五十代半ば、もう一人は十代後半といった年頃の父子で、前日東坂を歩き、今日は西坂を下りて三島まで行くのだという。

「私も三島を目指してるんですよ」

「それは心強い」

西坂は東坂に比べて情報が少なく不安だったので、心強いのはこちらの方だ。お互い目的地は同じということで、一緒に歩くことになった。日本橋を発って以来、初めての道連れだ。

長野で農業をしているというAさんは、農閑期に少しずつ東海道を歩いているそうで、その日は珍しく大学生の息子S君が一緒に来てくれたと嬉しそうに話す。私が一人で歩いていることにAさんは最初驚いていたが、「女性一人で通しで歩いた人がいますから、私なんて」と言うと「へえ。そんな人がいるんですか」と感心している。

「私も昔の旅人みたいに通しで歩いてみようかと思ったんですけど、普段の生活があるので、二週間以上旅を続けるのは無理なんです。それに体力的にもつかどうか」

「まったくですね。私はこうやって農閑期に数日歩ければいいんです。それにしても、昔の人の体力には驚きますね。阿仏尼《あぶつに》なんて、一日で三島から小田原まで歩いてるでしょう」

そんな話をしながら、後北条氏の山中城跡や芭蕉の句碑がある富士見平に立ち寄り、笹原新田に入っていった。

箱根峠を越え三島方面へ下る旧東海道

三嶋大社

明るく強い日ざしが、石畳に反射して目にしみる。そんな好天でも富士山は気まぐれで、山中城跡ではかすかにその姿を捉えたものの、富士見平では完全に雲の中だ。脇道を見つけ、ちょっと行ってみましょうかと三人で入っていくと、霞んではいるものの眼下にかなり大きな町が見渡せる。

「もしかして三島でしょうか」

「そのようですね。もうここから見えるんですね」

西坂はまだ半分近く残っているが、早くも視界に入ってきた三島に心が引き寄せられていく。

「お母さんと妹が三島で待ってるんです」

「三島で落ち合って家族旅行なんですよ。家族揃って旅行なんて、この時期だけしかできませんからね」

「それじゃ、もうひと頑張り。行きましょうか」

私たちは尾根筋の明るい道を軽快に進み、三ツ谷新田、市の山新田と新田と名のつく集落を通り、三島の中心部へと入っていった。

三嶋大社の鳥居が見えてきたのは、午後三時を回った頃だった。お詣りまでは一緒にということで、私たちは揃って白い石の鳥居をくぐった。

三嶋大社は伊豆国一の宮。創建は古く、中世には源頼朝をはじめ数々の武将らが篤い信仰を寄せてきた。静かな境内を想像していたが、参道にはお詣りに向かう人、終えて帰る人が行き交い、屋台も出ている。太い注連縄《しめなわ》が張られた総門をくぐってもその賑やかさは続いていたが、奥の神門を過ぎるとようやく、砂利を踏む足音と柏手だけが響く静かな神域に変わった。

拝殿や本殿は嘉永七年（一八五四）の地震で倒壊、その後再建されたものだが、金の装飾が施された緑色の屋根が遠目にもよく映え、武将らの信仰を集めた大社に相応しい堂々としたたたずまいだ。

三嶋大社にお祀りされているのは事代主神《ことしろぬしのかみ》と大山祇命《おおやまつみのみこと》。事代主神は大国主の子供で、出雲国譲りの際に、大国主に代わって国譲りの言葉を述べたことから託宣の神とされているが、もう一方の大山祇命は伊弉諾《いざなぎ》尊と伊弉冉《いざなみ》尊の子供、山の神として知られている。同時に大山祇命は和多志《わたし》大神という名で呼ばれることもある。和多の「わた」は海神を意味することから、この神は海神でもあった。

古くは三島といえば伊豆七島のあたりのことで、大山祇命はそこで信仰されていたらしい。古代の伊豆は火山活動が活発だった上、伊豆の島々や伊豆半島の山を目印に人々は航海していたので、大山祇命に篤い信仰が寄せられるのは自然な成り行きに思える。それがいつの時代か、三島は当地の地名になり、そこに大山祇命が祀られた。おそらくそれは、大山祇命を信仰する人々の行動範囲が移っていったということなのだろう。箱根の山を越えたばかりで、山の記憶がまだ鮮明に刻まれているが、三島はむしろ海との縁のほうが深いようだ。

参拝の順番が回ってきた。三人で同時に参拝を済ませると、「よい旅を」と挨拶を交わし、別々の方向に歩き出した。

かつて三島宿だった町を一人気儘に歩く。洋品店に履物屋、時計屋といったどこか懐かしい感じの店が並んでいる。せせらぎの音がするのでそちらを見ると、建物の間を幅一メートルにも満たない小川が流れている。さらに西に進むと、四ノ宮川、そのまた先に源兵衛川と、わずか数百メートルの間にいくつもの清流がある。これらはみな富士山の伏流水による湧き水で、四ノ宮川と源兵衛川は楽寿園という庭園内にある池が水源だが、あいにくいまは干上がってしまっているという。工場建設による地下水くみ上げが原因とも言われるが、詳しいことはわからないらしい。

　三島は水の町。せっかくなので水が湧くところを見てみたい。

「それなら柿田川ですよ。ここをまっすぐ行くと国道に出るから、そこを左ね。柿田川公園って大きな看板が出てるから、すぐにわかりますよ」

　源兵衛橋のベンチで休んでいた初老の女性にそう教えられ、柿田川を目指した。

　そこは公園というより森林のようで、足を踏み入れたとたん、湿り気を帯びたひんやりとした空気が肌にまとわりつく。表示に従い湧水地の前に来ると、池は鏡面のようで、そこに周囲の木々が精緻に映り込み、映し出された枝葉の間から水が湧き出している。あちらこちらで底の砂が盛り上がり、引っ込んではまた盛り上がりを繰り返している様子は、まるで呼吸しているかのようだ。

「あっちにもあるよ」

と子供が親に話しかける声がする。

　その声につられ、もう一つの方に行ってみる。水中に丸い筒状のものが埋め込まれ、そこからも休みなく水が湧き出している。皆、展望台から身を乗り出し、言葉を失ったように水を見つめている。

　富士山に降った雨や雪は、およそ一万年前に起きた富士山噴火による溶岩流の層にため込まれ、十年から二十年をかけて山裾の地表に湧き出してくる。静岡県や山梨県にはそういう場所がいくつもあるが、柿田川はその中でもっとも規模が大きく、一日百万トン近い水が湧くという。

柿田川公園

それほど富士山という山は大きい。これだけの水をため込む地層の力にも感じ入る。公園が整備されたのは最近だが、水は太古の昔から湧いていた。付近で出土した土器からは、縄文時代この水辺で人が暮らしていた形跡がうかがえる。戦国時代には、湧水の侵食によってできた洞《ほら》を利用した城が築かれている。家康もそこに隠居所を造ろうとしたが、急死によって完成には至らなかったという。東海道の旅人の中には、この湧き水を目にした人もいただろう。

清らかな三島の水に全身が清められ、箱根越えの疲れもいつしか吹き飛んでいた。

13

沼津《ぬまづ》

松籟に吹かれ

三島と沼津の間はおよそ六キロ。道も平坦なので、気がついたらもう沼津だった。

川廓《かわぐるわ》通りを抜け、狩野川《かのがわ》に架かる御《お》成橋《なりばし》の袂にやってくると、狩野川の流れに目を向けた。川沿いにはこぎれいなマンションやオフィスビルが並び、ウォーターフロントと呼ぶのが相応しい都会的な風景が続いている。

新幹線の新駅設置をめぐり、三島と沼津で争われたことがある。地形や地質などの関係で、結局駅は三島に置かれることになったが、いまこうしてそれぞれの町を見比べると、新幹線が停まらない沼津の方が町の中心部の規模が大きく、都会的な感じがする。

沼津の東海道は鉤型に折れながら西に向かう。それは沼津がかつて城下町だったからだが、現在城の痕跡はない。沼津城は中世武田勝頼が築いた三枚橋城に始まり、江戸時代に水野家八万石の城下町として栄えた。けれども明治の廃城令を待たずに破却され、その後道路の拡張や駅の建設などで完全

に城郭が失われた。さまざまな事情があっただろうが、沼津では城主ではなく代官による支配期間が長かったというから、沼津の人たちの間では城下町という感覚が薄かったのかもしれない。

城ばかりか、沼津には宿場時代の面影も残っていない。第二次大戦の空襲で、沼津は大打撃を受けた。すっきりした町も、広い道も、戦後の復興の中から生まれたものだ。

沼津に来たら千本松原《せんぼんまつばら》越しに海が見たいと思っていた。千本松原は、駿河湾沿いにおよそ十キロにわたって続く松林で、運がよければ千本松原越しに富士山が望める。

沼津の海岸沿いにいつから松林があったのか、詳しいことはわからないが、もとは暴風・防潮のために、付近の農民が植えたものに始まるらしい。中世の紀行文『東関紀行』（作者不詳）に、千本松原の風景が次のように書かれている。

> やがてこの原に続きて、千本の松原といふあり。海のなぎさ遠からず、松はるかに生ひわたりて緑の影きはもなし。沖には舟ども行きちがひて、木の葉の浮けるやうに見ゆ。かの「千株《せんちう》の松の下《もと》の双峰の寺、一葉の舟の中の万里の身」と作れるに、かれもこれもはづれず、眺望いづくにも勝れたり。
>
> 見わたせば千本《ちもと》の松の末遠みみどりにつづく波の上かな

『東関紀行』は仁治三年（一二四二）の完成と伝わる。当時すでに立派な松林になっていたとすると、農民が松を植えたのは、それより百年以上遡ることになるだろうか。

千本松原の風景

若山牧水が眠る乗運寺

その後天正八年（一五八〇）武田勝頼率いる武田軍が駿河に侵攻する際、上陸の邪魔になるというので、伐採されてしまった。そのため農作物に被害が及び、農民たちは困窮した。その様子に心を痛めた増誉上人が、阿弥陀経を唱えながらおよそ五年の歳月をかけて松を植えた。千本を植え終えたのは天文六年（一五三七）と伝わる。当時の浜は砂地が少なく、松を根付かせるのは容易ではなかったが、努力が実り無事根付いた。それが現在見られる千本松原だ。

ちなみに、千本松原は大正の終わりにも、伐採の危機にさらされたことがある。財政の足しにしようということだったが、東京を引き払い沼津で暮らしていた若山牧水が先頭に立って反対し、幸い伐採は免れている。

戦国時代、海岸に松を植えた増誉上人は、もとは長円といった。知恩院で修行した後、行脚の旅に出、当地にやってきたようだ。増誉上人に感謝した人々が、上人のために庵を建てた。それが千本松原近くにある乗運寺《じょううんじ》で、牧水もそこに眠っているというので訪ねてみることにした。

開け放たれた山門、その奥に手入れの行き届いた境内がのぞいている。格調高い構えに、一瞬門をくぐるのがためらわれるが、背筋を正し中に入ると、低中高木それぞれに美しく刈り込まれた庭は、花の色こそないが、緑一色で変化に富んだ風景を作り出している。このあたりも戦災に遭っているので、戦後の再建だろうが、入母屋《いりもや》造りの本堂は、白い障子が日射しに映え、風格ある凜としたたたずまいだ。

戦国時代には三枚橋城主・松平周防守康親の菩提寺に、江戸時代には沼津藩主水野忠友の菩提寺になった。四世、雄誉《おうよ》霊巌《れいがん》は、知恩院三十二世として知恩院諸堂の再建に尽くした人物として知られる。現在も知恩院の末寺。格調高い雰囲気は、そこから来るものかもしれない。

境内の静寂を破らぬよう、そっと足を進めると、白い石畳の先に墓石があった。「若山牧水之墓」と刻まれ、墓の手前の両側には、縦長の歌碑が二基。一つは牧水、もう一つは妻喜志子の歌碑である。牧水の歌は次の通り。


聞きゐつつたのしくもあるか松風の今は夢ともうつつともきこゆ

千本松原に魅せられ、松籟を友に晩年を過ごした牧水の墓前に相応しい歌だ。話が聞けたらと思ったが、まったく人の気配がない。あるいは中にいたのかもしれないが、静寂を破るのがためらわれ、寺を辞した。

乗運寺から海岸に向かって歩いていたら、いつの間にか千本松原にいた。

松の一本一本は思っていたより細いが、密集している。これがあの千本松原かと、松に目をやりながらゆっくり歩いていると、急に陽ざしが遮られ薄暗くなる。けれどもすぐにまた枝葉の隙間から木漏れ日が射し込み、明るくなる。

遊歩道に沿って歩いていくうち、堤防に出た。目の前には駿河湾。海を見るのは大磯以来だ。海面から反射した光が目に突き刺すように飛び込んでくるが、次第に目が慣れてきて、左手遠方に伊豆半島の影を捉えた。右に目を転じると、千本松原越しに愛鷹山《あしたかやま》が見える。その向こうに富士山があるは

広重「沼津〈黄昏図〉」

ずだが、あいにく雲に隠れている。

突然の強風が堤防に吹き付ける。体が持っていかれそうになり、慌てて体勢を立て直す。再び富士山の方向に目をやると、またもや打ち付けるような強風に体がよろける。冬の沼津は風が強いとは聞いていたが、これほどとは思っていなかった。

風で雲が吹き飛ばされてくれたら富士山が顔を出すかもしれないが、この強風では五分と身がもたない。早々に千本松原に逃げ込んだ。

千本松原の中は風もなく穏やかで、ときおりかすかな松籟が耳に届く。

林の中に、増誉上人の像を見つけた。白い石の像は、緑に映え、その顔は慈愛に満ちていた。

14

原《はら》

白隠さん

駿河には過ぎたるものが二つあり　富士のお山に原の白隠

こんな俗謡がある。

沼津を出ると、東海道は海岸に並行しながら西進、定規で線を引いたような直線道が続く。ここに至るまで折に触れて目にしてきた富士山が、最も大きく間近に見えるのが原から吉原にかけてだが、あいにく空は厚い雲に覆われ、富士山は一向に姿を現してくれない。

道は一直線で富士山も見えないとなると、退屈が頭をもたげてくる。車が少ないのをいいことに、道のど真ん中を悠長に歩いていたら、後ろから来た車にクラクションを鳴らされ、慌てて脇によける。一体いつまでこの単調な道は続くのか……。

退屈しのぎに、広重の絵を思い浮かべてみる。広重は保永堂版で、画面からはみ出すほどに大きな

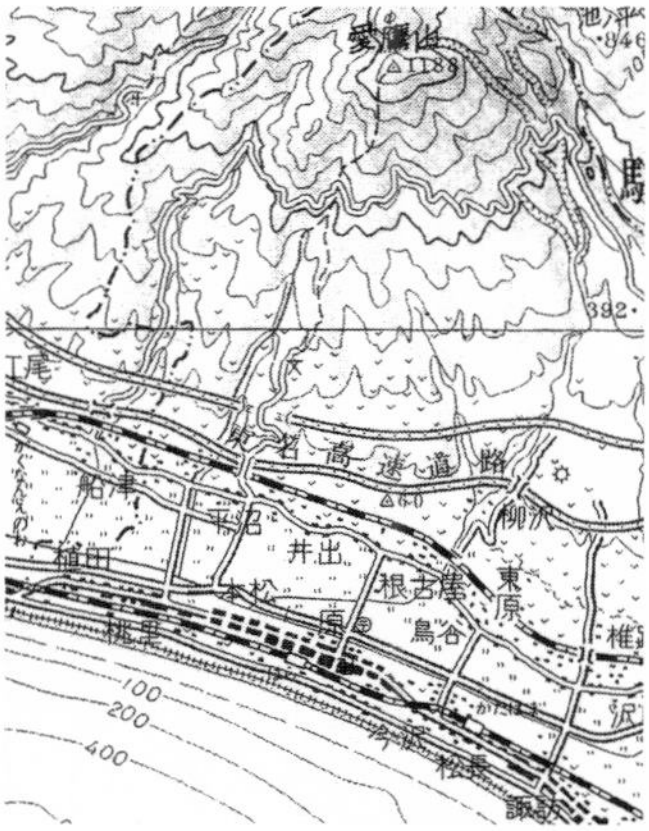

富士山を描いた。手前に拡がる湿地は浮島が原。鶴が二羽下りたって羽を休めている。浮島が原を進む女性の旅人が、立ち止まって振り返り、富士山に見とれている。

広重の描いた富士山ほどではないにせよ、条件がそろえば目の前に迫り来る富士山を望めたかもしれない。そうと思うと、灰色の空が恨めしくなる。

そんなとき目の前に現れたのが、もう一つの「過ぎたるもの」、「原の白隠」ゆかりの松蔭寺《しょういんじ》だった。白隠慧鶴《はくいんえかく》は、臨済宗を中興したことで知られる、五百年に一度出るか出ないかと言われた名僧だ。孤高で力強く気迫に満ち、ときにユーモア溢れる独特の禅画が有名で、その画風から、見た目は恐そうだが心優しい白隠を思い浮かべていた。

白隠は、松蔭寺近くの東海道沿いにあった旅籠兼問屋場を営む家に、貞享二年（一六八五）に生まれた。松蔭寺は弘安二年（一二七九）、鎌倉円覚寺の末寺としての創建というから、白隠が生まれたときには、すでに四百年近い歴史を刻んだ古刹だったことになる。白隠と松蔭寺との縁は、この寺を白隠の大叔父が中興したことで生じた。

旅籠と問屋場を兼ねた生家は、いつも旅人が立ち寄り賑やかだったが、母は熱心な日蓮信者だったので、家庭内は信心深い雰囲気だったようだ。幼少のころから際だった記憶力と強い感受性で周囲を驚かせ、元禄十二年（一六九九）十五歳のときに松蔭寺で得度。その後各地を行脚し、修行に明け暮れた。

松陰寺に戻ってきたのは三十二歳の享保元年（一七一六）、父危篤の知らせを受けてのこと。無住で荒廃していた松蔭寺の再建をという父の願いをかなえ、白隠は松蔭寺の住持となり、明和五年（一七六八）に息を引き取るまで、この寺の住職を務めている。

こぢんまりとした山門をくぐり、境内に入ると、右には建てて間もない本堂、正面奥には六角堂が見える。境内のあちらこちらに、松が聳えている。山門手前の松も入れれば、十本以上はありそうだ。

「すり鉢の松はあっちだよ」

境内の写真を撮っていると、上の方から声がする。見ると、松の手入れをしている庭師だった。

「すり鉢の松って何ですか？」

「台風で折れた松がかわいそうだっていうんで、白隠さんが備前の殿様からもらったすり鉢を上に被せたら、そのまま大きくなったという松さ」

目を凝らすと、十メートルぐらいはありそうな松のてっぺんに、逆さにしたすり鉢が被さっている。すり鉢には次のような謂われがあった。

参勤交代の途中、松蔭寺に立ち寄った備前の池田侯から、必要なものを所望せよと言われた白隠は、小僧にすり鉢を壊されてしまったので、新しいすり鉢を所望した。修行僧たちの食糧にも困っていそうな寺である。池田侯は白隠の無欲に感銘を受け、早速備前焼の立派なすり鉢を贈った。それなのに、白隠はそれを一本の松のために使ってしまったというのだ。

松はすり鉢を被せたまま成長したが、数年前にその松が枯れてしまったので、いま見上げている松は別の松、上に乗っているのも別の清水焼のすり鉢だという。

「じゃあ、備前のすり鉢は？」

尋ねると、大事なものとして保管してあるとのこと。白隠の人柄が伝わる話だ。

庭師の男性は、先ほどから「白隠さん」と呼んでいる。原ではいまでも、皆そう呼ぶらしい。それが原における白隠禅師の素顔だろう。

白隠の功績は一言では言えないが、修行を体系化したほか、禅画や説法、禅問答によって、庶民にも親しみやすくわかりやすい言葉で禅を説いたということになるだろう。そうした晩年の白隠のもと

すり鉢を乗せた松

白隠ゆかりの松蔭寺

には、修行僧や民衆など様々な人が訪れたが、白隠は人々の来訪を待っていただけでなく、自ら各地に出向き、教えを広めた。

東は下総の佐原、西は伊予の松山までと、範囲は広い。足跡が残されているのは江戸、平塚、甲府、由比、興津、浜松、飯田、名古屋、高山、京都、明石と数え切れないほどで、原から出かけて行っては原に戻り、また出かけては戻りと、旅を繰り返しながら、新しい臨済宗つまり白隠の禅を布教していった。藤沢で触れた一遍上人も偉大な旅人だったが、原の白隠もしかり。その気力体力は常人の域を超えていた。

白隠は東海道沿いの町はもとより、岐阜、長野といった内陸にも足を延ばしているが、原が東海道沿いにあることがその旅を大いに助けたことは確かだろう。何にせよ布教への思いは計り知れない。

せっかく松蔭寺にいるのだから、白隠の禅画が見たい。そう思って聞いてみたところ、普段は非公開とのこと。ただ六角堂に白隠像がお祀りされているというので、上がらせてもらった。祭壇手前に座り見上げると、大きな目がぐっとこちらを見据えている。迫力ある表情に一瞬ひるむが、慣れてくると子供のように澄み切った瞳に吸い寄せられていく。

じっと見ていると、その目は白隠が描いた達磨像の目によく似ていることに気がついた。達磨像は白隠の自画像でもあったのだ。

松蔭寺を後にすると、まっすぐな道を西に進んだが、以前のように富士山のことが気にならなくなっていた。見えない富士山にこだわっていても仕方がない。諦めがついたのとほぼ時を同じくして、愛鷹《あしたか》山が家々の隙間から顔を覗かせ始めた。千メートル級の山が十ほど連なる山塊である。長い時を経て浸食が進み、上部が削られ波打つような稜線を描く姿になった。富士山より数十万年前に誕生したというから、愛鷹山は富士山の兄貴分のような存在だ。

いまは山頂付近まで雲が下りていて、広重が描いたようなぎざぎざの稜線は望めないが、原の北側にあって、その姿全体を隠すことはない。

姿を見せない富士山に代わり、この先しばらくは愛鷹山との同道二人旅を楽しむことにした。

広重「原〈朝之富士〉」

白隠自画

15

吉《よし》原《わら》

かぐや姫

田子の浦ゆうち出でて見ればま白にぞ富士の高嶺に雪は降りける　（『万葉集』巻三　三一八）

奈良時代、山部赤人は田子の浦からの風景をこう詠んだ。

現在の田子の浦は吉原駅の南一帯をいうが、当時の田子の浦はかなり広い範囲を指していたようだ。いま、その田子の浦付近を歩いている。当時とは海岸線の位置が異なるので、赤人の時代、現在東海道が通っているところは海の中だっただろう。

空は見事に晴れ渡っている。原では富士山を見損なったが、この空なら期待できそうと足取りも軽く歩いていると、目の前に現れたのは富士山ではなく、天高く聳える紅白横縞模様の煙突だった。

新幹線の車窓から目にする煙突は一瞬で視界から消えるが、時速五キロの徒歩の旅ではそうはいかない。加えて、徒歩の旅とあっては臭気が鼻をつく。

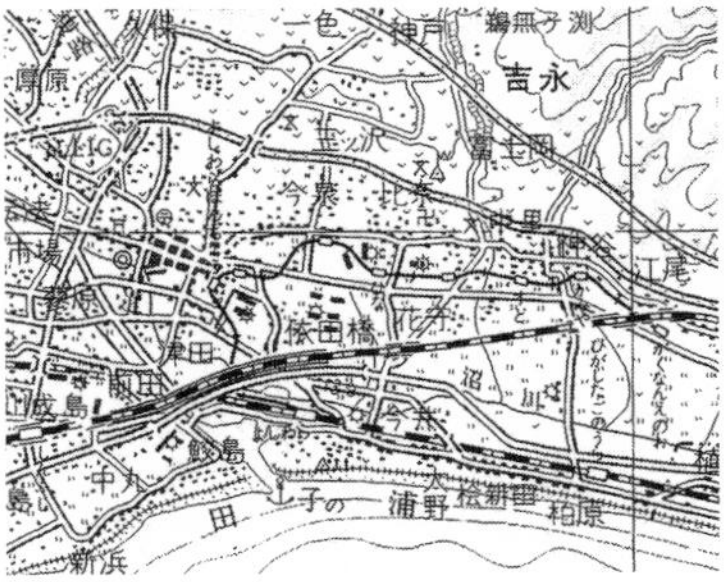

吉原にも左富士の見える場所がある。早くそこまで行ってしまおうと吉原駅の北側にやってきた。ようやく視界から工場の煙突が消え、人心地ついたが、結局楽しみにしていた左富士は、製紙工場にかなり視界を奪われ、かろうじて白い山頂が見える程度だった。

左富士を過ぎるとやがて街道は西に向きを変え、かつての吉原宿に入っていく。

吉原は津波で二度も宿場の移転を余儀なくされている。ようやく落ち着いた宿場町は現在アーケードの商店街になっているが、あいにく半分以上シャッターが下りている。それでも何か宿場時代の名残はないだろうかときょろきょろしながら歩いていると、商店街の一角に「次郎長鉄舟の定宿」「創業参百年　鯛屋與三郎」と看板を掲げた旅館を見つけた。アーケードに連なる店の一つで建物は新しいが、そう書いてあるからには江戸時代は旅籠だったのだろう。

引き戸を開け、声をかけてみる。しばらく待っても応答がないが、見回すと壁には旅籠時代の宿札や古い看板、隅には鯛屋と書かれた木製の金庫などが展示されている。

いったん外に出ると、隣には同じ鯛屋という蕎麦屋がある。旅館と関係があるのだろうか。暖簾《のれん》をくぐったところ、ようやく「いらっしゃいませ」の声に迎えられた。

やはりそこは旅館の主人が始めた店で、現在十八代目という。

「たったいま旅館をのぞいてみたんですけど、どなたもいらっしゃらなくて。でも宿札を見せてもらいました」

注文をとりにきた女性に断ると、

「そうでしたか。それは失礼しました。江戸時代このあたりには百軒近い旅籠があったんですけど、いまはここだけなんです。山岡鉄舟のお気に入りだったんですよ。清水の次郎長もね。中に『鯛屋與三郎』の看板があったでしょう、あれは鉄舟の字です」

比奈の竹採公園

旧旅籠の鯛屋。現在は旅館と蕎麦屋

山岡鉄舟といえば、江戸城無血開城の陰の立役者だ。官軍の総大将だった西郷隆盛と和戦の条件を話し合うため、幕府側の立てた使者が鉄舟で、駿府（静岡）の伝馬町で西郷隆盛と面会、勝海舟の手紙を渡し江戸城無血開城の基本合意を取り付けた。勝海舟と西郷隆盛による正式な会談はその数日後のことだ。維新後鉄舟は駿府に下り、駿府藩の幹事役を務めたが、その際次郎長の協力を得て開墾や架橋の事業を進めた。彼らが吉原のこの鯛屋に泊まったのは、その頃だろうか。

蕎麦を食べ終えたら、急に寄り道がしたくなった。絶好の日和なのに、まだ納得のいく富士山に出会えていない。近くに岳南電車の駅があるので、この際電車に乗ってみてもいいかもしれない。

どのあたりにしようと地図を眺めていたところ、ここから三駅目の比奈駅近くに竹取塚（竹採公園）とある。

竹取塚というからには、『竹取物語』と何か関係があるのだろうか。だが『竹取物語』の舞台として知られるのは、確か京田辺や奈良の広陵町だったはず。

支払いがてら聞いてみると、「比奈の竹取塚は、かぐや姫が生まれた場所ですよ」とのこと。

初めて聞く話だが、浦島太郎が丹後以外の各地にも伝わるように、かぐや姫が比奈に伝わっていても不思議ではない。現在地より北に位置する比奈まで行けば、富士山もいま以上に間近に見えるだろう。寄り道の行き先は決まった。

岳南電車は吉原駅が始発のローカル線だ。電車が進むにつれ、車窓からときおり見える富士山は、見る見るその大きさを増していく。数分で比奈に到着。駅前の製紙工場を抜けると、すぐに急坂が始まる。一歩、二歩と、ゆっくり坂を上っていくと、ほどなく富士山がその全容を現した。民家に山裾を隠されてはいるものの、風景を邪魔する煙突はなく、富士山は青空を背にゆったりと聳えている。ここから富士山までは二十キロ以上あるが、坂がこのまま富士山に通じているかと思うほど、山は間近に迫って見える。

富士見坂とでも呼びたいこの坂、実際は御崎坂《みさきざか》という。古代、このあたりは海に突き出した岬で、地名も御崎といった。御崎には古墳時代に集落が形成され、坂の上には古墳も築かれていたらしい。海に突き出した岬に人々が上陸し、暮らしを営んだ形跡に、これから訪ねようとしているかぐや姫の伝承地が重なっていることになる。

竹取塚の公園は、坂を越えた先の高台にあった。もとは広大な竹林だったのだろう。公園はその一部を整備して造られたようで、まだ出来て間もないように見える。薄日の射し込む竹道を進むと、溶岩石のごつごつした岩の上に苔むした丸い石が置かれ、そこに竹採姫と刻まれている。どうやらこれが竹取塚らしい。比奈では、かぐや姫はここで生まれ育ち、最後富士山に帰っていったと語り継がれている。

かぐや姫の話は、日本最古の物語と言われながら作者は不詳、書かれたのは平安時代のようだが詳しい年代はわからない。次々に現れる求婚者に無理難題を言い、結局すべての求婚を拒んでしまう求婚難題説話や、かぐや姫が月に帰っていく昇天説話、不老不死の思想など多様な要素が含まれているこの物語を、一言で言い表すのはそれこそ無理難題で、作者の巧みな筆には感じ入るが、比奈でかぐや姫伝承に触れたいま、そこに盛り込まれた多様な要素の中から、少し想像を巡らせてみたくなる。かぐや姫は竹の中から生まれているが、その竹が光っていたというのは、かぐや姫は竹の持つ霊力の化身だったのではないだろうか。つまりその背後に、竹に関係する人が見え隠れするのだ。

竹は南方から南九州にもたらされたと言われる。その竹とともにやってきたのが隼人で、彼らは南九州にたどり着き土着民となった。やがてヤマト政権が勢力を拡げていく中で隼人は最後まで抵抗するが、最終的には取り込まれ、畿内へと連れて来られた。竹が畿内に伝わったのは、そのときとされる。勇猛で呪術力に長けていた隼人は、宮門の警備や竹笠の製作に従事させられたが、生活は貧しく当時の社会の中で虐げられていた。物語の中で、かぐや姫が高貴な身分の人たちの求婚をことごとく跳ね返すのは、そうした社会への痛烈な批判にも思える。

他方でこんな推測もしたくなる。

『古事記』の垂仁天皇記に、「また、大筒木《おおつつき》垂根王《たりねのおう》の女《むすめ》、迦具夜比売命《かぐやひめのみこと》を娶りて生みたまへる御子……」とあるように、迦具夜比売命は垂仁天皇の后《きさき》になった人物として記されていることを思うと、かぐや姫の話の古層には、ヤマト王権内で伝承されてきた神話が眠っているのではないだろうか……と。

そんなことを思い巡らせながら園内を一周し、休憩所に腰を下ろすと、壁に貼られた紙に目が留まった。それは平安時代の比奈周辺の地名を書いた地図で、それを見ると周辺にはかぐや姫に関係する地名がいくつもあったことがわかる。

たとえば竹取塚のあたりは、平安時代籠畑《かごはた》と言った。まさに、おじいさんが籠を背負って竹藪に入っていった場面が思い浮かぶ。その北西には、その名もずばり赫夜《かぐや》姫《ひめ》というところもあった。また北東には、見返《みかえし》や天上《てんじょう》という地名も見える。説明によると、これらの地名は平安時代中頃に編纂された『和名類聚抄《わみょうるいじゅしょう》』に出ているというから、比奈におけるかぐや姫の伝承は少なくともそれ以前からあったことになる。

いつ誰が比奈にかぐや姫の話をもたらしたのだろう……。

比奈はかつて海に突き出した岬にあった。海の道を通ればかなり遠方から比奈に到達することは可能だっただろうし、漁民から漁民へと海の道を通じ語り継がれて比奈に到達したということもあったかもしれない。そこから浮かぶのは、東の海の道という東海道だ。

帰り際、後ろを振り返ると、富士山は変わらぬ姿で聳えていた。かぐや姫に思い巡らせたせいか、純白の頂が神々しく見えた。

比奈から見える富士山

16

蒲《かん》原《ばら》

富士川は海道第一の急流なり

富士川は山梨と長野の県境にある鋸岳《のこぎりだけ》に発し、富士山の西を通って駿河湾に注ぐが、海抜三千メートル近い山々に発しているので流れが激しく、東西を行き来する際の大きな障害になった。これまでに越えてきた多摩川や相模川にも渡しはあったが、富士川を渡る苦労はそれらの比ではなく、林羅山も『丙辰《へいしん》紀行』で次のように記している。

我国に名を得たる大河はあまたあれど、殊に富士川は海道第一の急流なり。舟に乗りて渡るに、渡守ちからを出だして竿をさし、艪をおし出すとき、岸より見るものは、あはやと危く思ひ、船中の人は目まひ、魂の消ゆる心地ぞしける。

富士川が人の移動や文化の交流を拒む東西文化の境界と言われるのは、そうした渡河の難しさが関

係しているが、この川は大化の改新以前は珠流河《するが》国と廬原《あしはら》国の国境、改新後は駿河国の富士郡と廬原郡の郡境でもあったことを思うと、川の流れが緩やかだったとしても、川の東と西の風土の違いがなくなることはなかったかもしれない。

　実際、富士川の東と西では気象が異なり、静岡県の気象情報では富士川の東を東部、西を中部として分けて報じている。また富士宮市で聞いた話だが、富士川の東では道祖神が多く見られ、冬に道祖神を焼くどんど（ドンドン）焼きが行われるのに対し、西では道祖神自体少ない上に、そのような行事はほとんど見られないという。さらに富士川は電力の境界でもあり、富士川以東が五十ヘルツであるのに対し、以西が六十ヘルツだ。

　何にしても昔の人にとって、川を一つ越えるということは別世界に入っていくのに等しかった。新幹線でわずか十数秒、車なら一分もしないうちに富士川を越えることのできる現代の私たちに、川向こうが異界であるという感覚はもはやないが、こうして歩いて旅をしている間だけでも、昔の人の気持ちに寄り添ってみたい。

　やがて目の前に、緑青色の鉄橋が見えてくる。大正十三年（一九二四）、東海道に掛けられた富士川橋だ。対岸には標高三百メートルほどの山が連なり、鉄骨越しに中腹から麓にかけて建ち並ぶ家々が見える。

　富士川橋に一歩を踏み出すと、橋を揺らすほどの強風に手荒い歓迎を受ける。橋の下を、薄灰色の濁流がしぶきをあげて勢いよく流れていく。数日前に降った雨の影響もあるだろうが、急流として聞こえるだけのことはある。

　少し進んだところで顔を上げ後ろを振り返ると、富士山が川向こうにゆったりと聳えている。吉原で見た富士山よりは小さいが、ここには山の姿を隠す建物がない。薄灰色の富士川の先でゆったりと

富士川から望む富士山

間の宿岩淵　左は小休本陣の常盤家

裳裾を拡げる富士山は、全体に霞みがかって柔らかい表情をしている。

町中で見る富士山もいいが、やはり自然の中の富士山は格別だ。風に煽られながら何度もカメラのシャッターを切った。

富士川を渡ると岩淵《いわぶち》に入る。富士川越えを控えた場所がら、江戸時代立場《たてば》が置かれていた。この川を越えることがいかに大変だったか想像がつくだけに、ここの立場はさぞかし旅人にとってありがたいものだったろう。現在は、落ちついた住宅街になっている。

手入れの行き届いた生け垣を見ながら歩いていたところ、普通の家とは趣の異なる黒い板塀が現れた。中からは、立派な松が顔をのぞかせている。薬医門の右に「西條少将小休」、左に「無料公開中」と書かれた札が下がっている。

門をくぐると、瓦葺きの平屋から歳のころ七十ぐらいのボランティアガイドの男性が出てきて、「中へどうぞ」と招き入れられた。

「ここは江戸時代に渡船役の名主を務めた、常盤家の小休《こやすみ》本陣だったところです。岩淵は立場でしたから、本陣といっても宿泊はできず休憩だけですが、身分の高い人が使われました。あの一番奥の部屋は大名さんが休んだ上段の間です。床が少し高くなっているの、わかりますか」

男性は土間から一番奥の部屋を指さし、続けて言った。

「今ではこういうのは造れませんな。安政の大地震で倒壊して、その後再建されたので、この家は江戸末期のものです」

　さらにその後も多少手を入れているようだが、宿場に関係する建物で江戸時代まで遡るものを見たのは初めてだ。

　そういえば、入口に西條少将とあった。何のことだろうと尋ねてみた。

「現在の愛媛県にあった、西條藩の藩主です。身延山《みのぶさん》にお詣りに行く途中、ここに立ち寄って休憩したようです。富士川に沿った道は身延道と言いましてね。岩淵が東海道からの分岐点なもんで、このあたりは身延参りに行く人でも賑わったんです」

　地図を見ると、曲がりくねった富士川に沿って、JRの身延線と国道五二号線が通っている。東西に行き来する交通しか考えていなかったが、なるほどここ岩淵は身延道によって甲斐の国にも通じている。

「富士川橋を渡ったところにある角倉了以《すみのくらりょうい》の碑を、ご覧になりましたか。家康は天下を統一すると街道を整備しますが、富士川も甲斐と駿河を結ぶ大事な交通路と考えたんですな。角倉了以に水路の開削を命じます。ですが急流で聞こえる富士川、大変だったようです。

　川の流れが今みたいにすっきりしていなかったので、舟が通れるように流れを整える必要がありました。岩もごろごろして大変な工事でしたが、完成したお陰で甲州の鰍沢《かじかざわ》から岩淵まで、陸路だと三日かかっていたのが半日で済むようになったんです。でも舟が通れるようになったって、良いのは下りの話で、甲斐に行くのは相変わらず大変です。何でも船頭が河岸の岩に立ち、縄で引っ張ったって言われてますよ」

　富士川を越えるのも大変だが、上るのも大変。江戸時代の人は、想像を絶する苦労をしながらこの川と関わってきたことがわかる。

「その舟で何を運んだのですか？」
「下げ米、上げ塩と言いましてね。下げ米というのは信州や甲州からの年貢米、上げ塩は塩や海産物です」

川と陸二つの道が東海道と交差する立場岩淵の賑わいが目に浮かぶが、明治の後半に東海道線が開通し、輸送が舟から鉄道に切り替わると、岩淵は火を消したように静かになった。

富士川と共に歩んできた岩淵。ここにも栄枯盛衰の歴史があった。

岩淵を出ると、東海道は右に山並みを見つつ、緑多い道を南西方向へ進む。先ほど身延参りの話を聞いたばかりだが、岩淵から西では秋葉《あきは》山《さん》の常夜燈が目に付く。秋葉山は浜松市の天竜川上流にある山で、山頂付近にある秋葉寺三尺坊は鎮火・防火の神として信仰され、近世以降遠江国を中心に秋葉詣が盛んになったが、富士川を渡るまで秋葉の常夜燈を見かける機会はそう多くはなかった。

雑草を摘みながら道ばたに座り込んで内緒話をしている子供たち。木の台にみかんを並べた無人販売所。車が全く通らない山沿いの静かな旧道……。こうしたのどかな風景も、富士川を渡るまで目にすることはなかった。富士川が境界であることを知らなくても、またそれを意識しなくても、確かに新しい世界に入ったと感じられる。

東名高速を横切り南に坂を下ると、蒲原宿に入る。早々に目に留まるのは、江戸時代問屋職を務めていた渡邊家だ。一見ブロック塀に囲われた普通の民家だが、敷地内には天保九年（一八三八）建築の珍しい三階建ての土蔵が残っている。そこからほどなく、なまこ壁の商家。表示には江戸末期のものとある。蒲原には期待できそうだと思っていると、その先には別のなまこ壁の商家が、さらに進むと欄干付きの木造家屋や蔀戸《しとみど》のある商家が……と次々に現れる。日本橋を発って以来、初めて目にする江戸時代の名残の数々に、心が躍った。

広重「蒲原〈夜之雪〉」

蒲原に江戸時代の建物が残っているといっても数軒で、街道沿いに並ぶ建物の多くはごく普通の民家だが、その数軒が町の雰囲気を一変させる。立ち寄る旅人を歓待してくれるガイドたちの存在も大きい。江戸時代、旅人が旅籠に到着したときも、きっとこんな風にあたたかく迎え入れてくれたのだろう。

蒲原には温もりがある。そういえば、広重の傑作、「雪の蒲原」も、雪景色とはいえ実に温かみがあるではないか。

17

由比《ゆい》

薩埵《さった》峠の幕末史

桜エビやシラス、イルカのすましなどを売る海産物の店を眺めながら西に向かって歩くうち、黒っぽく霞んだ山並みが視界に入ってくる。これから越える薩埵《さった》峠はまだ捉えられないが、行く手に聳える山並みの続きにその峠はある。

午後三時。この分なら、薩埵峠で広重の絵さながらの富士山を見ることができるかもしれない。逸《はや》る気持ちを抑えながら、由比の町を小走りに進んだ。

中から話し声が聞こえてきそうなほど、街道すれすれに建つ連子《れんじ》格子《こうし》の家。せがい造りと呼ばれる、深い軒の下に出桁が何本も突き出た二階建ての民家。丸い郵便ポスト。桜エビの幟《のぼり》をはためかせた商店……。

由比駅前を過ぎ旧道に入ると、連子格子や蔀戸《しとみど》の家が増え、時間を巻き戻したような町並みに変わる。

寺尾である。この先薩埵峠までの間に東倉沢、西倉沢と全部で三つの集落があるが、これらの町は断崖が海に迫った幅百メートルほどの狭隘な土地にあり、民家が狭い道に肩を寄せ、顔を突き合わせるように建ち並んでいる。

東倉沢を経て西倉沢へと進む。山がだいぶ目の前に迫ってきたので、峠道は近い。とある家の格子戸に、「間《あい》の宿《しゅく》　本陣跡」と書かれた表示。峠を控えているので、ここは茶屋や旅籠が並ぶ間の宿だったとみえる。さらに十数メートル進むと「脇本陣柏屋明治天皇御小休所跡」の表示。そのまた先に「山岡鉄舟ゆかりの家　望嶽亭　藤屋」とある。道は藤屋の先で二股に分かれる。右の急坂が峠道だ。

引き戸が開け放された藤屋。上がり端《はな》に数人の靴が見える。引き込まれるように中に入る。

「ごめんください」

声をかけると、六十代と覚しき女性が出てきた。

「ここは藤屋という茶屋で、兄で二十四代目になります。四軒先までうちの建物だったんですが、今はここだけになりました。ご説明しますので、どうぞお上がりください」

離れ座敷から見事な富士山が見えるので、かつて望嶽亭とも呼ばれた。多くの文人墨客がその眺望に惹かれ常宿としたうえ、『東海道名所図会』や広重の隷書版などで取り上げられもしたので、藤屋より望嶽亭の方が通りがいいらしい。

「由比というと桜エビですけど、桜エビ漁が始まったのは明治になってからで、江戸時代このあたりの名物は、栄螺《さざえ》と鮑《あわび》でした。昔の人はこうやって駿河湾や富士山を眺めながら、栄螺や鮑を食べて、体を休めていかれたんですね」

奥さんは、その様子を描いた広重の絵を示した。

桜エビなど海産物の店が建ち並ぶ由比

薩埵峠の麓にある藤屋

窓越しに外を見ると、目の前を東海道線が通り、それと並行して国道一号線と東名高速も走っている。

「昔はこの絵の通り、すぐ目の前が海岸でしたが、安政の大地震で海底が隆起して、海岸沿いに陸地ができたんです。線路や道路はその新しい陸地に造られました。広重さんが隷書版を描かれたときは、地震の前ですからね」

そんな話を聞きながら、いまここで大地震が起きたらどうなるだろうとかすかな不安がよぎるが、奥さんの絶え間ない話ですぐにそれもかき消された。

「この部屋は東海道からだと一階に見えますけど、実は二階に相当してまして、蔵の二階と繋がってるんです。幕末官軍に追われた鉄舟さんを逃したと伝わる仕掛けがありますので、ご覧に入れましょう」

漆喰扉の奥に案内されると、そこは駿河湾を一望する十五畳ほどの蔵座敷で壁に沿って書や掛け軸などが展示されている。めったいにない機会と、一つ一つ見て回るうち、一際目を惹いたのはガラスケースに入ったピストルだった。

「もしかしてこれは……」

そう私が言うと、幕末の緊迫した一夜の話が始まった。

時は慶応四年（一八六八）三月。徳川慶喜を捕らえるべく江戸総攻撃を計画する官軍が江戸に迫り来るなか、山岡鉄舟は駿府にいる西郷隆盛に慶喜恭順の意を伝え、江戸の総攻撃を中止するよう談判に向かったが、東海道にはすでに官軍の陣営が張られ、突破が難しい状況だった。脇道を通るなどして何とか由比までやってきたが、鉄舟は薩埵峠を前に窮地に追い込まれた。

　興津に出るには、断崖の迫った海岸沿いを行くか、峠道を通るしかない。とはいえ、海岸沿いの道とは絶壁にしがみつきながら歩くような道で、これまで高波にのまれ大勢の人が命を落としてきた。峠道のほうも、官軍と遭遇する可能性が極めて高い。

　さあ、どうするか。

　ぎりぎりの選択を迫られた鉄舟は後者を選び、三月七日の夜、峠道を歩き出したが、官軍の尖兵に気づかれてしまう。

　だがここで捕まるわけにはいかないと必死に逃げ戻り、望嶽亭の扉を叩いた。

　当時の当主は二十代松永七郎平。不穏な情勢の夜のこと、最初は警戒して扉を開けなかったが、物音がしなくなったので外の様子を見ようと、ほんの少し扉を開けたところに鉄舟は強引に侵入し、跪《ひざまず》いて当主に助けを求めた。

「将軍徳川慶喜の名代として駿府に向かっているが、官軍に見とがめられた。何としても駿府に行かねばならない。かくまってほしい」

「こちらへ」

　瞬時に事を理解した当主は、鉄舟を蔵に案内すると、分厚い蔵の扉を閉めた。

　当時望嶽亭は、網元として漁師を何人も抱えていた。この状況では海路しかないと判断した当主は、鉄舟に漁師の恰好をさせ、清水の次郎長宛に無事駿府まで送り届けるよう手紙を書くと、床の間の置《おき》床《どこ》を上げた。そこには隠し階段があり、蔵の一階に下りられるようになっていた。

一階の扉を開けると、目の前は浜辺だ。連絡を受け待機していた漁師にその手紙を託すと、舟はたちまち闇夜に消えていった。それから時を置かずして官軍がやってきたが、家中を探しても鉄舟の姿はなかった。

鉄舟が駿府に到着したのは三月九日、その会談で西郷隆盛が鉄舟を高く評価したのは有名な話だ。それから四日後の三月十三日から十四日にかけて、隆盛と海舟の会談が行われ、江戸城無血開城が決まった。

「これがそのとき鉄舟さんが置いていったと伝わる、フランス製の十連発のピストルです。浜岡原発の建設工事に来ていたフランス人が、これに興味を持って調べたら、製造工場も製造年月日もわかったんですよ。フランス公使のレオン・ロッシュが将軍に献上したもので、それが鉄舟さんの手に渡ったということのようです」

その声で我に返り、改めてそのピストルに目をやった。

ずっしりとした鉄の塊には、幕末の乱世を駆け抜けた英傑の気迫が染みついているようだ。

「隠し階段というのは、この下にあるんです」

奥さんが置床を上げると、急な階段が現れた。奥さんの後について階下に行く。

「鉄舟はここから逃げたんですね」

奥さんはうなずきながら重たい扉を開けた。

薄暗かった蔵に光がなだれ込むように入ってくる。もしあのとき当主が鉄舟をここから逃さなかったら……。そう思いかけたが、歴史に「もしも」はないのだ。それよりも、当時のあの緊迫した情勢の中、突然真夜中に訪ねてきた見知らぬ人をかくまった当主の判断力と勇気に敬意を表したい。

「それだけ鉄舟さんという方は、普通の人とは違う雰囲気をお持ちだったんでしょうね。あの西郷さんをして『金もいらぬ、名誉もいらぬ、命もいらぬ人は始末に困るが、そのような人でなければ天下の偉業は成し遂げられない』と言わしめた方ですから」

そう物語る奥さんの声は、どこか嬉しそうだった。

幕末にタイムスリップしたかのような興奮を引きずりながら望嶽亭を辞し、峠を目指し再び歩き出した。

道は急だが舗装されて歩きやすい。途中から両側に蜜柑や夏蜜柑の畑が現れ、甘酸っぱい香りが漂ってくる。木々の間から駿河湾も見える。振り返れば富士山も見えるはずだが、いまここで見てしまうのはもったいないような気がして先を急いだ。

顔が火照り、体中汗でびしょぬれになったころ、眺望の開けるところに出た。

「どうだろう」

振り返ると、少し灰色になりかけた空の向こうに、待望の富士山を捉えた。

いま歩いてきた薩埵山から浜石岳に続く断崖を一番手前に、駿河湾、蒲原《かんばら》方面の山、そしてその奥に富士山と続く構図は、聞いていた通り広重の作品そのままだ。ただ現在そこには、広重の絵にはない巨大な建造物が加わり、現代らしい風景に変わっている。

それは望嶽亭からも見えた東名高速、国道一号線、ＪＲ東海道線で、駿河湾に沿って交差しながら走るコンクリートの帯は、富士山を望むこの自然の風景にそぐわない乱入者のようにも思える。だが見方を変えれば、様々な時代の交通が一カ所に凝縮されたこの眺めほど、興味深いものはない。

歴史は堆積し古いものは埋もれていくが、眼下に見えるさまざまな道は異なる時代を並列して見せてくれている。人道、車道、鉄道、そして海道が走るこの風景。これを現代の東海道風景の傑作と言わずして何と言おう。
薩埵峠からの風景を目に焼き付け、その日のゴール興津を目ざし、峠道を下った。

広重「由井〈薩埵嶺〉」

薩埵峠からの眺め

18

興《おき》津《つ》

清見寺《せいけんじ》歴史絵巻

民家が続く街道に、米屋、床屋、畳屋などが見られるようになると、そこはもう興津である。このあたりの東海道は国道一号線に相当するが、大都会のそれと違い、ときおり数台の車が走り抜ける程度の静かな生活道路だ。

江戸時代、脇本陣を務め、明治になってから旅館を営んでいた水口屋《みなぐちや》のあたりが、江戸時代の宿場の中心になる。旅館は廃業し、現在は清水にある物流会社の迎賓館として使われているが、その一角で旅館時代の品を展示しているというので、短時間そこに立ち寄った後、興津宿の西はずれにある清《せい》見寺《けんじ》へ向かった。

水口屋を出て五、六分、右手に山の緑が迫ってくると、途切れた家並みの先に清見寺の石垣が、その上に瓦葺きの表門が見えてくる。境内はその奥、東海道線を越えた小高い山の上だ。

興津は海岸線近くまで山が迫り、平地が少なかったことから、古代清見関《きよみがせき》と呼ばれる関所が置かれ

ていた。その関所を鎮護するため建てられたのが、これから訪ねる清見寺だ。明治に入りここに鉄道を通そうと思ったら、清見寺の山裾を切り開くしかなかったのだろう。表門と山門が線路で分断されているのはそのためだが、石垣に囲われた境内はまるで要塞のようで、近代化の波に動ぜずといった趣きだ。

山門をくぐると、正面には重層入母屋《いりもや》造りの仏殿、右手には大玄関に大方丈。塀越しに興津の町が見渡せる。気持ちのよい眺めと言いたいところだが、埠頭に建つ倉庫やクレーンが邪魔をしている。拝観料を払い大方丈に入ると、敷き詰められた緋《ひ》毛氈《もうせん》に窓から光が射し込み、天井まで赤く染まって見える。そこでボランティアガイドＦさんの出迎えを受けた。

「清見寺の歴史は天武天皇の時代、今から千三百年以上前です。当時は清見関という関所が置かれ、その鎮護のために建てた仏堂が始まりと言われています。初めは天台宗でしたが、鎌倉時代に再興されたときに臨済宗になりました。室町時代になると足利尊氏は禅宗を保護します。清見寺の七堂伽藍はそのとき整備され、名前も清見興国禅寺と改められました」

天正元年（一五七三）武田軍に攻撃を開始した家康は、清見寺が敵の要衝になるのを防ぐため、後日必ず復興させるという約束のもと、寺に火を放った。家康にとっては、今川氏の人質だった幼少時代に、たびたび訪れては手習いなどをした思い出の寺。苦渋の決断だったろう。

清見寺はその後、後北条氏征伐に向かう秀吉が一時滞在した際、鐘を戦陣に持って行かれるなど情勢に翻弄されるが、当時の住職大輝和尚が秀吉、家康ら時の権力者との交渉に長けており、そのお陰で寺領が確定、繁栄の道が築かれたという。

「これを見てください」

Ｆさんは縁側の壁の上を指さした。

見上げると、細長い木の板が数枚、それぞれに白い文字で漢詩が書かれている。

「朝鮮通信使が清見寺で詠んだ漢詩を、板に写し取ったものです。秀吉の時代、敵国になってしまった朝鮮との国交を回復させたい家康は、朝鮮通信使を復活させ、友好的にもてなしました。そのときの宿泊先が清見寺でした」

朝鮮通信使は瀬戸内海を経て大阪湾から淀川を遡り、中仙道、美濃路を通って名古屋で東海道に入ると、一路江戸に向かった。その際興津の清見寺が宿泊先になったということは、家康自身この場所に思い入れがあったということだろう。

清見寺には朝鮮通信使による詩や書、絵が八十点以上も伝わっているが、その多くは清見寺からの眺望によって生まれたものだ。

「広島の鞆《とも》の浦にある福禅寺にも、朝鮮通信使の残した物が伝わってますし、岡山の牛窓にもありますけど、清見寺が一番多いんですよ。当時の住職に漢詩の素養があって、使節とほぼ対等に詩を交わすことができたということも大きいでしょうね」

当時の住職とは、秀吉や家康との交渉に長け、清見寺の繁栄を導いた大輝和尚である。

朝鮮通信使は文化八年（一八一一）まで、二百年間、十二回にわたって続けられた。通信使は友好親善使節だが、清見寺に残る多くの詩や書などの話を聞いていると、これは文化交流使節でもあったと思えてくる。

鎖国時代にあって外来文化を受け入れることのできる数少ない場所の一つが、清見寺だったのだ。

「それからこちらは、琉球使節から寄贈されたものなんです」

Ｆさんは、方丈正面にある「永世孝亨」と書かれた大きな板を指さした。

明とも国交を持ちたいと思った家康は、琉球を通じて明と交渉しようと、薩摩に間を取り持つよ

清見寺の鐘楼越しに見える駿河湾

清見寺本堂

うに命じたがうまくいかず、薩摩は武力で琉球を降伏させる結果となった。慶長十五年（一六一〇）島津家久は琉球国王を伴い駿府に登城するが、そのとき同行していた国王の弟が、長旅の疲れから病気になり、亡くなってしまう。

家康は心を痛め、清見寺に王子の墓を造らせたので、その後琉球使節は必ず清見寺に立ち寄り、王子の墓参りをした。扁額は、寛政二年（一七九〇）、使節によって寄贈されたものという。

王子の墓がいまもあるのかと尋ねると、Ｆさんは「もちろんです」と言った後、こう続けた。

「二〇一〇年がちょうど四百回忌でしてね。そのときは沖縄から七十人ほどの人が来て、ここで沖縄の歌や踊りを奉納する盛大な法要が営まれましたし、お墓の前でも舞が奉納されました。四百年もの間、沖縄の王子の墓を守ってくれたお礼にと、知事からも大きな花が届きましたよ」

清見寺では、四百年前のことも歴史の彼方に追いやられてしまわずに、人々の交流によっていまも生きた歴史として時の流れの中にある。

「最後に見晴らしのよいところにご案内しましょう」

案内された建物は潮音閣といい、一面窓ガラス張りの部屋から駿河湾が一望できる。

清見が関は、片つ方は海なるに、関屋どもあまたありて、海まで釘《くぎ》貫《ぬき》したり。けぶり合ふにやあらむ、清見が関の浪もたかくなりぬべし。おもしろきことかぎりなし。

平安時代に東海道を旅した菅原孝標《たかすえ》の女《むすめ》が、『更級日記』にこう記しているように、関所からよく見えたという興津の海は風光明媚、清見潟と呼ばれたその海岸は、正面に三保の松原、左には富士山、海岸寄りには大きな岩と、変化に富んだ景観を持ち、旅人の目を捉えた。

昭和三十年頃なら、これとさほど違わぬ風景を前に歓声が上がっただろうが、現在海沿いは倉庫が建ち並ぶ興津埠頭で、海の景色は遮られている。

「昔はこの正面から三保の松原が見えたんです。一の字のように一直線にね」

目の前の風景は、あらかじめそうとわかっていても落胆させられる。だが清見寺の生きた歴史に触れたいま、私の目は想像力というものを得たようだ。

紺碧の海に緑の一文字が横たわる。その風景を思い描いているうち、古代以来この風景に惹かれ、興津と縁を持った人々の顔が浮かんできた。

美しい風景を求めて人が集まれば、そこに歴史が生まれる。風景と歴史は、表裏一体なのかもしれない。

19 江《え》尻《じり》

次郎長、東海道を駆け巡る

江尻は現在の清水、清水港に注ぐ巴川下流にある。江の尻なので江尻なのだろう。

宿場の中心部だったところは、いま商店街になっているが、閑散として見るべきものがなかったので、江尻に着くと早々に東海道からはずれ、次郎長ゆかりの場所に向かった。次郎長とは、言うまでもなく清水次郎長のこと。これまで吉原、由比、興津で、彼の話を耳にしたが、生まれはここ江尻だ。

本名は山本長五郎。文政三年（一八二〇）、清水港に近い船持船頭の家に二男坊として生まれたが、米穀商を営む母方の叔父に子供がなかったので、養子に出された。ところが幼少時から手の付けられないやんちゃ坊主で叔父の手に余り、修業を兼ねた奉公に出される。養父亡き後、家業を継ぐも、やがて侠客の道を突き進み、東海道を縄張りに広く名を轟かせたが、山岡鉄舟との出会いが次郎長の人生を好転させた。

薩埵《さった》峠手前の望嶽亭で、官軍に追われる鉄舟を主人が舟で逃がした話を聞いた。そのとき主人は次

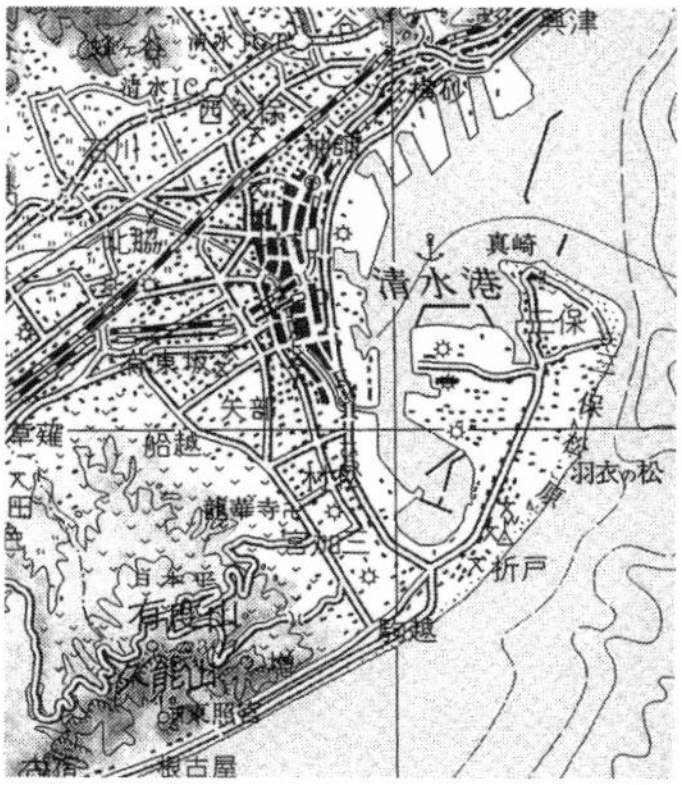

郎長に手紙を書き、鉄舟の護衛を依頼している。それが二人の最初の出会いだった。

捨て身の覚悟で西郷隆盛と会見した鉄舟に、次郎長は大きく感化されたが、二人の関係が深まったのは、明治元年（一八六八）に起きた咸臨丸事件の後と言われる。銚子沖で暴風雨に遭い、清水港に入港した幕府側の軍艦咸臨丸が、新政府軍に襲撃された際、乗組員たちは殺され、海に投げ捨てられた。放置されていた遺体に誰も手を付けることができなかったとき、立ち上がったのが次郎長だった。

「死ねば皆仏。仏に賊軍も官軍もなかろう」

そう言い放つと、遺体を海から引き上げ、手厚く葬った。

鉄舟もまた、そんな次郎長に打たれたのだ。

鉄舟と次郎長は生まれ育ちも立場も違うが、正義のために我が身を省みない潔さは共通していた。それが二人を強く結びつけたのだろう。

梅陰寺で次郎長の墓参りを済ませ、巴川河口にある次郎長の生家を訪ねた。

次郎長は生まれてすぐ養子に出されているので、そこで育ったということではない。だが、当時の暮らしをそのまま残したその家は、現在次郎長についての展示施設になっている。壁一面に貼られたパネルを見ていくうち、私の中の次郎長像は瞬く間に変わっていった。

次郎長は鉄舟と出会って以後の後半生、それまでとは全く違う人生を歩んでいる。富士山麓の開墾、清水港の整備、英語塾開設による人材育成、相良《さがら》油田の開発、東海道線の敷設等々、清水の町と駿河全体の発展に大きく貢献した晩年の次郎長は篤志家で、もはやアウトローだった前半生の面影はない。

次郎長が後半生に手がけた数々の事業は、前半生の侠客時代に得た情報収集能力や交渉力、人脈などに支えられたが、それらは次郎長が本来持ち合わせていた資質であったと同時に、それらをさらに

梅陰寺の次郎長像

清水次郎長生家

鍛えあげる場があったということが大きいだろう。

それは言うまでもなく東海道、それも清水を中心にした駿河の東海道である。

明治維新を迎えると、駿府（静岡）は江戸に向かう新政府軍の逗留地になったが、清水と駿府は目と鼻の先。つまり次郎長は、時代の最先端の情報をいち早く感知できる場所にいたことになる。

江戸、駿府、京都を行き来する人や、そうした人たちによってもたらされる情報を通じ、才能を大きく開花させた次郎長を知れば知るほど、東海道の申し子という思いが強くなる。

岡本かの子の小説『東海道五十三次』に「この東海道には東海道人種とでも名付くべき面白い人間が沢山いるんですよ」とある。次郎長は間違いなく「東海道人種」だった。

次郎長生家に展示されているイラストを眺めているうち、どうも見覚えがあるような気がしてきた。記憶の糸をたぐり寄せていくと、そのイラストとよく似た雰囲気の絵を、由比の薩埵峠手前で立ち寄った望嶽亭で目にしたことを思い出した。それは望嶽亭の先代当主松永宝蔵さんが描いた現代版東海道五十三次で、弥次喜多コンビをユーモラスに描いた絵はなかなかの腕前だった。

ここ江尻の次郎長生家でも、松永氏の絵を見ることになるとは……。

東海道を行き来し、その生きた証を各地に刻んだ東海道人種をもう一人見つけたような気がして嬉しくなった。

東海道から見た清水駅前の風景

20

府《ふ》中《ちゅう》

家康が築いた駿府

東静岡駅前で再開発の音を聞きながら、府中に向かう。府中というのは律令制の時代、駿河国の国府が置かれていたことから付いた地名で、駿河の府中を略して駿府とも呼ばれる。現在の静岡だ。

東京から遠ざかるにつれビルが減り自然が増えていくものと思い込んでいたが、府中で目にしたのは、東京に舞い戻ってしまったかと思うような、都会的な街並みだった。スクランブル交差点の信号が青になると、四方八方から大勢の人が歩き出す。洗練されたファッションに身を包んだ若者も多い。ビルが並び、１０９や丸井もある。東京では当たり前の光景だが、これまでほとんど人とすれ違うことなく東海道を歩いてきたので、人が行き交うスクランブル交差点に戸惑い、次の瞬間どこかほっとした気持ちにもなる。

東海道は伝馬町通りから呉服町通りへ。アーケードの商店街になっている呉服町通りには、ドラッグストア、宝飾店、レストラン、居酒屋などが軒を連ねる。お茶や蒲鉾《かまぼこ》を売る江戸時代創業の店も数

軒あるが、全体の雰囲気は都会的で、いつの間にか東海道を歩いていることを忘れ、東京のどこかの街を歩いている気分になる。

伊勢丹が見えてくると東海道は左折し、七間町《しちけんちょう》通りに入る。呉服町通りと七間町通りの交わるところにかつて高札場《こうさつば》があった。高札場は幕府の掟書等を記した札を掲示する施設で、人通りの多い場所に置かれた。現在そこに石標が立っているが、東海道とは逆方向に北に直進すると、駿府城の濠に出る。現在城はなく、城址は広い公園になっている。立ち寄らずに済まそうかと思っていたが、この町を造った家康にもう少し歩み寄りたくなり、北に向かった。

家康は七十五年の生涯の三分の一を、府中で過ごしている。最初の府中との関わりは、家康がまだ六歳だった、いわゆる人質時代である。家康の生家である三河の松平家が西の織田家に攻められたことから、東の今川家に援助を求めたところ、家康を人質として預けるよう要求されたのだ。家康はその後十九歳で岡崎に戻るまでの十二年間を、府中で過ごすことになった。

二度目は天正年間の五カ国領有時代、家康四十五歳のとき。今川義元が桶狭間の戦いで信長に敗れると、家康は今川家と訣別して岡崎に戻り、信長と結んで東から攻めてくる武田軍に対抗、やがて三河、遠江、駿河、甲斐、信濃の五カ国の大名となる。その際家康は、五カ国支配の拠点として府中に城を構えた。それまでの拠点だった浜松ではなく府中を選んだのは、戦略上のことだろうが、府中への愛着も否定できないだろう。

二度目の府中は、秀吉に関東へと国替えを命じられたため五年で終わるが、その後家康は関ヶ原の戦いを制し江戸で征夷大将軍として江戸幕府を開くと、わずか二年で将軍職を息子秀忠に譲り、自身はまた府中に戻ってきた。そのとき家康は六十六歳、府中に城を構えると、亡くなるまでの十年間大御所政治を行った。府中と最も関わりが深かったのはこの時代で、現在の静岡はその際に造られた町

高札場があった府中宿の中心地

公園になっている駿府城址

が基になっている。

　家康は亡くなる直前、遺体は久能山に納め、一周忌が過ぎたら日光山に小堂を建てて勧請《かんじょう》、神として祀るよう遺言し、死の翌年秀忠によって東照社（現・久能山東照宮）が建てられた。家康の亡骸があるのは久能山なのか、それとも日光なのか、いまだ確かなことはわからないようだが、何にせよ家康自らその亡骸を安置してほしいと言い残した場所が駿河湾を見下ろす久能山だったことは確かだ。そこには政治的な思惑や信仰上の理由が考えられるが、その根底には久能山、ひいては駿河国への愛情も否定できないだろう。

　そんなことを思いながら公園を歩いていると、復元された東御門が見えてきた。駿府城の資料館になっていて、太い梁や柱に囲まれた堅牢な空間に、城の平面図や再現模型などが展示されている。寛永年間の火災で城の大半が焼失、天守閣が再建されないまま現在に至っているので、再現模型はありがたい。天守閣は五層七階、白が際だつ明るい雰囲気。南西に千四百坪近い広大な本丸御殿があり、家康は普段そこで執務を行ったようだ。

「江戸に将軍秀忠がいましたけど、実際に政治を動かしていたのは駿府にいた家康なので、ここが当時の政治の要でした。よかったらご案内しましょうか」

ガイドの男性が声をかけてくれたので、ありがたくお願いすることにした。

「ここには家康が天正年間に建てた城があったんですが、将軍職を秀忠に譲って駿府に戻ってきたとき、家康は別の場所に城を築こうと考えていたようです」

「昔自分が建てた城があったのにですか？」

「ええ。駿府城の南にある川辺《かわなべ》なんですけどね。当時の安倍川は網の目のようで、洪水になると被害も大きかった。この川を家康は城に取り込みたかったんでしょう」

　そういえば江戸城でも、家康は日比谷入江と堀を結ぶために平川を付け替え、道三堀を掘っている。東海道の起点日本橋の下を流れる日本橋川は、その際に出来た人工の水路だったことを思い出す。水路が確保できれば、年貢米など様々な物資を容易に城へ運ぶことができる。けれども府中にいる家康の頭には、もっと壮大な構想が描かれていたようだ。

「当時はヨーロッパ諸国が海外に進出していた時代なので、家康はその流れに乗ることを考えていたんじゃないでしょうか。大型の帆船が入ってこられる場所に城を造りたかったんでしょう。それに適していたのが川辺でした。でも家康も安倍川には太刀打ちできず、その計画は御破算で、結局天正時代の駿府城跡、つまりここに城を築いたというわけです」

　実質的に政治の実権を握っていた家康は、駿府城をそれに相応しいものにしようと多くの精鋭を集め、城の拡充を図り町造りを行った。結果生まれたのが、風水の四《し》神相応《じんそうおう》の考え方に基づき綿密に町割りされた府中である。

　私たちはジオラマの前に立ち、当時の府中の町を眺めた。武家地、寺社地、町方と棲み分けされた府中の町は計算しつくされた感がある。そして大きい。東海道も付け替えられ、西から来た人は、東海道の正面に天守閣を望むことになった。当時の人口は、府中を訪れた外国人ドン・ロドリゴの見聞記によると十二万。江戸は十五万というから、どこまで正確かは別にして、かなりの規模だったとわかる。

「江戸の城下町が完成したのは家光の代ですから、駿府の城下町はそれに先駆けて完成していました。今も呉服町、両替町なんか残ってますが、当時は駿府九十六ヶ町と呼ばれていました。土地にかかる税金が免除され、ポルトガル船が持ってきた生糸の独占権を駿府の商人に与えたので、城下町はずいぶんと潤っていたようです」

慶長十四年（一六〇九）にはオランダ国王使節が、その二年後にはスペイン国王使節が、さらにそのまた二年後にはイギリス国王使節がそれぞれ来日。いずれも府中にいる家康のもとを訪れ、オランダとイギリスはこの会談をきっかけに平戸に商館を設立している。ちなみにこれらの国々との国際外交と貿易において家康を支えたのは、オランダ人ウィリアム・アダムズ、日本名三浦按針《あんじん》だった。

鎖国とはいえ、完全に孤立していたわけではない。府中の地で、家康はむしろ西洋諸国と繋がりを築こうとしていたのだ。府中は西洋外交発祥の地だった……。駿府城跡に身を置き、話を聞いているうち、そんな気がしてきた。

「この後はどちらまで」

一通り展示を見終えると、ガイドの男性が尋ねた。

「今日は府中までなので、あとは気の向くまま街を少し歩いてみようかと」

「よかったらお浅間《せんげん》さんに行ってみてください。家康との縁も深いですから。人質時代に預けられていた臨済寺《りんざいじ》が神社のすぐそばだったので、幼いころから信仰を寄せていましたし、元服式もそこで行ってます。総漆の社殿が見事ですよ」

お浅間さんというのは、静岡浅間《せんげん》神社のことで、神部《かんべ》神社、浅間《あさま》神社、大歳御《おおとしみ》祖《おや》神社の三社を総

『東海道名所図会』より「安部川」

称してそう呼ばれている。この土地最古のお社で、神社が鎮座している賤機山《しずはたやま》から、静岡の地名が生まれたらしい。家康にゆかりの神社ということもあるが、やはりその土地に古くからある神社なら、お詣りしないわけにはいかない。

　外に出ると、夕刻の府中に五月らしい爽やかな風が吹いていた。ビジネスマンが行き交う道を抜け、神社を目指した。

21

丸子《まりこ》

吐《と》月峰《げつぽう》柴屋寺《さいおくじ》にて宗長を思う

丸子《まりこ》に来たら、立ち寄りたい場所があった。名物とろろ汁の店だ。丸子は、難所として知られた安倍川と宇津《うつ》ノ谷《や》峠の間にある。一息入れる旅人が多かったうえ、美味しい自然薯が採れる土地だったことから、いつしか丸子にはとろろ汁を出す店が増えていった。

十返舎一九も広重も、丸子ではとろろ汁の店を描いているし、晩年の芭蕉も門弟への餞《はなむけ》として「梅若菜丸子の宿のとろろ汁」という句を贈っているように、江戸時代丸子のとろろ汁は人気だった。

現在の丸子にも、とろろ汁の店が数軒ある。その中で一番古くて有名なのが、東海道沿いの丁字屋で、近所から移築した茅葺きの古民家が、広重の丸子宿に描かれた建物とよく似ているということもあり、遠方からも客が訪れる有名店になっている。観光名所化したところは避けたいが、ここだけは特別だ。

「とろろ汁」と書かれた藍色の暖簾《のれん》をかき分け、引き戸を開けると、中は薄暗くひんやりしている。

十一時を少し過ぎたばかりだが、すでに混み合っている。

間もなくお膳が運ばれてきた。

「お櫃《ひつ》に麦ご飯が入ってます。茶碗に半分ほど盛って、とろろをかけてお召し上がりください。お好みで葱もどうぞ」

自家製味噌と鰹出汁で味付けしたというとろろは、ふんわりとして麦飯によく合う。東海道の旅人たちに好まれてきた素朴なとろろを味わった。

しっかり食べたので体力は十分だが、こんなにお腹がふくれていては、峠越えもままならない。腹ごなしのためにも、少し寄り道をすることにした。行き先は丁子屋から北西に一キロ弱のところにある、吐《と》月峰《げっぽう》柴屋寺《さいおくじ》だ。

そこは戦国時代今川氏の六代目義忠と七代目氏親に仕えた連歌師宗長《そうちょう》が結んだ柴屋軒に始まる寺で、宗長は晩年ここを拠点に活動し、八十四年の生涯を終えている。

連歌師というと旅に生き旅に死すというイメージだが、晩年の宗長は一カ所に根を下ろした。吐月峰は雅号だが、月を吐く峰とは小粋で、小さな山々に抱かれた丸子にふさわしい。

かつて柴屋寺周辺は泉谷という小字だったように、山間の谷のような地形で、左右に小さな山が迫っている。高くはないが空に突き出した山々に向かって歩いていくと、程なく柴屋寺が見えてきた。

手入れの行き届いた竹垣の向こうで、天高く自然のままに伸びた木々が風に揺れている。山中の離宮といった趣き。素朴な門をくぐると、左の植え込みの奥に、かつては茅葺きだったと思われる本堂が見える。

「ごめんください」

受付で声をかけるが応答はない。しばらくしてまた声をかけるが、やはり誰も出てこない。拝観料

宗長ゆかりの柴屋寺

名物とろろ汁の丁字屋

を置いて上がらせてもらおうかと、もう一度声をかけてみたところ、ようやく奥から七十年輩の女性が出てきた。

「ご説明しますので、どうぞこちらへ」

本堂南側は一面ガラスの格子窓、庭のある西側は開け放されているので、堂内には光と風が絶え間なく入ってくる。

「ここは天柱山吐月峰柴屋寺と申しまして、室町時代中期に連歌師の宗長が結んだ草庵に始まります。ご存じのように、丸子は今川氏親が家督争いを避けて身を隠したことのある場所で、当主となり駿府で暮らすようになっても、ときどき草庵を訪れたと言われます。

本堂を建て柴屋寺としたのは氏親で、この庭園は宗長が京都銀閣寺の庭を模して造った借景庭園で、国の史跡・名勝になっています。まずこのあたりから、あちらをご覧ください」

と、南側の窓の外を指した。

「奥に見えるきれいな形をした山は、丸子富士と言いまして、冬には雪見も楽しめたようです」

南の植え込みのはるか彼方に、円錐形の山が頭をのぞかせている。

「今度はこちらへどうぞ」

庭に向かって座ると、手前に植えられた低木から、庭に覆い被さるように茂った木々を伝わり、視線は空に導かれる。

「宗長は庭の奥に見える月見石に腰を下ろし、月が昇り池に映る様子を愛でたそうです。池の周りに石が七つ置かれていますが、これは北斗七星をイメージしたもので、七星池といいます」

　風が吹き抜け、池に映り込んだ木々を揺らしている。

「こちらに座って上をご覧ください。木の後ろに、竹箒のような形をした山が見えますでしょう。首《しゅ》陽山《ようざん》と言って、十五夜のときあの山の先から月が出るんです。その様子が山が月を吐き出したようなので、吐月峰と称されるようになりました」

　訪れる前から風雅な響きが気になっていた吐月峰は、そういう由来と知った。宗長はこの囲われた空間に宇宙を思い描いていたのかもしれない。

　その後、私たちは本堂北側へ移動した。そちらにもこぢんまりとした庭があり、山から引き込まれた水が音を立てて流れている。右手に迫った竹林は、宗長が京都嵯峨野から移植した竹が元になっているという。

「あの隅まで行って、上をご覧ください。天に突き出たような山が見えます。あれが柴屋寺の山号にもなっている天柱山です」

　見上げると、突然空のどこかから鶯の谷渡りが降り注ぎ、竹林がざわめき出した。私たちはしばらく無言のまま、その自然の会話に耳を傾けていたが、やがて鶯はどこかへ飛び去り、竹林を揺らす風も止んだ。

　その後女性は、宗長が使っていた杖や愛用の笛、自筆の連歌といった寺宝の説明をすると、「後はご自由にご覧ください」と下がっていったので、再び一人本堂に戻り、庭に向かって腰を下ろした。

　ここにいると心が落ち着く。庭というのは、多かれ少なかれどこもそういうものだが、柴屋寺で感じる安らぎは格別な感じがする。この寺は庭のどこからでも山が見えるというのではなく、ある場所から見上げないと借景として取り込んでいる山が見えない。それだけ山が近くに迫っているということだが、そのお陰で山に守られている気がしてくる。さらにここは、自然のまま天に伸びた木々に囲まれているので、山と木で二重に囲われていることになる。

宗長は丸子の自然に守られたこの寺で精神を研ぎ澄まし、連歌の会を催したのだろう。けれども宗長は、ここで連歌三昧の安らかな日々だけを送っていたのかというと、必ずしもそうではなかったようだ。

宗長は氏親にあまりにも信頼され、重用されすぎたのではないだろうか。宗長は今川家お抱えの連歌師だったが、氏親が宗長に求めた役割はそれだけではなかったと考えられる。

連歌の起源は『万葉集』に遡ることができるが、百句を一作品とする長連歌は鎌倉時代あたりから起こり、南北朝から室町にかけてが最盛期だった。その中で第一人者だったのが宗祇で、宗長は宗祇の弟子にあたる。

連歌は複数人で行われる。貴族の邸《やしき》や寺社などに人々が集い、連歌師を中心として歌が紡ぎ出されていったが、やがて連歌が戦国武士の必須の教養になると、彼らは積極的に連歌師に教えを請うようになる。連歌には子細な規則があり、それに則って詠むには、古典の素養や茶道、香道などの心得も不可欠だった。その結果、連歌師たちは武士らの求めに応じて、各地に出向くようになる。

戦国時代、連歌師たちは政治的に中立で、相争う国々の間でも通行に支障はなかったと言われている。ということは、連歌師たちは各地の情報を比較的容易に得ることができたはずで、連歌の会ではそうした情報を連歌師から得ることも、目的の一つとされただろう。

宗長は柴屋寺に居を定めながら、関東や北陸、京都などに頻繁に出かけており、氏親も宗長が旅の途中で得た情報を求めていた可能性がある。そればかりか、この自然に囲まれた静かな寺が、今川家の軍事上の秘密基地としての役割を担っていた可能性もあるらしい。
柴屋寺から西に一つ山を隔てたところに、大鑪《おおだたら》不動尊があるが、そのあたりは丸子大鑪という地名で製鉄を連想させる。また宇津ノ谷に向かう国道一号線沿いには、赤目《あかめ》ヶ谷《や》というバス停があるので、昔そのあたりは赤目ヶ谷と言ったのだろう。この地名から連想するのも鉄である。さらに柴屋寺の近辺には細工場という地名もあったというから、この一帯で武器を造っていたのかもしれない。実際専門家の間ではそのような議論がなされているとも聞く。

宗長がどこまで軍事面に介入していたのかはわからないが、無関係ではなかっただろう。庭から見える山々の向こうに戦の狼煙《のろし》を見つけたら、それを伝えたこともあったかもしれない。

宗長はどんな思いで氏親の期待を受け止め、それに応えていたのだろう。連歌師にとって有力者の庇護は必須だったが、氏親の要求すべてに応えることが宗長の本意だったのか。氏親が、病のため実質的な政務を妻の寿桂尼《じゅけいに》に譲った大永六年（一五二六）、宗長は尊敬する師匠一休ゆかりの地で最期を迎えたいという長年の希望を叶えるべく二月に上洛し、その年の六月に氏親が亡くなったという知らせが届いても、宗長は駿河に戻ることはなかった。

私はそこに宗長の本音を見る。宗長は、もう十分氏親に仕えた、複雑な思い出の詰まった柴屋寺には戻りたくない、そんな風に思ったのではないだろうか。

ところがその翌年、宗長は二度とその土を踏むことはないと思っていた駿河に連れ戻され、柴屋寺で最晩年を過ごすことになった。

氏親亡き後の駿河で、宗長に対する風当たりは強く、柴屋寺にそれこそ身を潜めるようにして暮らしたと言われる。銀閣寺を模して造ったという庭も掘り返され、田畑に変わった。

宗長が書き残した『宗長日記』は、次の歌で終わっている。

くまもなき空もみる〳〵かきくらしをば捨山のてる月にして

月見石に腰かけ、空高く昇る月が池に映じる様子を愛でた時代が嘘のような、悲しく寂しい歌だ。

一休ゆかりの地でという願いは叶わず、宗長は柴屋寺で生涯を閉じたが、氏親に仕えていた時代、少なくとも歌に心を寄せているときの宗長は、この柴屋寺で豊かな時間を過ごしただろうし、氏親は宗長にとって申し分のない相手だったと思いたい。

月見石の後ろに、宗祇と宗長の墓がある。樹木に隠れて見えないが、見えなくていいのだ。こうして庭に向き合い、宗長が眺めたように空を見上げ、月夜を思い浮かべる。それが樹木に隠れた墓に手を合わせることであり、最晩年の失意を慰める一番の方法のような気がする。

そろそろ寺を辞そうと腰を上げると、野鳥の声が天から降り、静寂が破られた。

自然は心を浄化する。宗長にもそう思える瞬間が、何度もあったに違いない。

広重「丸子〈名物茶屋〉」

22

岡《おか》部《べ》

宇《う》津《つ》ノ谷《や》峠と御羽織屋

連歌師宗長が丸子《まりこ》滞在中に書き残した手記や日記の一つに『宇津山記』がある。この宇津山はこれから越えようとしている宇津ノ谷峠のある山のことだ。冒頭、宗長はこう記している。

　駿河国宇津の山は、斎藤加賀守安元しる所、山より十七、八町川につきてくだる。さながら鈴鹿の関こえし心地ぞする。

ここに記された川とは丸子川。地図でその源流を辿ると、宇津ノ谷峠付近の山中に達する。宗長は宇津ノ谷に鈴鹿を重ね見ている。その山峡の雰囲気は、峠を越え岡部に着くまで、しばらくの間続く。

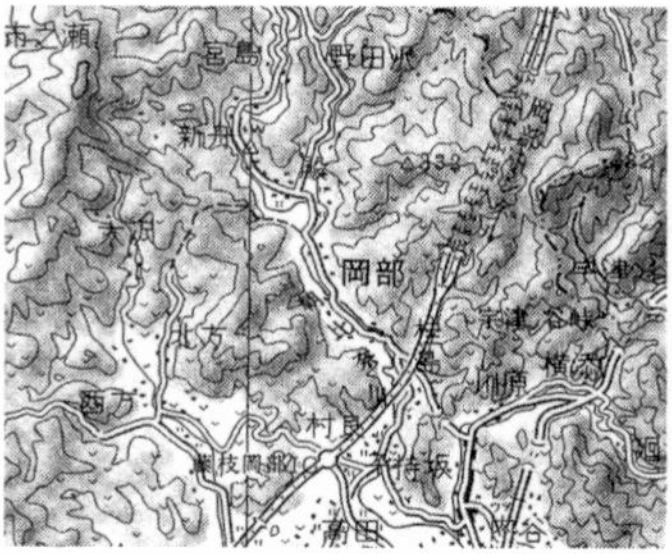

山の景色を楽しみに丸子を後にしたが、ほどなく東海道は国道一号線に合流し、柴屋寺の静寂の余韻が立ち消えた。国道沿いで目に入るのは、採石工場やガソリンスタンドばかり。片側二車線の広い道を、高速道路並のスピードで車が走り抜けていく。おまけに、先ほどからぐんぐんと気温が上がり、アスファルトの照り返しがきつくなっている。

そろそろ限界かと思われた頃、国道の先に二つのトンネルが見えた。途切れていた旧道は、トンネルの手前から復活する。ほっと一息つき、汗をぬぐった。

トンネルは宇津ノ谷トンネルといい、まさに宇津ノ谷峠の下を通っている。下り二車線は平成に完成したので平成トンネル、上りは昭和トンネルと呼ばれるように、交通量の増加に伴い新たに掘られていった。もっと浅いところに明治のトンネルや大正のトンネルもあるので、この山には近代交通の全歴史が刻まれていることになる。

これから歩こうとしている宇津ノ谷峠越えの東海道は、明治のトンネルができるまで、丸子と岡部を結んだ道だ。ということは、明治のトンネルができて以後、人の往来が減った道でもある。この状況は薩埵《さった》峠越えを控えた由比の倉沢にも似ているが、あちらはうまい具合に風情ある町並みが残されていた。宇津ノ谷はどうだろう。

旧道に入ったとたん車の音が途切れ、一瞬あたりは静まりかえるが、すぐに丸子川のせせらぎが耳に届き、旧道に趣を添える。樹木が覆い被さる川面をのぞき込むように、弓なりの小道を歩いていくと、やがて旧道は直線道に変わる。見通しがよくなった道の先に現れたのは、期待に違わない街道風景だった。

正面には山、旧道はその山に向かった上り坂で、石垣を土台にした木造の民家が突き当たりの石段まで隙間なく建ち並んでいる。多くは二階建てだが、平屋も見られ、杉板張や連子《れんじ》格子《こうし》が懐かしい雰囲気を醸している。緩やかな時の流れが、そこかしこに溜まっているような集落だ。

宇津ノ谷は間《あい》の宿《しゅく》だった。その歴史を伝えようと、各戸の前にはかつての屋号が掲げられている。その一つ一つを見ながら坂を上がっていくと、集落の中ほどにひときわ歴史を感じさせる一軒の家がある。「御羽織屋」と書かれた看板が下がり、玄関前にはその屋号の由来を記した表示も見える。豊臣秀吉から賜った羽織が伝わることから、御羽織屋というらしい。

庭に回り呼び鈴を押すと、中から「どうぞお入りください」と女性の声がする。引き戸を開けた私を出迎えてくれたのは、齢《よわい》九十近い石川ときさんだった。

日が入らないよう板戸を閉め、蛍光灯の灯りだけの室内は、それまで炎天下を歩き続けてきた目には暗く感じられる。奥に正座した石川さんは「ようこそおいでくださいました」と両手をついて深々とお辞儀をすると、すぐに話し始めた。

「この前の道は旧東海道で、宇津ノ谷は丸子と岡部の間にある間の宿でした。ここは御羽織屋といいますが、いまでもこのあたりでは、お互い昔の屋号で呼び合ってるんです」

その直後、石川さんの声色が変わった。

「時は天正十八年、小田原にいる北条氏征伐のため東海道を下った秀吉公は、軒下につるしてあった馬の轡《くつわ》に目を留め、そのとき履いていたものと取り替えようとしたところ、時の主人石川忠左エ門は三脚分しか出しません。

『馬の脚は四つあるのに三つしか出さないとはどういうことか』と秀吉公がお尋ねになると、主人は『一つは戦の勝利を祈願してお預かりします』と答えました。四というのは縁起が悪いので三つだけ渡したのです」

何度もここを訪ねてくる人にこの話をしているので、すっかり暗記していると言ってしまえばそれ

宇津ノ谷の集落。左が御羽織屋

宇津ノ谷峠道への西の出入り口

までだが、半眼で遠い記憶をたぐり寄せるように話をする石川さんの姿を見ていると、私まで一緒に時間を遡り、その光景を見ているような気がしてくる。

　石川さんの話は続く。

「忠左エ門はなかなか頓智の働く人だったようです。『お前の名はなんと申す』『忠左エ門と申します』『忠義の忠左エ門か。ところであの山はなんと申す』『勝山と申します』『あの木は』『あれは勝の木と申します』それを聞いた秀吉公は大喜びで戦に出かけ、勝利をおさめました。帰り道、再びここに立ち寄った秀吉公は、主人が毎日戦の勝利を祈っていたと知り、着ていた陣羽織を褒美として遣わしました。それがあの羽織です」

　息つく間もなく一気にそこまで語ると、石川さんは部屋の隅のガラスケースに入った羽織を指さした。

　当初は白かったのだろう。いまは全体に灰色がかっているが、襟と袖には刺繍が施された金の布があしらわれているので、華やかな羽織だったとわかる。

「普通の羽織にしては大きいでしょう。あれは鎧の上から着るので、あのような大きさなんです。裏は絹ですが表面は和紙です。和紙といっても丈夫で暖かいんですね。江戸時代になって、秀吉公から賜った羽織があるというんで、参勤交代の大名さんたちがここにお寄りになって、みんな秀吉公にあやかろうと羽織を触っていったので、あのような色になってしまいました。中には袖の先をちぎっていった人もいるんです。袖と襟のオレンジのところは生地がなくなっていたので、東京の国立博物館のほうで修理してくださいました」

石川さんはこんなことも話してくれた。

秀吉から他に何か望みはと聞かれた忠左エ門は、宇津ノ谷が小さな集落で道中の御用をするのが大変なので、諸役を免除してほしいと願い出たところ、秀吉は快く承知したと。最初何気なく聞いていたが、よく考えるとこの話はおもしろい。道中の御用というのは伝馬のことで、すでに秀吉の時代このあたりに伝馬制が敷かれていたことになる。だがそれを手がけたのは秀吉ではない。それなら誰がと考えたとき、浮かんだのは家康の顔だった。

天正十年（一五八二）勝頼を滅ぼした家康は、信長から駿河国を与えられ、三河、駿河、遠江、甲斐、そして信濃を治める五カ国領有時代に入った。その間に家康は街道をはじめ領国を様々に整備している。伝馬制もその時代に整えられたものだろう。小田原攻めに勝った秀吉によって、家康は関東に国替えを命じられるので、御羽織屋のこの一件は、家康による五カ国時代最後の出来事ということになるだろう。とすると、家康の領国内のことを秀吉が裁定できたという力関係がわかり興味深いが、その後関ヶ原の戦いを経て天下を手中に収めた家康は、東海道を本格的に整備、秀吉によってなされた宇津ノ谷の諸役免除もそのまま引き継いだという。

羽織の入ったガラスケースの隣に別のケースがあり、そちらには茶碗や大福帳などが展示されている。茶碗の一つは家康拝領の呉須《ごす》、もう一つは慶喜拝領の赤絵。家康は鷹狩りの帰りに宇津ノ谷に立ち寄り、その茶碗を賜ったという。

御羽織屋という屋号には秀吉の存在が染みついている。家康としては、天下人となった自分の存在を知らしめるものを、ここに置いていきたい。茶碗から、家康のそうした思いが感じられる。

　大名行列の一行をはじめ、東海道を通る人たちは皆御羽織屋に立ち寄り、秀吉の羽織と家康の茶碗を目にしていった。それはいまも続き、私も同じものを拝観している。そう思うと、四百年という歳月が意外にも手の届くところにある気がしてくる。

「この後はどちらへ」

石川さんの声で現実に引き戻された。

「宇津ノ谷峠を越えて岡部、できれば藤枝まで行きたいんです。峠道がちょっと心配で」

「あなたの脚なら大丈夫。昔は鬱蒼として怖かったでしょうけど、まだ日が高いから安心して歩けますよ」

　そう言って送り出され、薄暗い部屋から外に出ると、強い日ざしに目がくらんだ。

　そういえば、石川さんがいつからこうして立ち寄る人に話をされているのか、尋ね損なった。それだけではない。いつから宇津ノ谷で暮らしているのか、いまの宇津ノ谷をどう思っているのかなど、たくさん聞きたいことがあったのに、四百年前と交信するかのように語る石川さんのペースに完全にのまれ、御羽織屋の話に終始してしまったが、それでよかったのかもしれない。

　石川さんは真の語り部で、そういう人にとって主役は御羽織屋であり宇津ノ谷なのだ。


　御羽織屋を出ると、宇津ノ谷峠はすぐだった。昔は鬱蒼として怖かっただろうという石川さんの言葉通り、いまも空が見えないほどに木が茂り、蛇でも出そうな山道だが、距離が短いのでたちまち岡部側に出た。

　岡部は丸子同様、鉄道から離れた山間の町。お茶や筍《たけのこ》が特産で、東海道沿いにも竹林や急斜面を利用した茶畑が拡がっている。岡部川に沿って歩いていくと、旧東海道らしい建物が現れる。旅籠の柏屋だ。復元だが、二階建ての立派な建物。休憩がてら、見学していくことにした。

宇津ノ谷峠道

23

藤《ふじ》枝《えだ》

木喰《もくじき》・行基・空海、聖者の交差点

岡部の光泰寺《こうたいじ》で拝観した木喰仏《もくじきぶつ》が、脳裏に焼き付いている。

富士山と富士川に挟まれた甲斐国丸畑に生まれた木喰は、宝暦十二年（一七六二）四十五歳のとき、日本廻国の修行を発願し、五十六歳の安永二年（一七七三）修行の旅に出発、九十三歳で入寂するまで幾度か故郷の丸畑に戻りながら全国各地を廻り、数え切れないほどの仏像を残した。

木喰が西から駿河国に入ったのは、寛政十二年（一八〇〇）八十三歳のときで、六月に大井川を渡って藤枝では利八という旅籠に泊まり、翌日岡部に移動、二カ月ほどの滞在で岡部に六体の仏像を残すと、宇津ノ谷峠を越え故郷に帰った。現在岡部は藤枝市になっているので、七体の木喰仏が藤枝市にあることになるが、そのほとんどが岡部に集中している。

私が惹かれたのは、光泰寺に伝わる二体のうち、聖徳太子像の方だった。その像は全体に丸みを帯びて柔らかな雰囲気だが、木喰のいわゆる微笑仏とはやや趣が異なる。眉間のあたりに思いを一点集

中させているその表情は、優しいけれど厳しく、閉じられた目は遠くを見据えているようで、高い精神性がにじみ出ている。

それにしても木喰の行脚には驚く。木喰が歩いた道を図にしたものを見たことがあるが、それによると北海道から九州まで、まるで現在の鉄道網のように全国各地に張り巡らされていた。それに比べたら、いま私が歩いている東海道はそのごく一部に過ぎない。

この日は歩く距離が長い上、峠越えに暑さが加わり、いつになく疲労が激しかった。木喰の歩いた道のりを思えばと、自らを鼓舞し、無心で藤枝を目指した。

どのくらい歩いただろう。成田山と書かれた大きな看板が目に入る頃から、街道沿いには民家に混じって少しずつ商店が増え、いつしか本格的な商店街になっていた。予約した宿まではまだ数キロあるが、ようやく藤枝に着いたのだ。

商店街の始まるあたりがかつての宿場の東見付で、江戸時代の藤枝宿はここから二キロにわたって続いていた。金物屋に文具屋、花屋に肉屋、洋品店に和菓子屋と、商店街はありふれているがどこか懐かしい感じがする。宿場時代の面影は何も残っていないが、遠州屋、奥州屋、近江屋といった店の名前は、宿場時代からのものだろうか。

しばらく歩いていくと、旧街道沿いに見上げるほど大きな常夜燈が立ち、後ろに槙が聳えている。奥には古そうな寺も見える。蓮生寺《れんしょうじ》といって八百年以上の歴史を持つらしく、東海道からもよく見える山門はこのあたりで異彩を放っている。

こういう門構えなら期待できそうだ。気分を変えたい思いもあり、薄暗くなりかけた境内に入ると、古そうな山門に反して中は新しく、本堂奥に聳えるイブキの老木がここの主のように鎮座している。身をよじるように幹をうねらせ、何本もの棒に支えられながら立っているその木は、樹齢七百年を超

鬼岩寺。向かって右は行基腰掛け岩、左の岩は鬼が爪を研いだ跡が残るという大岩

藤枝宿の中心・蓮生寺前の旧東海道

えるという。鎌倉に幕府が置かれ、京都と鎌倉の間の往来が増えた時代から、この木はずっとここにあるのだ。

「明治の大火事で、だいぶ焼けてしまったんですよ」

古木を眺めていると、寺の奥から出てきた初老の男性が教えてくれた。

火事はかなりの規模で、この木ばかりか藤枝宿の名残がほとんど焼けてしまったという。東海道沿いで一際目立つ山門は江戸時代のものだというから、それが焼けなかったのは不幸中の幸いだ。

「お寺に関心があるなら、東海道から一本入るといろいろありますよ。藤枝は結構寺が多くてね。この近くだと長楽寺があるし、ちょっと歩くけど鬼岩寺《きがんじ》も名刹ですよ。藤枝では一番古い寺です」

宿場時代の名残はなくても、寺を通じ藤枝の歴史に触れることができるなら、むしろ私にはその方がありがたい。明日はまずこのあたりで一番古いという鬼岩寺に行ってみることにして、その日の旅を終えた。

翌早朝、まだ薄暗いうちに宿を発ち、鬼岩寺に向かった。山がちだった丸子や岡部と違い、藤枝は平地に拡がりが感じられるが、全く山がないわけではなく、北に連なる山塊が、流れ出した溶岩の跡のように、幾筋か藤枝の中心部に迫っている。そうした流れ落ちる山の先端に、鬼岩寺は鎮座している。

早朝の寺は、山が発する水蒸気に包まれて清々しい。深呼吸して中に入ると、右隅に置かれた夥しい数の石塔に目が留まった。十数基の宝篋印塔《ほうきょういんとう》の左右に高さ三、四十センチほどの小さな五輪塔が数にして百以上、脇には板碑も見える。五輪塔はお寺の背後の山に墓地を整備する際見つかったものらしく、地中にはまだ埋められたままのものもあるという。説明には、中世から近世にかけての墓標とある。

中世の人たちは、死者の霊は北西の山の彼方にあると考えていた。このあたりは藤枝の北西に位置しているので、この裏山が藤枝の墓地だったということだが、興味深いことに、そこからは古墳時代の円墳もまとまって見つかっている。

鬼岩寺はそういう山の麓に、神亀三年（七二六）に開かれた。寺伝によると、聖武天皇の勅願、行基による開基という。本堂には行基が自ら彫ったという聖観世音菩薩がご本尊として祀られているが、秘仏なので拝観はできない。それに代わり、境内の一角にある履屋《おおいや》に行基の腰掛け岩と呼ばれる大きな岩を見つけ、そちらに行ってみた。

その岩に行基が座り、寺院建立の構想を練ったという謂われがあるそうで、そこに腰掛け思いを集中させると良い知恵を授かると書かれている。少しでもご利益があればと、腰掛け瞑想してみた。

行基は聖武天皇が東大寺を造る際、中心的役割を果たしたことで知られるが、庶民に布教活動ができなかった時代に広く教えを広めたことで、朝廷から弾圧を受けた。行基の活動は単に仏の教えを広めるに止まらず、貧困に苦しむ民衆を助けようと、溜め池などの灌漑施設や橋、布施屋と呼ばれる救済施設を造るなど、いまでいう社会貢献事業と併せての布教だったところに特徴がある。民衆を底から支えたことが、結果的に仏教を民衆に広めることになった。

　朝廷は行基のそうした統率力と、行基の布教によって結束していく民衆の力に怖れを抱き、弾圧したが、聖武天皇の時代になると一転、東大寺造営に際し行基を抜擢した。

　行基は全国津々浦々至るところに、足跡を残している。その多くは伝承に留まっており、藤枝での足跡もそうなのかもしれないが、ここまでの旅を通じ、その土地の人たちが信じてきた心の歴史を無碍に扱うことはできないという思いを抱いている。その視点で鬼岩寺における行基の足跡に思いを致すと、こんなことが脳裏に浮かんだ。

　この近くには瀬戸川が流れている。鬼岩寺はその瀬戸川を挟んで志太《しだ》郡衙《ぐんが》と対照的な位置にある。郡衙は律令制下の役所にあたり、現在郡衙跡は整備され国の史跡になっているが、すぐ近くに郡衙があったということは古代このあたりは交通の要衝だったはずで、中央に納める米などの租庸調を運ぶ人や都で労役を供する人たちが行き交った様子が想像できる。当時彼らはかなり過酷な旅を強いられ、帰路餓死する者も出ただろう。行基が各地に建てた布施屋はそうした人たちを救うための施設だったと思うと、鬼岩寺がその役割を担っていた可能性もあるような気がするが、確証があるわけではない。

　行基が腰掛けたという岩に座ってみると、ひんやりした石の感触が伝わってくる。

　同じ覆屋にはもう一つ別の大きな石が置かれている。そちらは表面に縦長の太い筋が数本走っていて、説明を読むとこの筋は鬼が爪を研いだ跡なのだという。鬼は村人たちを困らせていたが、空海が裏山の岩に封じ込め退治してくれたということらしく、鬼岩寺という名前はそれに由来する。その謂われに従えば、この寺は空海にも縁があることになる。

　空海もまた、全国各地に数え切れないほどの足跡を残している。その足跡には、後世の脚色や創作も多く、伝承地すべてが真実とは言えないが、だからといってすべてを否定するものではないと思う

かつて藤枝宿だった上伝馬商店街

のは、行基伝承地と同様だ。

　行基の足跡と空海の足跡が重なることがたびたびあるので、以前から気になっていた。その関連でいうと、江戸時代全国各地を行脚し、十三万体という膨大な数の仏像を刻んだ円空の足跡にも、行基や泰澄の影を見ることが多い。また岡部でその足跡に触れた木喰は、円空の足跡に重なるところがある。行基と空海については、伝承がさらなる伝承をもたらすということがあったかもしれないが、何にせよ彼らはみな信仰のもとに日本各地を歩いた偉大な旅人だったという点では共通している。

　日本の大動脈東海道の藤枝で、そうした偉大な旅人たちの足跡に触れた思いがした。

III

島田から舞坂へ

広重「島田〈大井川駿岸〉」

24

島田《しまだ》

川留めなら詠じて待とう大井川

まだ薄暗いうちに藤枝を出発、寄り道を重ねながら島田に着いたのは午前九時を回った頃だった。かつての宿場町は、現在信用金庫や自転車屋、薬局、洋品店といった店が並ぶありふれた商店街になっている。開店前ということもあって、シャッターが下りたままの店が多く、通りは閑散としているが、島田宿は次の金谷《かなや》とともに、江戸時代大井川の渡しで栄えた歴史を持つ。

箱根八里は馬でも越すが、越すに越されぬ大井川

そう箱根馬子唄で歌われたように、大井川の水は基準を超えるとすぐ川留めになり、旅人は水が引くまで待たなければならなかった。数日で済めばいいほうで、長いときには一カ月近くに及んだ。それが宿場の繁栄に繋がったとも言えるが、旅人にとっては大変なことだ。

岡部で立ち寄った大旅籠の柏屋（資料館）で、大井川が川留めになると岡部の宿も賑わったという話を聞いた。そのときはあまりぴんと来なかったが、ここまで歩いてきてその距離を実感すると、影響の大きさに今更ながら驚かされる。

かの松尾芭蕉も、大井川が増水したために島田で足留めされることがあった。その際滞在先となったのが、島田で川庄屋や問屋《といや》などを勤めた塚本家だった。三代目塚本如舟は自身も俳諧を嗜《たしな》んだので、芭蕉にとって大井川の増水はむしろありがたいことだったかもしれない。

東海道沿いに、その際詠んだ連句が刻まれた句碑を見つけた。

やはらかにたけよことしの手《て》作麦《さくむぎ》　如舟
田植とともにたびの朝起　はせを

川留めで滞在を延長されているとは思えないのどかな句で、芭蕉は如舟邸での滞在を楽しんでいたように感じられるが、実際そうだったのではないだろうか。旅を続ける芭蕉にとって、行く先々で句を通じ心を通わせることができる時間は何より大切だったはずだ。如舟は芭蕉にとってそれができる一人だった。芭蕉との交流により如舟に蕉風が伝わったことは言うまでもない。

如舟は島田出身の連歌師宗長《そうちょう》を偲んで宗長庵（長休庵）を建て、そこで仲間たちと句会を催していた。そういう中で、芭蕉は如舟を知った。芭蕉自身も宗長を尊敬していたというから、二人の心も通いやすかったかもしれない。

宗長庵は島田駅前付近にあったというのでそちらに行ってみると、宗長庵跡の表示の隣に、次のような宗長と芭蕉の句碑があった。

遠江国、くにの山ちかき所の千句に

こゑやけふはつ蔵山のほととぎす　宗長

五月雨の空吹き落せ大井川　芭蕉

宗長と芭蕉では二百年以上の隔たりがあるが、二人は如舟を介し島田で結ばれたようだ。

復活した旧道の先に、突如江戸時代さながらの町並みが現れた。そこは大井川の川越《かわごし》を担った人足たちが待機する番宿《ばんやど》や、川庄屋の業務を行う川会所《かわかいしょ》などの建物を復元整備して一カ所に集めた一帯で、大井川川越遺跡《おおいがわかわごしいせき》と呼ばれる。周りに高い建物や電柱がないので、空が広い。

軒下に六番宿、三番宿と書かれた札を下げた家。その先には、荷物を梱包したり草鞋《わらじ》を販売したりした荷縄屋《になわや》。さらに先には川札《かわふだ》を回収し、人足たちに賃金を支払った札場《ふだば》や川越の大本締めの川会所、といった具合で、すべてが公開されているわけではないが、江戸時代の雰囲気は十分に感じられる。

とある番宿が開け放されている。中をのぞくと、褌《ふんどし》に法被《はっぴ》をひっかけた男の人形が、今にも立ち上がりそうな格好で座っている。

「お客さん、一人かい？　先にそこの川会所に行って川札料を払っておくんなせい。今朝は股通《またどおし》って聞いてるから一番安い料金だ。肩車《かたくま》なら川札二枚、手すりなしの平連台《ひられんだい》なら川札四枚と台札一枚、四方に手すりがあると台札十二枚だ」

大井川橋から見た大井川

大井川川越遺跡（国指定史跡）

そんな声が聞こえてきそうだ。

当時の大井川はいまと違って水量も多く、人足になるには高度な技術を必要とした。島田市博物館でもらった資料を見ると、川越を担う人足は、島田と金谷でそれぞれ三百五十人ずつと決められていたが、幕末になると六百五十人に増えていたというから想像以上の人数だ。しかも人足になれるのは、島田か金谷の町民に限られ、島田では人口の一割が川越業務に携わる時代もあったという。

収入も膨大だった。たとえば江戸時代の中頃に尾張藩主が大井川を越えたときなど、増水していたこともあって、現在の金額にして一千万円以上が支払われたという。大名側にとっては大変なこの出費も、島田にはありがたい。

大井川に橋が架けられることなく、江戸時代かなりの危険を伴う渡渉が続けられた理由として、橋を架ける技術がなかったとか軍事的な目的だとか様々に言われるが、経済的な理由も大きいだろう。時代が明治を迎えると、人足による川越は激増する交通量に対応しきれず、ついにお上から渡船や架橋の達しが届いた。島田と金谷合わせて千三百人を超える人足とその家族が反対したのは言うまでもない。

川越遺跡は百メートルほど。あっという間に堤防道に突き当たる。

駿河国と遠江国を結ぶ架け橋は、現在水色の鉄橋で、遠目にもよく映える。これを渡るといよいよ遠江国に入る。風は穏やか、水量が少ない

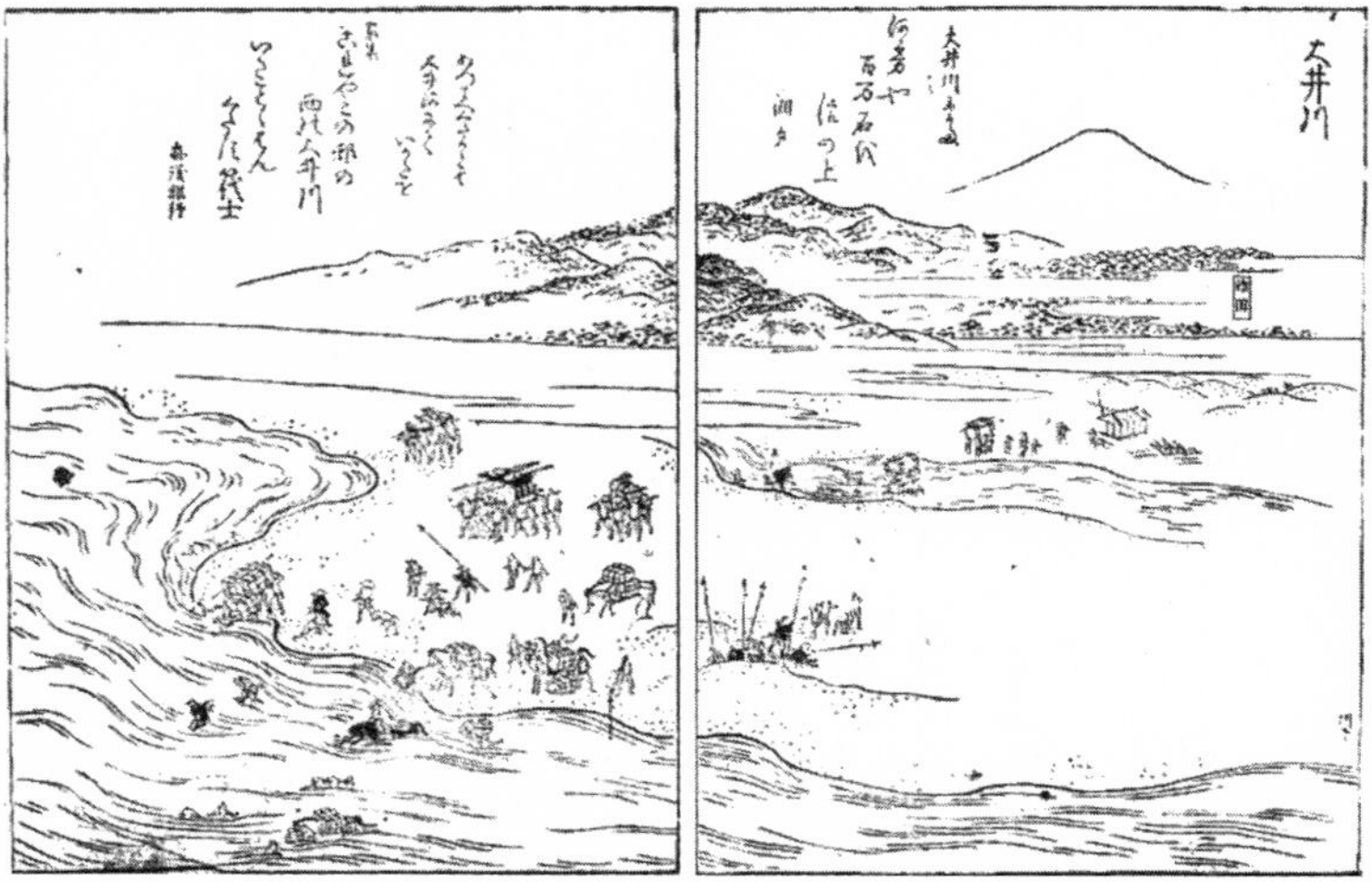

『東海道名所図会』より「大井川」

こともあって、富士川を渡ったときのような恐怖感はない。橋の半ばで立ち止まり、川をのぞき込む。

「お客さん、動いたら危ないって。風景に見とれてる場合じゃないよ。しっかり捕まってくれないと」

ふとそんな声が聞こえたような気がしたが、そういえばこの大井川に橋が架かった後、それまで命がけで東海道の難所越えを手助けしてくれた人足たちはどうなったのだろう。時代の移り変わりにある程度の犠牲は付き物だが、長い歳月箱根に比肩する東海道の難所の交通を担ってきた人たちが、ばっさり切り捨てられたとしたら忍びない。

25

金《かな》谷《や》

架橋の後の川越人足たち

現在大井川下流には、十以上の橋が架かっている。道が出来、鉄道が通るたびにこれらの橋が造られていったが、その中で先鞭を着けたのが、いま歩いている大井川橋だ。

急増する交通量に対応すべく、明治に入り大井川に渡船と架橋の許可が下ると、さっそく計画が立てられ、明治九年（一八七六）最初の仮橋が完成した。ところが大井川を橋で制するのは容易ではなく、完成して間もなく増水で流失。さらに明治十六年（一八八三）本格的な橋が完成するがそれも洪水で流失。やむなくその後しばらく渡船が行われていたが、もう一度挑戦し、昭和三年（一九二八）にようやく橋が完成した。川越も大変だったが、橋を架けるのにも相当な苦労があった。

そんな先人たちの努力の結晶である橋を歩きながら、いつも新幹線で東京大阪間を移動するとき、いくたび大井川を越えたことに気づいただろうかと自問する。東京を発ち静岡県を通過する間のまとまった時間は、読書か居眠りに当てられることがほとんどで、窓外に目をやるのは名古屋を過ぎてか

らではなかったか。

　そうした日頃の無礼を詫びるような気持ちで、いま大井川橋をゆっくり歩いている。一キロ近い橋を歩いて渡るには、十数分を要するが、そのお陰で対岸に連なる牧之原台地の斜面に目が向く。大半は茶畑でその間には家も見えるが、目を凝らすと所々茶畑が茶色くなっている。一番茶の収穫を終えた畑なのだろう。あと一月早くここに到着していれば、まぶしいほどの青い丘陵が望めただろう。周囲に目を遊ばせながら、ようやく対岸に着いた。

　金谷も島田と同じく川越業務を請け負っていたので、島田側のように川越遺跡があるかと期待していたが、金谷側はごく普通の静かな住宅街で、島田とは様子が違う。

　小さな公園に「金谷の川越し場跡」と書かれたイラスト入りの看板が立っている。それを見ると、金谷にも番宿や川会所、札場があったとわかるが、どういう事情なのか、こちらでは保存整備には至らなかったらしい。

　ちょうどよいので一休みしていこうと公園に入ると、真新しい石像に目が留まった。羽織袴に丁髷《ちょんまげ》姿だが、漫画のキャラクターのような顔立ちで威厳とはほど遠い。碑文に目をやると、ユーモラスな表情からは想像もつかない、命をかけた篤志家の略歴が書かれていた。

　金谷の醤油屋に生まれた仲田源蔵、明治に入って失業した千三百人もの島田・金谷の川越人足たちの救済に奔走した、とある。

　牧之原台地の一部を開墾地として払い下げ、人足に渡船業務を一任してほしいと要求したが、払い下げがなかなか進展しなかったことから、源蔵は民部卿に直訴を決意した。田畑を売って旅費を作り、東京に出向いて嘆願書を提出。徹夜で民部卿の登庁を待っていたところ、不審者として厳しい尋問と拷問を受けた。最終的には土地の払い下げと救助金の支払いが決まり、努力は報われたが、直訴すれ

金谷の石畳

茶畑が拡がる牧之原台地

ば命がないと言われていた時代だ。源蔵は当時二十九歳。青年の熱意が大井川の人足たちを救ったと知った。

開墾といっても牧之原台地には雑木も多く、途中で逃げ出す者もかなり出たようだ。結局最後まで残ったのは入植したうちのおよそ三分の一の三十三人、入植した年の秋に最初の茶の種が蒔かれ、四年目には製茶が始められた。ちなみにその指導をしたのが丸尾文六で、丸尾も私財を投じて製茶業の基礎を造りあげた一人だ。

牧之原台地といえば、現在日本のお茶のおよそ四割を生産する牧之原大茶園で知られる。広さは五千ヘクタールとも言われ、その多くが人足同様、明治になり職を失った武士たちによって開墾されたというのは聞き覚えがあったが、川越人足たちもそれに関わっていたのだ。

公園を過ぎると、民家の間に商店が少しずつ増え、道も広くなっていく。正面には山並み。気づけば緩やかな上り坂になっている。

金谷には本陣が三軒あった。その一つが現在書店になっている。店に入りレジに座っていた初老の男性に声をかけてみると、その人が十六代目のご当主で、明治になると建物を学校に貸したり、薬局をやったりと、何度か職を転々とした後本屋に落ち着いた、と話してくれた。

「金谷は大井川の川越を控えてたんで、大きな宿場でしたけど、火事で町が焼けてしまいましてね。ここは西風が強くて、よく火が出たんです。島田は水害、金谷は火事ってね。裏に蔵があって、そこには江戸時代の宿帳なんかが多少残ってますけど」

とのこと。

　宿場時代の記録全体を散逸させたくないので、宿帳を公開する予定はないらしい。遺品をどうするかは、それぞれなのだ。

　東海道線の線路が接近してくるあたりが、金谷宿の西のはずれに当たる。高架をくぐり鉄道の東側に出ると、緩やかだった坂が急坂に変わった。

　大井川を渡りほっとしたのも束の間、東海道はこの先小夜《さよ》の中山峠を控えている。箱根峠に薩埵《さった》峠、宇津《うつ》ノ谷《や》峠とこれまで三つの峠を越えてきたが、小夜の中山峠は箱根に次ぐ難所と言われる。突然の急坂は、早くもこの峠の険しさを予見させるもので、気が引き締まった。

　息が上がり体が火照ってくる。視線はつい下を向くが、ときおり民家の隙間から見える山々の風景に涼をもらいながら、急坂を一歩一歩上がっていくと、やがて目の前に石畳の道が現れた。

　石畳とは箱根以来だ。金谷の石畳は石が丸く、全体に整って新しい感じがする。そう思っていたところに、茶屋から箒《ほうき》を手にした女性が出て来て、「この石畳は、金谷の住民みんなで造った道なんですよ」と教えてくれた。

　ここには元々江戸時代の石畳があったが、舗装工事などで取り除かれ原型を留めなくなってしまったので、復元したのだという。

「石畳はいいですね」

『東海道名所図会』より「菊川」（右奥へ向かって佐夜中山へ）

「そうでしょう」

そう言葉を交わしながら、この先も続く石畳の上り坂を眺めているうち、道にも栄枯盛衰はあるが、この東海道は形を変えても決してなくなることはないだろうという気持ちを強くした。

26

日《にっ》坂《さか》

小夜《さよ》の中山、峠の神

緑豊かな石畳の金谷坂を上っていく。一番茶の収穫が終わり、枝も露わな茶畑を過ぎると、道は鬱蒼と丈高い杉林に入る。木陰の石畳は涼しく、道のでこぼこに気を取られるせいか、上り坂のきつさをそれほど感じない。四百メートルほどの金谷坂はあっけなく終わり、東海道はまたいつもの平らな舗装道に戻る。

「なんだ、また……」

そう思いかけたとき、茶畑が目に飛び込んできた。先ほど石畳道で見た茶畑は収穫が終わっていたが、ここはこれからのようで、初夏の日ざしを受け一面緑に覆われている。この先の峠道は、牧之原台地の茶園の中を縫っていく。小夜の中山峠はまだ先と思っていたが、茶園が目につくようになったのでもうそろそろなのか。

小夜の中山。その美しい響きには、想像をかき立てられる。実際小夜の中山は古来ここを通った多

くの旅人たちの心を捉え、歌枕となったり、紀行文に記されたりしてきたが、響きの美しさの鍵になっている「小夜」には様々な含みがあるようだ。

小夜の中山を詠んだ歌が最初に登場するのは『古今和歌集』。たとえば次のような歌がある。

東路の佐夜《さや》の中山なかなかに何しか人を思ひそめけむ　紀友則（五九四）

「佐夜の中山ではないが、なまなかに、どうして道険しい恋をし始めてしまったのだろう」といった内容だが、ここは「さやの中山」とある。同じ『古今和歌集』の歌、「甲斐が嶺《ね》をさやにも見しがけれなく横をりふせる小夜《さや》の中山（一〇九七）」でも「さやの中山」である。古くは「さや」、それが次第に「さや」「さよ」両方用いるようになったということらしい。

地名は古いものほど音が大切だ。では「さや」とは何だろうということだが、すぐに思い浮かぶのはこの辺りの地形からきた狭谷という可能性である。一方民俗学者の野本寛一氏によると、「さや」は塞《さい》の神の塞ではないかという。塞の神は辻や境界を守る神、つまり道祖神のことで、昔は峠が国と国との境として捉えられていたことを思えば、野本氏の説は説得力がある。

「さや」の由来はそのどちらかなのか、あるいは他にもあるのだろうか……。素人の直感ではあるが、これは狭谷か塞のどちらかではなく、狭谷でもあり塞でもある、つまりその両方が中山というこれも境界を意味する地名に自然と付随していったように思える。

それはともかく、この峠を有名にしたのは、他でもない西行によるこの歌だ。

年たけて又越ゆべしとおもひきや命なりけり佐夜の中山

平氏による南都焼き討ちで消失した東大寺と大仏の再興に取り組む重源《ちょうげん》の依頼を受け、西行は文治二年（一一八六）砂金の勧進《かんじん》を藤原秀衡に依頼するため、奥州への旅に出た。西行が奥州に行くのはこれが二度目、最初の小夜の中山峠越えは三十歳頃と言われている。その旅の目的は定かではないが、能因法師の旅路の後を追い各地の歌枕を訪ねるのが主眼だったらしい。それから四十年近い歳月を経て、西行は再び小夜の中山峠に来たが、間もなく七十になろうとする身で再びこの峠を越えるとは思いもしなかったのだろう。いまこうして小夜の中山を越えることができるのも命あってのものだという感慨が、三十一文字から伝わってくる。

峠というのは、旅人に様々な思いを抱かせる。険しい峠を越えたときの安堵、峠の先に待っている未知の世界への期待と不安、峠の先にある故郷への想い……。

旅はそれ自体非日常の行為だが、特に峠という場所は、旅の非日常性をさらに強める要素を含んでいる。小夜の中山峠を詠んだ歌の数々は、平坦な道を歩くときとは違った心の高ぶりがもたらした詠嘆で、とりわけここでは西行の歌の影響が大きく、以後多くの文学者たちがこの峠を取り上げることとなった。彼らのそうした言葉は新たな旅人を呼び、その旅人もまた言葉を生んだ。

小夜の中山峠には、言葉の連鎖を生み出す地霊がいるのかもしれない。

茶畑の横を歩いていると、再び石畳道が現れた。先ほどの金谷坂は上りだったが、今度の道は下りで菊川坂《きくかわざか》という。金谷坂同様、こちらの石畳も地元の人たちの協力で復元されたものだが、西側の百数十メートルだけは江戸時代後期のものらしい。茶畑の斜面を下る菊川の石畳は日当たりがよく、白い石が反射してまぶしい。

小夜の中山峠に建つ西行句碑

久延寺境内に置かれた夜泣石

「掛川に行くには、こっちかしら」

突然の声に振り向くと、小柄な女性がちょこんと立っていた。歳のころ七十ぐらい、短い髪の溌剌としたご婦人だ。私も一人で歩いているが、その年齢の女性が一人で歩いているというのも珍しい。私はすでにそのときかなり消耗しており、この炎天下掛川まで歩けるだろうかと思っていたところだったので、「掛川まではまだ十キロ以上あるし、この先には峠越えもあって結構大変そうですよ。電車もないですし……」などと余計なことを言ってしまったが、その人は顔色一つ変えずに「あ、そんなもんね」とつぶやいた。

私たちはどちらからともなく坂を下り始め、どちらからともなく自己紹介を始めた。

その人はＹさんといって、二年ほど前から東海道を歩いているという。日ごろ水泳で体を鍛えているので、「東海道といってもいっぺんに歩くわけじゃないから、たいしたことないわ」と言うが、話の端々に後期高齢者という言葉が出てくるので七十五歳は過ぎている。私より三十歳も離れているのに同じ歩調で歩いているうえ、早朝住まいのある平塚から電車で藤枝まで来て、そこから歩いていると言うのだから驚く。

私もその日は朝五時半に藤枝の宿を発ち、何カ所かに立ち寄り、道を間違えもしながら、やっとの思いで金谷に到着、全身汗まみれで顔から湯気を出しながら歩いているのに、Ｙさんは涼しそうな顔をしている。

ここに来る前に、諏訪原城跡に寄ってきたらしい。

「山城だったっていうけど、広くてびっくりしたわ。空堀なんかがよく残ってるのよ」

少女のように嬉々として話すYさんの顔を見ていると、この人は本当に掛川まで歩くつもりなのだろうかと疑ったのは間違いだったと思えてくる。箱根以来久々の道連れ、しかも女一人旅という似た境遇で、相手はかなりの強者だ。これは負けてはいられないと、力が湧いてくる。

六百メートルほどの石畳はあっという間に終わり、私たちは静かな菊川の集落に入っていった。菊川は古代から中世にかけての宿場町、峠越えを控えて栄えたようだが、江戸時代になると金谷宿が出来たので、菊川は休憩のみの間《あい》の宿《しゅく》になった。当時の茶屋は残っていないが、山間の集落らしく落ち着いたたたずまいで、茶畑も所々に見られる。

菊川の集落を抜けると、いよいよ峠道に入る。道は舗装されているが、最初から勾配がかなりきつく、早くも体が重くなってくる。

「箱根より坂がきついわね」

そうつぶやいたYさんの言葉を最後に会話が途切れ、私たちはそれぞれのペースでゆっくりと坂を上がっていった。

気がつくと、久延寺《きゅうえんじ》の前に来ていた。どうやらここが峠らしい。

久延寺は、奈良時代行基によって開かれたと伝わる真言宗の古刹だが、ここは寺の歴史より、峠に伝わる夜泣き石伝説によって知られている。

伝説とは次のようなものだ。

中山峠を越える途中、妊婦が山賊に殺され、お腹の切り口から赤ん坊が生まれたが、みるみる弱っていく。何とか赤ん坊を助けたいと願う母の魂が、東海道沿いにあった丸い石に乗り移り、その石が夜ごとに泣き声をあげたので、久延寺の和尚が気づいて赤ん坊にお乳の代わりに水飴を与えて大事に育てた。やがてその子は立派に成長し、無事母の仇を討った、というものだ。

江戸時代、日坂宿に伝わる話を元に滝沢馬琴が『石言遺響』に記したことで、広く知られるようになったらしい。広重の浮世絵の影響も大きいだろう。

境内に入ると、本堂の右に直径一メートルほどの丸い石が置かれていた。

「それは伝説の石じゃないはずよ」

Ｙさんがそう言いながら境内に入ってきた。

「あー大変だった。やっぱり歳ね。伝説の石は国道一号線沿いの茶店の裏にあるみたいよ」

タオルで汗をぬぐいながら、Ｙさんが言った。

江戸時代峠道の真ん中にあった石が、どうして数百メートル北の国道に移されたのかといえば、明治になってから、伝説で有名なこの石を博覧会に出して一儲けしようと、東京に運んだところ、元の場所に戻す費用が足りず、峠下の茶店の庭先に置かれることになったということらしい。

では境内にある石はというと、明治元年（一八六八）に明治天皇が峠道を通られる際、道の真ん中に石があって邪魔だというので、いったん境内に移したことがあったことから、昭和三十年代に似たような石をまた境内に置いたのだという。

近代の人間の都合に翻弄された丸石が、これではあまりにも気の毒だ。

久延寺の境内にある丸石は、本物の夜泣き石と形がよく似ている。いまはこれを本物と思って眺めるしかないが、じっと見ていると、その石は実に見事な球形をしており、峠道にこのような丸い石があったら、古の人がこれを神の依り代と思っても不思議ではないだろうという気がしてくる。いや実際そうだったのだろう。国の境であり此岸と彼岸の境でもある峠に置かれた丸い石は、いつしか峠の神となり、そこを通る旅人たちが手を合わせるようになったのではないか。

　峠にあって、自然信仰の対象として道行く人々が祈りを捧げてきた丸石は、仏の教えを広めようと全国を行脚する僧たちの目にも留まったはずだ。現在国道沿いにある本物の夜泣き石には、伝説を知った空海が霊を慰めるために指で書いたとされる「南無阿弥陀仏」の文字が残っているという。事実はどうであれ、この文字が刻まれたというのは、峠の神だった石に仏の教えが習合したということだろう。

　神としてまた仏として、峠を越える人たちがいったん足を留め、手を合わせる対象だった石が、やがて伝説の中で語り継がれ、より多くの人に知られるようになった。それは様々な伝説が生まれる峠にあって自然な成り行きだが、明治以後この石が辿った運命は、伝説ばかりが肥大したことによってもたらされた悲劇に思えた。

　久延寺を過ぎると、明るい尾根道に変わった。緩やかな下りの峠道が終わりにさしかかる頃、道ばたに夜泣き石跡と書かれた表示を見つけた。夜泣き石は元々そこにあったのだ。明治にその石を動かした人は、ここに石が置かれていた意味をどれほどわかっていただろうかと思ったが、これも時代の流れ、仕方のないことかもしれない。

　明治十三年（一八八〇）に中山新道が開通すると、人々はこの峠を通らずして、金谷から日坂《につさか》に出るようになった。博覧会に出品するため、夜泣き石が東京に持ち出されたのは明治十四年。その頃すでに峠の往来は減っていた。新道が開通した時点で、丸石の役割は終わったと思うしかない。

　日坂は峠の西、つまり「にしざか」が訛って「にっさか」と呼ばれるようになったというように、坂道が終わるとすぐに集落が現れる。傾き始めた西日が、街道に建物の影を作っている。峠の静寂をそのまま引き継いだように静まり返った街道沿いに、数軒だが江戸時代の旅籠が残っている。黒っぽい板塀と連子《れんじ》格子《こうし》が印象的で、日が暮れたらそこに灯りがともりそうな温もりが感じられる。引き戸に手をやってみるが、鍵がかかっていて開かない。

町はどこか時間が止まったような空気に包まれている。

「良い町ね」

Yさんが静かにつぶやいた。

広重「日坂〈佐夜ノ中山〉」

27

掛《かけ》川《がわ》

一豊の掛川城と塩の道

菊川坂でYさんと出会い、道中を共にしたのは先月のこと。城好きのYさんは私が金谷で諏訪原城跡に寄らなかったのを残念がり、掛川城は是非と勧めてくれたが、そのときは復元された掛川城より、宿場町掛川をまず見たいという思いもあって、「時間があったら行ってみます」と気の乗らない返事をしていた。

そのYさん、後期高齢者というのが信じられない健脚で、小夜の中山峠も難なく越えたが、さすがにその後疲れたらしく、日坂と掛川の中間あたりで別れた。その後旧道を歩く私を一台のタクシーが追い抜いていったので、おそらく乗っていたのはYさんだろう。掛川城に寄って帰るつもりだったかもしれない。頑張って追いついてみようかとも思ったが、早足で進む体力はもはやなかった。

そのときのことを思い出しながら掛川駅前の交差点に立ち、北に向かって一直線に延びる県道の先に掛川城を探した。

「お城に行くと、そこから日本の歴史を見ることになるでしょう。それがおもしろいのよ」
Yさんの言葉が前回の旅以来心に残っていたので、この日最初の立ち寄り先は掛川城と決めていた。掛川城はこの先の小高い丘にある。あいにくここからでは天守閣らしきものは見えないが、立ち止まり通りを眺めていると、前回気づかなかった隅々に目が留まる。道はゆったり、歩道は色石で舗装され、両側に植えられた街路樹が枝を伸ばし初夏の日ざしを遮っている。車も人もほとんど通らないのは前回と同じだが、朝ということもあり町の印象は明るい。

掛川城のすぐ南を、旧東海道と並行し逆川《さかがわ》が東西に流れている。碁盤目状に整備された町を乱さず、城と城下町との境界にもなっているこの川は、城の外堀として機能していたが、昔はたびたび氾濫する暴れ川で、掛川という地名も欠川、つまり堤防が決壊したこの川に由来するらしい。その逆川に架かる橋までやってくると、対岸の木立の向こうにようやく掛川城の天守閣と太鼓櫓を捉えた。

掛川城は、戦国時代駿河の守護大名今川義忠が、遠江に勢力を拡げる足がかりとして、明応六年（一四九七）から文亀元年（一五〇一）にかけて重臣の朝比奈泰熙《やすひろ》に築かせたのが始まりという。当初は現在地より二、三百メートル北東にあったが、義忠の息子氏親の代に替わり今川氏の遠江支配が本格化してくると、氏親は掛川城を遠江支配の要にすべく、永正九年（一五一二）頃さらに規模の大きな城を築かせた。それが現在の城址に当たる。ところが桶狭間の戦い以後今川氏は急速に力を失い、武田氏に追われた氏真《うじざね》は掛川城に逃げ込んだが、西から家康に攻められ、ついに和睦により城を明け渡すことになった。

これを掛川城の第一期とすれば、第二期は天下統一を果たした秀吉の家臣として掛川城に配された山内一豊の時代である。一豊は掛川城主だった十年間に、掛川城を家康に対抗できる防衛力を備えた近代的な城に大改修したほか、城下町の整備、大井川の瀬替え工事と江戸時代の掛川の基礎造りを手がけた。天守閣が造られたのも一豊の時代だ。

一豊が築いた掛川城は、関東にいる家康からの攻撃に対抗できるよう、秀吉の築城を手伝う中で培った知識と技術を生かした堅牢なものだったという。その城の完成から五年ほどで、一豊は家康に忠誠を示し城を明け渡しているのだから変わり身の早さに驚くが、刻々と状勢の変わる戦国時代にあって一豊は大きな時代の流れを読みとる才能に長けていたと言うべきだろう。その才能を後押しする存在として掛川の果たした役割は決して小さくはない。掛川は東海道のほぼ中央に位置する。そのため東西どちらにも一定の距離を置きそれぞれの勢力を俯瞰できたように思う。

それはともかく、関ヶ原の合戦後一豊は家康から土佐二十四万石を拝領、掛川城には家康の異父弟の松平定勝が入り、以後徳川の譜代大名が入封。これが第三期になるが、掛川城の歴史を概観し、特に興味を惹かれるのは一豊の時代である。一豊といえば、妻の差し出した持参金で購入した名馬が信長の目に留まり、出世のきっかけになった逸話が有名だが、掛川との深い縁は知らなかった。

天守閣を目指し急な石段を上ると、時折顔をのぞかせていた天守閣が全貌を現す。清潔感のある引き締まった印象。中は床も壁も天井もすべて木で覆われ、復元された天守閣にありがちなひんやりとした感じがない。「まず上へどうぞ」と言われ、ロープ伝いに最上階に出ると、四方が開け放たれ抜群の見晴らしだ。

早速南側に目をやると、碁盤目状になった町の様子までは捉えられないが、今しがた駅から歩いてきた県道沿いの白い建物が、町全体に及んでいるとわかる。掛川の町は白く清潔感があり、突出する高い建物がないためまとまった感じがする。

「この天守閣は平成六年に復元されたものですが、木造なんです。木造というのは全国でここだけなんですよ」

掛川は秋葉道・塩の道とも交差している

街道の分岐点。大池橋を渡って左が旧東海道

六十代ぐらいのガイドの男性が自慢げに教えてくれる。

入った瞬間、ひんやりする感じがなかったのはそのためかと思ったが、木造での復元となると相当な費用がかかったはず。聞けばある老婦人が多額の寄付をしてくれたことから話が進み、市民による寄付も加わって完成したという。

「富士山が見えますよ」

その声につられ東の窓に移動すると、なだらかな稜線を描く山並みの向こうに、白い山頂がうっすらと見える。久しぶりに見る富士山。由比の薩埵《さつた》峠以来だろうか。富士山の手前の山並みが牧之原台地だから、小夜の中山峠は視界に入っている。

先月あそこを越えたのだと懐かしい気持ちで見ていると、ガイドの男性が口を開いた。

「小夜の中山峠に久延寺《きゆうえんじ》という寺がありますが、関ヶ原の合戦の二カ月半前に、掛川の山内一豊が会津の上杉景勝を討ちに行く家康をそこの茶亭でもてなしたんです。おそらく一豊はそのとき家康に付くことを決めたんじゃないかと思いますが、そこでも一豊は奥さんに助けられてるんですよ」

「というと？」

「大坂にいた奥さんが使者に文箱《ふばこ》を届けさせたんですが、笠の緒に「文箱を開けずに家康に渡すように」と書かれた密書をしたためておいたそうで。文箱には西軍につくことを勧める手紙が入っていたので、それを開けずに家康に差し出したということで、一豊は家康から忠誠心を認められたんですよ」

歴史的な軍議である小山《おやま》評定が開かれたのはその翌日のことで、家康を中心とする諸大名による連合軍は上杉景勝討伐を中止し、西で挙兵した石田三成を討ちに西へ軍を引き返すことになった。

その際一豊は、他に先んじて自分の城を家康に明け渡すと宣言して家康への忠誠を誓い、家康を喜ばせている。一豊のその発議により、東海道沿いに城や領地を持つ大名たちもその明け渡しに協力することになり、東軍は関ヶ原まで一気に軍を進めることができたというから、一豊の掛川城はこの戦における影の立役者だったとも言えるだろう。

一豊が掛川にいた十年間というのは、秀吉の天下統一から関ヶ原の戦いまで、日本の歴史が大きく動いた時代だった。牽引したのは、秀吉と家康だが、こうして掛川という一つの小さな点から眺めると、一豊も歴史の流れを変えるきっかけを作った一人とわかる。もちろん一豊にとっても、掛川は一大転機のきっかけをつかむ場所だった。

掛川城を後にすると、前回の旅で半ば朦朧と歩いたかつての掛川宿の辺りをもう一度歩き直すことにした。前回は夕方で、今回は朝だ。時間が違うことで町の様子も違うかもしれないし、何より体の状態が違う。

逆方向に歩く旧東海道は、初めて歩く道のように新鮮で、ここにこんな建物があったのかときょろきょろしながら歩いていると、七曲がりの表示近くに別の表示を見つけた。この半月の間に出来たとは思えないので、前回見落としたらしい。近づくとそこには塩の道と書かれ、地図も出ている。

掛川を通る塩の道の起点は相良《さがら》である。相良は掛川の南東五十キロほどのところにある駿河湾沿いの町で、現在は牧之原市。その相良を起点に北西に進んだ塩の道は掛川市内に入るとこの七曲がりで旧東海道と合流し、掛川宿を西へ進む。掛川宿を過ぎ、大池橋で旧東海道は南西に、塩の道は北西にと行き先が分かれる。

　塩の道はそのさき森町、春野町を経て天竜川上流の山奥に分け入り、南信濃村で信濃国に入る。表示の地図には静岡県域しか出ていないが、塩の道はさらに続き、伊那街道（別名三州《さんしゅう》街道）と名前を変えやがて塩尻に至る。塩尻から先は松本、穂高、白馬を経る千国《ちくに》街道があり、最後は糸魚川で日本海に出る。

　これらの道を辿っていくと、日本列島を縦断する塩の道が浮かび上がってくる。掛川はその塩の道と東海道が交わる場所だったと知った。東海道は東西を結ぶだけではなく、東海道と交わる無数の小さな街道を通じ全国各地と繋がっている。東海道を歩き終えたら、そうした小さな道をいくつか歩いてみようかと、まだ道半ばなのに欲が出てきた。

復元された掛川城天守閣

28

袋井《ふくろい》

真夏の読経

袋井は日本橋から数えても京都から数えても二十七番目というので、五十三次の「どまん中」と言われている。距離の上での真ん中は天竜川のあたりだが、「半分」まで来たというのは嬉しい。松並木を抜け、さらに一時間ほど歩いた頃、「これより袋井宿」と刻まれた真新しい石標が現れた。その少し先には一軒の茶屋。「東海道どまん中茶屋」と書かれた幟《のぼり》がはためいている。猛暑でばて始めていたので、ちょうどよい。

中に入ると、真ん中を刳り貫いて囲炉裏に仕立てたテーブルの周りに、小さな木の椅子が四、五脚置かれ、学校帰りの小学生たちが、おじいさんに飴をもらってはしゃいでいる。

「こっちへ掛けてください」

その人はそう言うと、麦茶とともに器に入ったお菓子を差し出した。ありがたく出されたお茶を飲み、周りに目をやると、部屋のそこかしこに東海道のガイドやパンフレット、新聞などが無造作に置

かれている。

「広重の絵の茶屋が現れたかと思いました」

そう口火を切ると、その人は無愛想な顔をほころばせた。

「二〇〇一年が東海道の宿駅が出来て四百年目だったでしょう。そのときいろんな整備をしたんですけど、これもその一つですよ。広重が描いた茶屋がちょうどこの辺にあったんで、それじゃあおもてなしの茶屋を作ろうってね」

いまでは東海道を歩いている人のほとんどが立ち寄る上、地元の人たちの交流の場でもあるらしく、そういう話をしているそばから、初老の男性が入ってきてはお茶を飲んでくつろいでいる。

「無料休憩所と観光案内所を兼ねたようなもんです」

ならばと、先ほどから気になっていた道標について尋ねてみることにした。ここに来るまでの東海道沿いで、「従是油山道」とか「是より可睡三尺坊道」などと刻まれた道標をたびたび目にする機会があったからだ。

「袋井には遠州三山と言って、有名なお寺が三つあるんです。油山寺《ゆさんじ》に可睡斎《かすいさい》、法多山《はったさん》ってね。ご利《り》益《やく》があるんで、昔の人は東海道を歩きながらそちらにも足を延ばしたもんです」

油山寺は行基開基と伝わる、眼病平癒にご利益がある真言宗の寺。可睡斎は明治の神仏分離で秋葉《あきは》山《さん》から三尺坊大権現が遷され、火防霊場となった曹洞宗の寺。法多山は寺名を尊永寺といい油山寺同様行基によって開かれたと伝わる真言宗の寺で、厄除けにご利益があるらしい。

現代人が徒歩で寄り道するには、どこもやや遠い。またの機会にしようかと思っていると、本数は少ないが袋井駅からバスが出ているという。休ませてもらったおかげで、だいぶ体力は回復したし、バスなら行けないこともない。物は試しと駅に向かったところ、それほど経たないうちに可睡斎に向

西から見た袋井の旧東海道

遠州三山の一つ、可睡斎

かうバスが来た。

のどかな田園の中でバスを降り、土産物屋が並ぶ道を進むと、突き当たりに総門が見えてくる。門の両側で「秋葉総本殿三尺坊大権現」の大きな幟がはためいている。十万坪という境内の奥には杉林が拡がり、自然に抱かれた寺だが、全体として新しく整備された感じがする。

御由緒によると、可睡斎は室町時代の応永年間に如仲天誾《じょちゅうてんぎん》によって開かれ、はじめ東陽軒といったが、十一代住職等膳和尚の代に可睡斎に改められたという。

石段を上がり山門をくぐると奥に本堂、そこからさらに奥に進むと、御真殿と呼ばれる建物がある。秋葉信仰の三尺坊大権現がお祀りされているのは、この御真殿だ。

秋葉詣《あきはもうで》が盛んだった江戸時代、秋葉山には神仏習合の神である秋葉三尺坊大権現がお祀りされ、そこに秋葉神社と別当寺の秋葉寺があった。秋葉三尺坊大権現といえば火防の神だが、除災開運、家内安全、授福繁栄のご利益もある。

ちなみに三尺坊は平安時代に実在した修験僧で、山中での修行で飛行自在の神通力を身につけ、秋葉山を安住の地としたと伝わる。飛行自在の身になったというのはあくまでも伝承、秋葉山にやってきてそこを修験の場としたことから、後に守護神とされたのだろう。庶民たちが比較的自由に旅ができるようになった江戸の中期以降、彼らはそうした神のご利益を求めて秋葉詣に出かけた。東海道はそうした秋葉詣の道でもあった。

　秋葉詣といえば、掛川の西の大池橋に、秋葉道との分岐合流点があったことを思い出す。東海道を歩きながら、秋葉山までの寄り道はとても無理なので、ここでお詣りが出来るのはありがたいとも言えるが、そうなった背景に明治の神仏分離があるので心中複雑でもある。

　神仏分離後、秋葉山はどうなったかといえば、秋葉大権現を神社にすることとし、山には秋葉山本宮秋葉神社上社が、南東麓には下社が置かれ、御祭神は火之迦具土大神《ひのかぐつちおおかみ》とされた。また下社の近くにあった秋葉寺は廃寺になり、明治六年（一八七三）可睡斎に寺宝が遷されている。秋葉三尺坊大権現が可睡斎に遷《うつ》されたのもそのときで、以来可睡斎は秋葉信仰の総本山としていまも信仰を集めているが、こういう話に接するたびに、神仏が習合した日本独自の信仰形態をどうして守り伝えようとしなかったのか、他に方法はなかったのかと思わずにはいられない。

「これからご祈禱がありますから、よかったらご一緒にどうぞ」

お坊さんに声をかけられた。

　願ってもないことと、薄暗い堂内の隅で正座をして待っていると、七十代ぐらいの男女七、八人が入ってきた。その人たちが祈禱を申し込んだということらしく、導師が入場すると太鼓の音とともに読経が始まった。彼らは二つのグループで、一組は大阪から、もう一組は三河安城《あんじょう》から来たという。

　秋葉山からここに遷されても、三尺坊大権現の信仰は広く生きている。その様子を目の当たりにしたせいか、脳天に響き渡る太鼓と読経の声に身をゆだねているうち、心地よい安堵感に包まれていった。

祈禱が終わり御真殿の外に出ると、灼熱の陽光と共に蟬の合唱が頭上から降ってきた。

観光案内所を兼ねたどまんなか茶屋

29

見《み》付《つけ》
悉平太《しつぺいた》郎《ろう》伝説

見付に着いたのは、夕方の五時頃だった。袋井から見付まではおよそ六キロ、普通に歩けば一時間半ほどの距離だが、何しろこの日は暑く、予定を大幅に上回ってしまった。今にも倒れ込みそうな足取りでたどり着いたので、見付の町をゆっくり見るのは次回にしようかと思っていたが、いざ到着すると欲が出る。

見付は現在の磐田だ。律令制の時代にはここに国府が、中世には守護所が置かれた遠江国の中心的な政治都市で、中世の終わり頃には町人たちによる自治都市に発展。その勢いは、戦国時代遠江にまで勢力を拡大した今川義元の支配の手を退けるほどだったという。見付はまた中世の東海道の宿駅で、江戸時代には言うまでもなく五十三次の宿場町でもあった。

そういう土地なので、見付には古い神社やお寺、史跡が多い。せっかくなので日が落ちるまでそのいくつかに立ち寄ってみようと、まずは矢奈比賣《やなひめ》神社に向かった。

矢奈比賣神社は、東海道から北に数百メートルの高台にある。きつい坂を上った先に白い鳥居。後ろを振り返ると、眼下に隙間なく家々が建ち並ぶ見付の町が拡がっている。

二つ目は赤い鳥居で、その脇には狛犬ならぬ、普通の犬の銅像が立ち、霊犬悉平太郎《しっぺいたろう》と書かれている。

霊犬悉平太郎とは何だろう……と思いながら、境内に入ると、青銅色の屋根が印象的な社殿が目に飛び込んできた。主祭神は神社の名前にもなっている矢奈比賣大神という女神で、正暦四年（九九三）には相殿の御祭神として菅原道真も祀られたようだが、霊犬悉平太郎については何も記述がなくわからない。

お詣りを済ませ、さらに境内奥に進む。手入れの行き届いた庭園の先に白い小さな鳥居と祠、霊犬神社とある。どうやらそこが、霊犬悉平太郎がお祀りされているお社らしい。

御由緒によると、悉平太郎というのは古くから見付に伝わる人身御供伝説に登場する霊犬で、伝説というのは次のような話だった。

昔から見付では、毎年矢奈比賣神社の祭のとき、白羽の矢が飛んできた家の娘を人身御供として捧げる風習があり、そのたびに村人たちは悲しみにくれていた。偶然見付を通りかかった僧が調べてみると、それは妖怪の仕業とわかる。しかもその妖怪は信濃にいる悉平太郎を恐れているという。僧は早速悉平太郎を探しに信濃へ向かう。すると地元では、光前寺で飼われている犬が悉平太郎だという。事情を話し、見付に連れて来られた悉平太郎は、無事妖怪を退治したが、その時の傷がもとで死んでしまったことから、こうしてお祀りしているという。

いかにも伝説らしい話だが、霊犬といえば藤枝で立ち寄った鬼岩寺境内にも、霊犬クロをお祀りする黒犬神社があった。クロは遠州の春埜山《はるのさん》から来た犬と言われる。春埜山は秋葉山の東六キロほどの

東海道は左折、正面奥に直進する道が姫街道

矢奈比賣神社（見付天神）

ところにあり、山中の大光寺は修験道の山犬信仰で知られている。藤枝の鬼岩寺に伝わる霊犬伝説は、遠く離れた春埜山の信仰が藤枝にもたらされたということだろうが、見付の悉平太郎もそれと何か繋がりがあるかもしれない。

悉平太郎がいたという信濃国の駒ヶ根は、秋葉山や春埜山から六十キロ以上北に離れているが、駒ヶ根は天竜川の上流にあり、川に沿って伊那街道が通っている。

この伊那街道は、駒ヶ根からさらに北に行くと塩尻に至るように、塩の道でもあった。塩尻といえば、牧之原の相良《さがら》から掛川を経て北上する塩の道もそこを通っている。

静岡県から長野県にかけての山中には、たくさんの塩の道が巡り、古来さまざまな往来があった。

悉平太郎は駒ヶ根では早太郎、疾風太郎などとも呼ばれていたらしい。山中を疾風のごとく駆け抜けるといえば、白装束に身を包んだ修験者が思い浮かぶが、秋葉山も春埜山もまさに修験の山だった。

修験道の広まりとともに、山中で修行する行者たちの山犬信仰が、いつしか塩の道と呼ばれる街道を通じ各地に伝播していったのではないか……。

東海道の奥行き、幅の広さを感じさせる伝説に、想像力をかき立てられた。

東海道に戻り、問屋場跡や脇本陣跡の表示を見ながら、かつての宿場の中心をゆっくり西に進んだ。東海道はその先の交差点を左、つまり南に折れ、県道四十四号線を南へ進むが、その交差点で姫街道《ひめかいどう》という表示に目が留まった。そのまま直進する道が姫街道だが、この道は今切《いまぎれ》の渡しを避け、浜名湖の北を通って御油《ごゆ》に抜ける東海道の脇街道で、この先何カ所か姫街道に通じる分岐点があり、ここ見付は最初の追分になる。

その交差点を右、つまり北に行くと、かつて一の谷遺跡のあった水堀地区に至る。一の谷遺跡は様々な埋葬形態を伝える、中世の大規模な墓地遺跡で、宅地開発のための事前調査によって八〇年代半ばに発見されたが、各方面から保存が叫ばれたにもかかわらず、宅地開発が優先されるという残念な結果に終わってしまった悲運の遺跡だ。いまそれについては深く立ち入らないが、一の谷遺跡は見付の町の北西高台にあった。中世の見付に暮らし、その発展を支えてきた祖霊を祀るのに、これ以上ふさわしい場所はない。

他方、先ほどお詣りした矢奈比賣神社は、町の東の丘陵に鎮座している。この神社では夏に裸祭という奇祭が行われるが、中心は女神が男神の元へ遷幸される神事だ。町中の灯りを消し暗闇を神が移動する瞬間は実に神秘的だが、これはつまり神々の婚姻、ひいては新たな生命の誕生を象徴している。

見付の町を東海道が東西に横切る。そこに北東と北西から丘陵がなだれ込む地形を生かしただけのこと。そう言ってしまえばそれまでだが、生と死を町の東西に絶妙に配した、古の都市計画を見たような気がした。

30 浜《はま》松《まつ》

伊場遺跡哀史

東海道を歩いていると、自然と目は東西に向けられるが、富士川、安倍川、大井川といった大河川から、南北の道の存在も教えられる。たとえば富士川沿いには身延《みのぶ》道があり、甲斐国と駿河国が結ばれていた。角倉了以《すみのくらりょうい》のお陰で、川もまた甲斐国と駿河国を舟運によって結ぶ道になったように、南北の道とは川に沿った街道だけでなく、川の流れそのものでもある。

いま到着した天竜川も、南北に意識を向けさせられる。信濃国の諏訪湖に発し、木曽山脈と赤石山脈の間の伊那谷を貫流しながら遠州平野を一直線に南下する天竜川は、全長二百十三キロの大河だが、天竜川というと掛川で知った塩の道を思い出す。この道は相良《さがら》から掛川を経て北上し、信濃国の塩尻に至る。秋葉信仰の聖地秋葉山を通ることで、秋葉街道とも呼ばれるその道は、天竜川にぴったり沿うように信濃国を縦断している。

橋から川を覗き込むと、天竜川は灰色を混ぜた緑色を湛え、湖のように制止している。

片側四車線、左端に広い歩道のついた新天竜川橋を渡り終えると、いよいよ東海道の旅も後半に入る。

対岸は中野町、東海道の中間にあることからついた地名だ。明治になり天竜川が物流の道として使われるようになると、中野は物資の集積場として賑わった。運ばれたものは木材や鉱石など。帆掛け船が停泊し、船頭宿や小料理屋が軒を連ねていたというが、現在の中野は静かな住宅街だ。迷うことのない一本道を、ひたすら西へ歩いたが、あまりの暑さで、体が思うように前に進まなくなってきた。

それもそのはず、新天竜川橋の電光掲示板は三十四度を示していた。予報では三十度程度、それならばと出発したが読みが甘かった。途中何度も立ち止まりながら、二時間以上歩いただろうか。暑さで霞んだ先に、超高層ビルが見えてきた。アクトタワーといい、地上四十五階建て、高さ二百十三メートル。浜松駅のすぐ北にあるので、このビルが間近に見えてきたらかつての浜松宿はすぐと思ってよい。馬込川に架かる橋を渡ると、ようやく浜松だ。大きく安堵の息を吐き、ペットボトルのお茶を飲み干した。

オフィスビルが建ち並ぶ浜松は、久々に都会的な感じがする。見上げると、先ほどまで正面に見えていたアクトタワーはマンションの影に隠れてしまったが、数十メートルして左を見ると、また姿を現す。円柱を両手でつぶしたような独特の形は、音楽の町らしくハーモニカをイメージしているのだという。そう思えば、そう見えなくもない。

この超高層ビルは、浜松駅前に造られた複合施設の一つで、国内初という四面舞台を持つ音楽ホールが入った建物や楽器博物館が、タワーに隣接して建っている。竣工は二十年ほど前だが、バブル期の再開発の産物と単純に片付けることのできない複雑な歴史を背負っている。

アクトタワーは、新幹線敷設に伴う東海道本線の高架化や貨物駅移転の結果、浜松市が旧国鉄か

六軒あった本陣の一つ、梅屋本陣跡

伊場遺跡

ら取得した土地に建てられた。その際浜松駅の南西二キロほどの伊場が、この土地の代替え地として貨物駅建設に充てられたが、伊場は縄文時代から平安時代にかけての複合遺跡があった場所だ。しかも弥生時代の遺構については、昭和二十九年（一九五四）静岡県の史跡に指定されていた。

　にもかかわらず、高架化や貨物駅移転が決定し、静岡県は史跡指定を解除、土地を旧国鉄に渡したのだ。一度史跡に指定したものを、開発のために指定を解除するなどありえないだろうと、最初は信じられなかったが、何度確認してもそれは事実だった。

　結局遺跡は埋め戻され、その上を貨物の引き込み線が通り、申し訳程度に一部が公園として整備されているのが現在の姿だ。史跡指定を解除された土地に貨物駅が移転、それによって空いた土地にアクトタワーが建っている。アクトタワーには何の罪もないが、四十五階建ての超高層ビルがどこからでも目に付くだけに、これを見るとその影で犠牲になった伊場遺跡のことにどうしても思いがいく。

　この遺跡は、第二次大戦中の空襲によって空いた穴で遊んでいた地元の中学生が、土器の破片を発見したことに始まり、その後の発掘調査で縄文時代から平安時代までの遺物や遺構が数多く出土したことから、当時大きな話題になった。

　弥生時代の環濠跡や祭祀で用いたと考えられるひれ付き土器の発見は、

伊場の集落が神聖な場所だった可能性を伝えているという。

律令制の時代の遺構も人々を驚かせた。多くの柱の発見から、その時代伊場には役所のような建物があったと考えられ、そこから百八点という大量の木簡も出土した。地方でこれだけの数の木簡が見つかったのは例がないらしい。

こういう話は、いま聞いても心躍らされるが、昭和二十四年（一九四九）に県の史跡に指定された後、発掘されたままの状態で放置され、雑草が生い茂りゴミ捨て場にされたこともあったというから、何のための史跡指定だったのか。そこには古代の人々の暮らし、日々の営みに対する敬意が少しも感じられない。

いつの間にか、体の火照りもおさまっていた。アクトタワーを見上げながら浜松の中心部を抜け、伊場遺跡があった公園に向かった。

早速園内に足を踏み入れると、ウナギの寝床のように東西に細長い公園はきれいに整備され、古墳時代の住居や弥生時代の環濠跡の一部、古墳時代から平安時代にかけて掘られたと思われる大溝跡の一部などが復元されていた。それらを前に、ようやく気持ちが落ち着いてきたが、ここに見えているのは貴重な遺跡のごく一部に過ぎず、埋め戻されてしまった遺跡の上には、現在線路が敷かれている。

地元の人の散歩コースになっているらしく、早足に向こうからやってきた中年女性とすれ違う。犬と一緒に、後ろから私を追い越していく人がいる。ゴミ置き場にされるよりは、一部でも復元された現状のほうがまだよい。木陰のベンチに腰を下ろし、復元された園内を漠然と眺めていたら、リードを外された犬が、弾むように遺跡の周りを走り、それに驚いた雀が一斉に飛び立ち、周囲が一瞬ざわめいた。

古代この場所で祭祀を行った長はどんな人だったのだろう。考えるともなしに、思いを巡らせていると、このすぐ近くに賀茂真淵の生誕地と真淵をお祀りする神社があったことを思い出した。近くには鴨江という地名も残っている。

賀茂真淵は代々賀茂神社の神官を務めてきた岡部家の三男だが、祖先を辿っていくと京都にある賀《か》茂別雷《もわけいかづち》 神社（上賀茂神社）の神官に行きつき、さらに遡ると、現在の奈良県葛城地方で、弥生時代に陸稲《りくとう》や稗、粟などの畑作農耕に従事した鴨族に繋がるという。一説には、鴨族は葛城地方で畑作に従事した後、弥生時代中頃から水稲栽培を始めるようになったようで、日本列島に稲作が伝播していった背景に、鴨族が大いに関わっていたとも言われる。

広重「浜松〈冬枯ノ図〉」

伊場遺跡からは弥生時代の環濠跡が見つかっているが、環濠集落の伝播は稲作のそれと関係が深い。鴨族が伊場に稲作を伝え、そこで豊作を祈り祭祀を執り行ったとしたら……。

伊場は斎場、つまり祭祀を行う場所に由来するという説があるらしい。空想はさておき、ここは地名からして神聖な場所だったようだ。

31 舞《まい》坂《さか》

今切《いまぎれ》という境界

鬱蒼とした松並木を抜けると、舞坂に入る。

いまは舞阪と書くが、五十三次の時代は舞坂だった。ついでに言えば、中世には舞沢、廻沢、前坂などと呼ばれた時代もあった。舞坂のあたりは、天竜川の漂砂によって形成されていることから、地形に変化が生じやすい。舞沢や廻沢はおそらくそうしたことに由来するのだろうが、最大の変化といえば、室町時代、明応の大地震によって生まれた今切《いまぎれ》だ。

舞坂と新居の間には浜名湖がある。当初この湖は海と隔てられており、両者は陸続きだったが、地震によって生じた今切によって、陸路が途切れた。舞坂から新居までのおよそ一里を舟で渡らなければならなくなったのだから、旅人も大変だ。

舞坂はそうしたことから渡船を請け負う宿場で、宿場規模に見合わず二軒の本陣と一軒の脇本陣があった。宿場の入り口には、見付、つまり見張番所の石垣が残っている。日本橋を発って間もない高

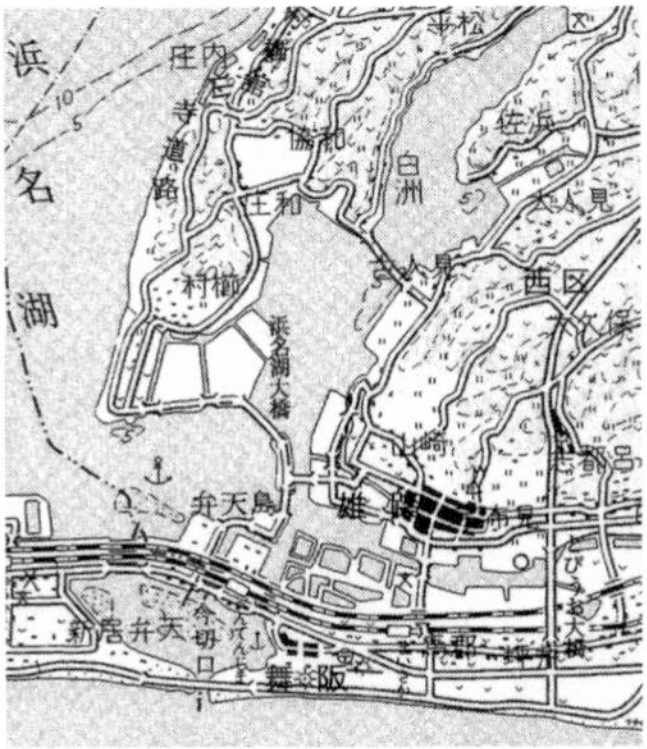

輪で見たのは、高さ二メートル近い立派な石垣だったが、ここ舞坂のは、ひょいとそこに腰掛けることができそうなくらい小さい。

早速かつての宿場に入っていく。道の両側にシラスや海苔を売る店が並び、いかにも湊町といった風情だ。シラスといえば、由比にも桜エビとともにシラスを売る店が何軒もあったが、遠州灘でもシラスがよく採れるようで、舞阪漁港は県内でも一、二の水揚げという。

とある一軒に入ってみる。店内には、大きさや干し具合の異なるシラスが何種類も並んでいる。

「食べてみて」

そう言いながら、奥さんが次々に違うシラスを手に乗せてくれる。

この日の旅が舞坂までなら数種類買っていくところだが、この先弁天島を経て新居までは行きたいので、よく乾燥したチリメンをもらうことにした。

舞坂は小さな宿場だったので、あっという間に浜名湖に突き当たるが、湖岸手前に復元された脇本陣がある。資料館として公開されているので入ってみると、六十ぐらいの女性が迎えてくれた。

「ここは茗荷屋という脇本陣でした。書院棟だけ残ってまして、それを解体したら、天保九年とあったので、築百六十年以上になります。母屋も復元して、平成九年にこうして昔の姿が蘇りました」

東海道を歩いているのだと言うと、「でしたら脇本陣の建物を見るのは初めてでしょう」と得意そうだ。本陣はこの先二川《ふたがわ》や草津にあるが、脇本陣が残っているのは舞坂だけらしい。

二階建てというのも珍しい。おそらく最初は旅籠《はたご》として使われていたのだろう。一階には中廊下が南北に通り、その左右に部屋がいくつも並んでいる。奥の書院棟には床の間を備えた上段の間があり、二軒ある本陣が満室のときはここに大名が泊まることもあったという。ひんやりした畳の感触と、建物内を吹き抜ける風のお陰で、額から流れ落ちる汗が引いていく。

展示を順に見ていたら、とある掛け軸に目が留まった。

「これはこの先新居の関所を通るために書かれた、女手形の複製です。新居の関所も箱根と同じで、『入り鉄砲に出女』が厳しく取り締まられたので、こうした手形が必要だったんですね。今切を船で渡らないといけないし、関所はあるしで、特に女性の旅は大変でした」

見付を起点に、浜名湖の北を通り御油《ごゆ》に抜ける道を姫街道と言うが、これは浜名湖の今切れを避けた女性が多く通ったので、そう呼ばれるようになったと聞いたことがある。とはいえ、姫街道には気賀《きが》の関所があった上、険しい本坂《ほんさか》峠を越えなければならず、決して楽な道ではなかったので、女性が好んで通ったというのは必ずしも当たらないだろう。むしろ、ひねた道が姫になった説の方がもっともらしい気がするが、それはともかく「昔は舞坂新居間の婚姻はなかったんですよ」と言うように、今切と新居の関所の存在が、六キロに満たない舞坂と新居を近くて遠い存在にしてしまったようだ。

では習慣も違うのだろうか。

「微妙に言葉が違いますね。たとえば舞坂では『いる』と言いますけど、新居では『おる』なんです」

今切が出来たことで、舞坂新居間に婚姻や言葉の境界が発生したのか、それともそれ以前からなのかはわからない。現在両者は橋で結ばれているので、昔のような隔たりはないし、「いる」と「おる」の使い分けにしても個人ごとの違いだろうが、この辺に東西を分けるさまざまな境界線が存在していることは確かのようだ。

脇本陣を出ると、雁木《がんぎ》と呼ばれる渡船場跡を見ながら弁天島を目指した。弁天島も今切と同じように明応の大地震で生まれた。当初は西野とか狐島などと呼ばれていたが、江戸時代に弁天神社が勧請され、島の名前も弁天島になった。

石垣の先がかつての舞坂宿

浜名湖南端。弁天橋を渡って弁天島へ

舞坂と弁天島の間に、赤い弁天橋が架かっている。右には国道一号線の橋やＪＲの線路が並行し、数分おきに新幹線が猛スピードで走り抜けていく。左を見ると、国道一号線のバイパスである浜名大橋が見える。

先ほど目にした渡船場跡に始まり、ここにも近現代の全交通史が凝縮している。由比や宇《う》津《つ》ノ谷《や》と同様に、異なる時代の交通路が近接しているのは、そこに造らざるを得ない事情があった、つまりそれだけそこが交通の難所だったということだが、弁天橋から見える現在の浜名湖は至って穏やかで、かつて荒波を受け船が転覆することもあったという、命がけの今切の渡しが嘘のようだ。

弁天島に弁天神社をお祀りしたのも、航海の安全を願ってのことだが、現在のように橋で浜名湖を横断する時代、航海安全と言われてもぴんと来ないだろう。先ほどから湖面に赤い鳥居が見えるので、てっきり弁天神社の鳥居だと思っていたら、何のことはない、これは鳥居ではなく観光用に立てたシンボルタワーなのだという。

湖面は日ざしを受け、強い光を放っている。しばらくして目が慣れてくると、鳥居型のシンボルタワーの奥に、いかり瀬と呼ばれる浅瀬が見えてくる。左に目を転じると、先ほども見えた浜名大橋が、水平線を強調するように空と湖面の境界に一本の線を引いている。肉眼で捉えることはできないが、浜名大橋の向こうには遠州灘が拡がっている。

今切が出来たことで、浜名湖は外に向かって開かれた。

そこを船で横断しなければならなかった昔の旅人にとって、今切はやっかいな存在だったが、これができたことで湖周辺にもたらされたものも多いだろう。

いつかそれを探す旅に出てみようか。

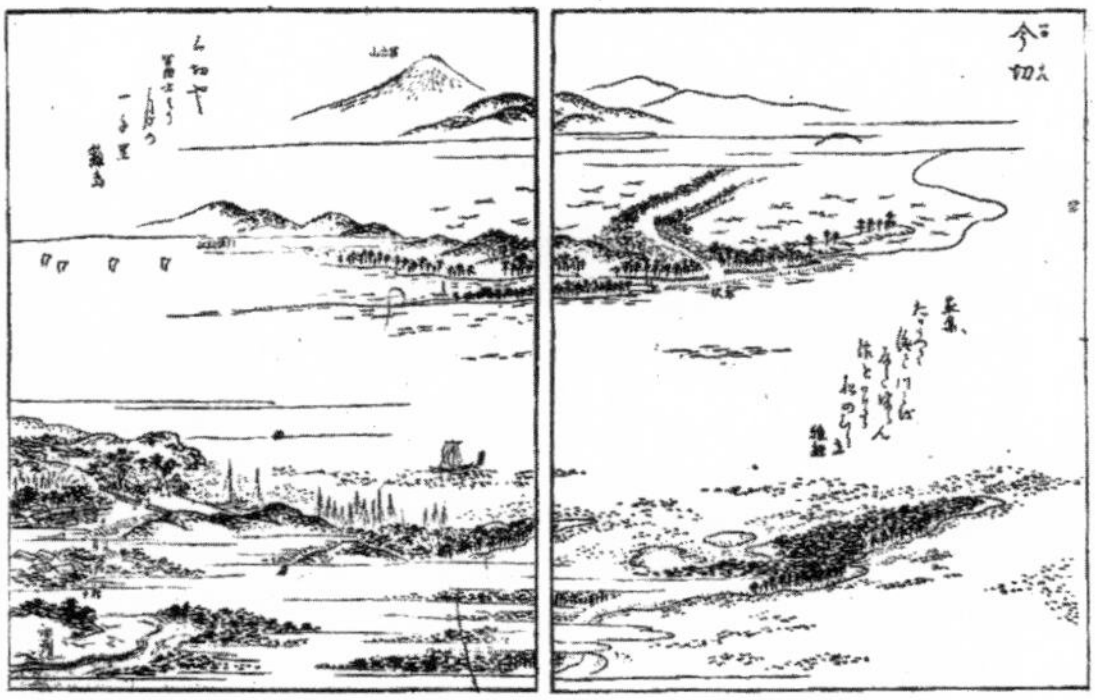

『東海道名所図会』より「今切」

IV

新居から宮へ

広重「御油〈旅人留女〉」

32

新《あら》居《い》

見立ての浜名湖風景に風吹き抜ける

古代、琵琶湖は都に近い湖ということから「近つ淡海《あわうみ》」と呼ばれ、浜名湖は都から遠く離れているので「遠つ淡海」と呼ばれた。名前からして一対の感じだが、実際浜名湖の北を通る姫街道を歩いたとき、ときおり湖の見える緑豊かな街道や、自然の中にひっそりとたたずむ古社寺の雰囲気に、琵琶湖の北、湖北地方と呼ばれる各地を訪ね歩いた記憶が蘇り、琵琶湖周辺にいるような気がしたものだ。

浜名湖の北東に、気賀というところがある。そこの龍潭寺《りょうたんじ》で拝観した小堀遠州作と伝わる庭は、緩やかな築山に小さく刈り込まれた皐月《さつき》がリズミカルに配され、整然とした中にも小気味よさを感じた。同じく気賀には長楽寺という古刹もある。そこの満天星の庭と呼ばれる庭も印象深い。遠くに望む大きな岩までをも借景に取り込んだ、スケールが大きく野趣に富んだ庭で、こちらも遠州作と伝わる。

三ヶ日にある摩訶耶寺では、中世の趣を残した高貴な庭を堪能した。ここの中世庭園は、日本よりも海外での知名度の方が高いらしいが、いずれの庭も個性的で、京都や奈良の名園と言われるものに

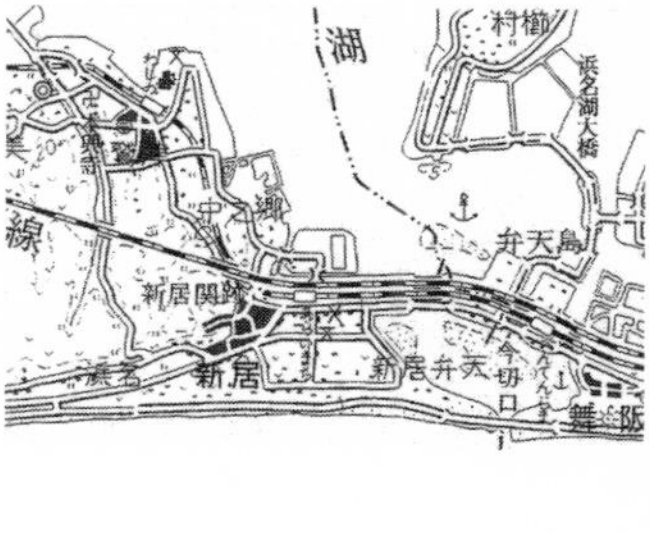

全く引けを取らないにもかかわらず、観光化とは無縁で、人知れず守られていることに驚いた。そういうものを目にしたときの喜びは、何物にも代えがたい。

それはともかく、そのとき気賀の長楽寺で、寺を管理している奥さんからこんな話を聞いた。

「名園を持つお寺は浜名湖の北に多いんですけど、南にも一つあるんですよ。本興寺《ほんこうじ》といって、庭はここと同じ遠州作と言われてますし、谷文晁の襖絵も見応えがあります。文晁寺って言われるくらいで」

場所を尋ねると、新居から北西に三キロほどの、鷲津だという。東海道の旅が新居まで来たら足を延ばしてみようと、そのときから楽しみにしていた。

新居の関所は、江戸時代に設けられた関所の中で、建物が現存する唯一のもの。復元修理された建物内に、取り調べの様子を再現した人形が並ぶ。その見学を終えると、新居駅に戻り、豊橋行きの東海道線に乗った。

新幹線と並行して走る東海道線は、新居を過ぎると北に向きを変える。鷲津は新居から一駅、浜名湖に向かって突き出た小さな半島の付け根の町だ。

お寺は湖岸から五百メートルほど南、周りを丘陵に囲まれている。塔頭《たっちゅう》を見ながら静かな参道を歩いていくと、正面奥の木立の隙間から茅葺き屋根が顔をのぞかせている。本興寺の本堂で、戦国時代の天文二十一年（一五五二）に修復されたものという。天文年間といえば、今川義元が尾張進出への足がかりを築いていた頃だ。各地で戦が起きていたはずだが、幸いここは戦乱を免れたらしい。

本興寺の創建は、それより二百年近く遡る南北朝時代の永徳三年（一三八三）。越後国本成寺《ほんじょうじ》の日陣聖人が、東海地方を巡礼中、当地にあった真言宗のとある寺の住職に教えを施し、法華宗に改めた

新居関所（国指定特別史跡）

鷲津の本興寺

ことに始まると言われる。

方丈の扉をくぐると、受付に座っていた六十代ぐらいの女性の顔がぱっと華やいだ。拝観に訪れる人は稀なのだろう。

「上がって左の大書院にお進みください。すぐに雨戸を開けますから、先に室内をご覧ください」

早速上段の間に向かう。半開きにした襖から床の間の壁まで、一面文晁の山水図で埋めつくされている。文晁の作品があるというので訪ねてきたが、これほどとは思っていなかった。

向かって左の壁には夏の景色、正面の床の間には冬、正面右の壁には秋の景色が並び、襖の内側には春の景色が描かれている。襖と壁合わせて十五面、四季山水で埋めつくされたその部屋は、中に入ることはできなくとも、手前の部屋や縁側からでも十分空間の拡がりが感じられる。なだらかな山を背に、小さな集落に霞がかかった春が特にいい。しっとりとしたその場の空気が画面の外にまであふれ出してくるようで、思わず深く息を吸い込む。

これはまるで、以前訪ねた早朝の奥浜名湖のようではないか。

そう思って他の絵に目を転じると、切り立った岩が印象的な夏の絵も、わき上がる雲が空の高さを感じさせる秋の絵も、どれも浜名湖周辺の風景に思えてくる。

本興寺の山水図は、文政十年（一八二七）大書院落成に合わせ、当時

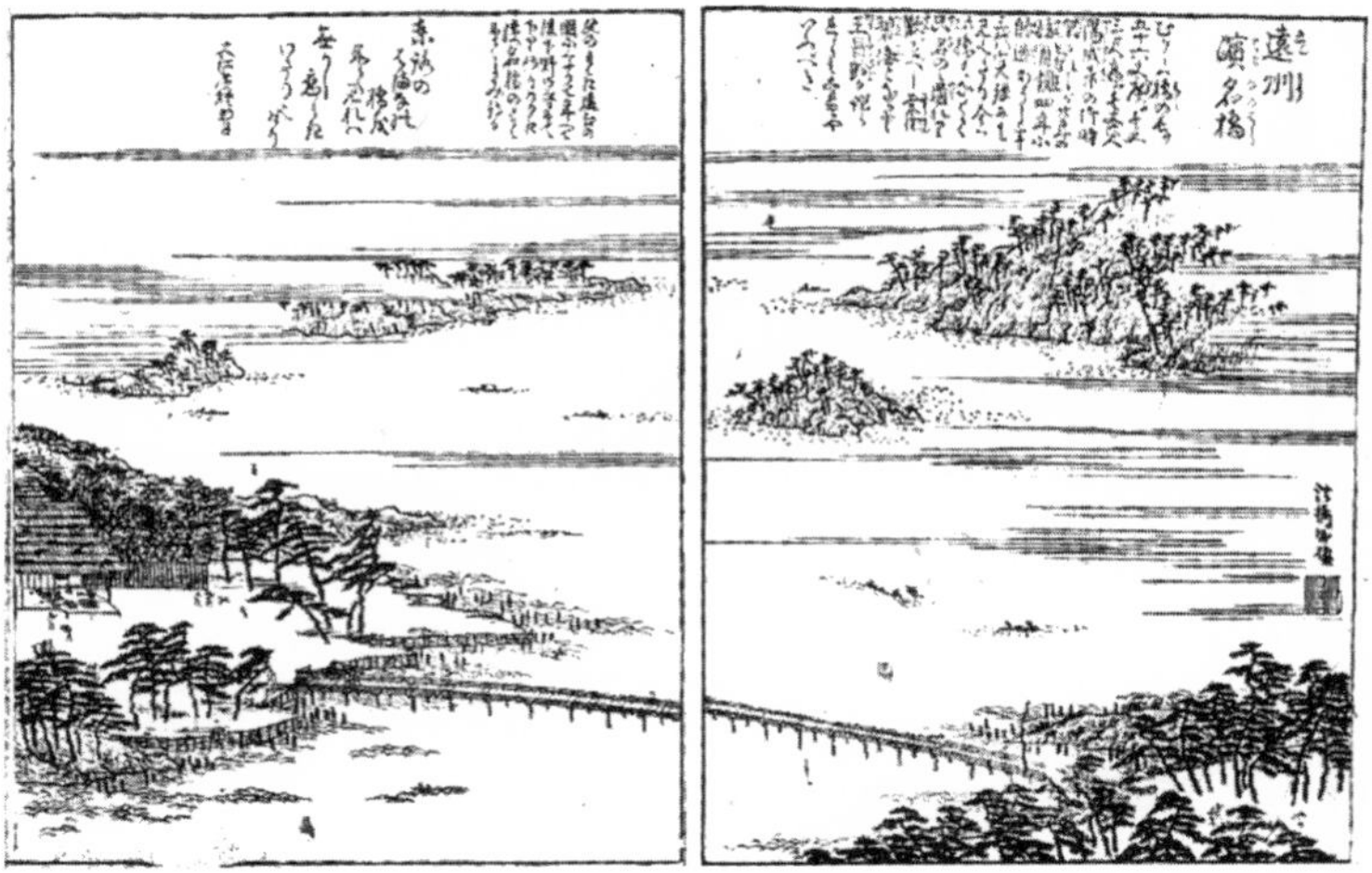

『東海道名所図会』より「遠州浜名橋」

の住職が知り合いを通じて、江戸にいる文晁に依頼したものだという。春の絵は文晁自身も気に入っていたのか、落款が金になっている。

その春にもう一度目をやると、海風とは違う湖ならではの優しい風が、水辺の香りをこちらまで運んでくれたよう、空想の風に思わず目を閉じた。

さわさわさわと木々の揺れる音がする。いつの間にか、雨戸が開けられ、遠州作という庭が姿を現していた。

本興寺の庭が遠州作という確かな証拠はないが、この寺は江戸時代家康から御朱印地を拝領するなど、徳川家と結びつきを持っていた。江戸幕府の作事奉行だった遠州が、名古屋城や伏見城などの普請の際、鷲津に立ち寄った可能性はあるだろう。また遠州は駿府城普請の功績により従五位下遠江守に叙任されていることから、遠江国との繋がりもあった。

庭は西側の丘陵を借景にした池泉観賞庭園。向かって右奥には吉田城から移築したという奥書院も見える。移築は元禄十一年（一六九八）、遠州が活躍した時代より一世紀近く後なので、いま目の前に拡がっている庭は作庭当初とはだいぶ異なる。とはいえ蓬莱式という庭の基本は現在まで受け継がれているはずと、亀島や鶴島らしき場所に視線を移すも、池の表面は水中植物で覆われ島の形がはっきりしない。

庭は植生が変わると、造園当初の作者の意図がわかりにくくなる。それが庭の難しいところだが、目の前の庭は自然の流れに身を任せたような鷹揚な雰囲気で、かえってそれが歩き疲れた私には心地良い。しばらく縁側に腰を下ろし庭を眺めていると、これもまた浜名湖の風景のように思えてくる。

新居までの道中、期待していたような湖水風景を見ることは叶わなかったが、本興寺で別の意味において浜名湖の風景に出会えた。こういう風景の観賞があってもよい。

三軒あった本陣の一つ、飯田本陣跡

33

白《しら》須《す》賀《か》

歌枕秋景

中世、今切《いまぎれ》が出来る以前の浜名湖は、浜名川によって海に通じ、河口付近に架けられた橋の袂には橋本宿が置かれていた。現在浜名川はないが、当時は新居から三キロほど西に河口があったらしい。橋本という地名も残っていないが、新居の関所を過ぎ、南に折れた旧道が国道一号線に合流したあたりが、かつての橋本だ。

すみわたるひかりもきよし白砂のはまなのはしのあきの夜の月　　藤原光俊（『新勅撰集』）

ここに歌われているのは、浜名橋の風景だが、橋本や浜名川、浜名橋はどれも歌枕として知られていた。

これまで歩いてきた東海道沿いの風景の中で、これほど多くの人たちが心に留め、歌や紀行文に残

した場所は他にあっただろうかと思うほど、このあたりを詠んだ歌は多い。
湖水の風景は、海のそれと違い、微妙な中間色を湛え陰影に富んでいる。それが旅人に詩心を芽生えさせたのだろうか。地名も含めすっかり様変わりしてしまったいまは、古人《いにしえびと》が残した言葉から当時の風景を想像するしかない。

多くの旅人の心を捉えた中世の宿場・橋本を過ぎた頃から、東海道沿いでは民家もまばらになり、色づいた稲穂や道路脇に咲く彼岸花が目に付くようになる。やがて右に小高い山並みが見えてくる。標高はせいぜい百メートルほどで、緑の壁のように続く。どこまで続いているのかわからないが、白須賀の先までの断続的な丘陵らしい。

この山並みは中世高師《たかし》山《やま》と呼ばれ、ここも多くの歌に詠まれた歌枕だった。阿仏尼は『十六夜日記』で「高師の山も越えつ。海見ゆる程、いと面白し。浦風荒れて、松の響すごく、浪いと荒し。」と述べた後、次の歌を詠んでいる。

わがためや風も高師の浜ならむ袖のみなとの浪はやすまで

もう一首、これは西行だ。

朝かせにみなとをいつる友舟はたかしの山のもみちなりけり　（『夫木和歌抄』）

前回東海道を歩いたときは、厳しい残暑に参ったが、一月違うともうすっかり秋の空で、ときおり吹き抜ける風が心地よい。かつて歌枕として知られた高師山を右に見ながら、長閑《のどか》な旧道を西に向

白須賀の町並み

潮見坂から見える遠州灘

かって歩いた。

先日の台風で倒された稲穂が、田圃に模様を浮かび上がらせている。ところどころで稲刈りが終わり、刈り取ったばかりの稲穂が稲架《はさ》に架けられ、風に揺れている。上を見れば椋鳥の群れ。上空を旋回しながら、着地点を探っているようだ。

道ばたに咲く彼岸花。民家の庭先で色づきはじめた柿。透明な青空を覆う鰯雲。白須賀に向かう東海道は秋の気配に満ちあふれ、久しぶりに歩く楽しみを実感する。

海岸線と並行するように西に向かっていた東海道は、潮見坂で北に向きを変え、海から遠のいていく。坂はかなり急だが、その分眺望もきいたようで、ここも古来歌枕として知られた名所だった。

今ぞはやねがひみちぬる塩見坂心ひかれしふじをながめて

足利義教（『覧富士記』）

室町幕府六代将軍足利義教は、富士遊覧の旅でこう詠んだ。潮見坂は西から東へと旅する人が、初めて富士山を見ることのできる場所だったのだ。

また潮見坂は、眼下に広がる広大な遠州灘の風景でも旅人の心を捉えた。西から東に向かう旅人にとって海は伊勢湾以来、外洋のスケールの大きさに感嘆の声を漏らしたことは想像に難くない。

潮見坂を上りきると、展望台のある小さな公園がある。そこから見える遠州灘は、広重の保永堂版「白須賀　汐見阪図」さながらで、左右を山に挟まれ逆三角形に青を湛えている。

しばらく海を眺めていると、西から一艘の船。おそらく漁船だろう。海は空と区別がつかないほど明るい青を湛え、静まりかえっている。

どこからか蜻蛉《とんぼ》がやってきては、また秋の空に消えていく。

海の風景は安らぎに満ちている。

潮見坂からの風景を目に焼き付け、白須賀宿に入っていった。

白須賀は遠江国の西端に位置していた。丸子《まりこ》や岡部がそうだったように、白須賀にも鉄道が通っていない。そういうところには、時計の針を巻き戻したような、どこかしら似た雰囲気が漂うものだ。実際白須賀には、灰色の瓦屋根や深い軒、連子《れんじ》格子《こうし》の家が続き、昭和二、三十年代の町に迷い込んだような感覚に陥る。そういう町でも本陣や脇本陣の建物は残っておらず、趣ある民家も江戸時代に遡るものではないが、白須賀を歩いていると懐かしい気持ちになり、同時に安堵感を抱く。

白須賀は当初潮見坂の下にあった。それが津波により、現在地に移転を余儀なくされたが、移転後は安泰というわけではなく、今度は冬の強い西風でたびたび火災に見舞われた。安永二年（一七七三）の大火では、二百戸近くが罹災したという。

津波にやられ、火災にやられ、そして明治になると鉄道の計画からはずされと苦難の連続だったが、鉄道が白須賀を通らなかったことは町並み保存のためにはマイナスではなかったはずだ。白須賀のような町並みは、五、六十年前なら至るところに見られた。決して特別なものではないが、いまとなっては貴重だ。いずれこれらの家々も、建て替えられていく。数年後に白須賀を歩いたら、もうこの町並みは残っていないかもしれない。

風景との出会いも一期一会。街道風景を目に焼き付け白須賀を後にした。

潮見坂

34

二《ふた》川《がわ》

小さな宿場の熱意

境川を越えると三河国、いよいよ愛知県だが、喜んだのも束の間、境界を越えるとすぐ旧道は国道一号線に合流し、落ち着いた白須賀の余韻がかき消された。

ここの国道は片側二車線、トラックや乗用車が猛スピードで走り抜けていく。しかも強い向かい風も吹いている。突風がサンバイザーのつばを顔に押しつけ、突然視界を奪ったかと思うと、今度は国道沿いに拡がる畑の赤土を巻き上げ、目を直撃もする。三河国に入ったとたん、何とも手荒い歓迎だ。

やがて東海道は新幹線に接近、その高架をくぐった北側から旧道が復活する。ほっとして周りに目をやると、道ばたには彼岸花。耳を澄ませば、小川が音を立てながら西に向かって流れ、土手の草が風に揺れている。その風は先ほどまでの強風ではなく、肌触りのよい優しい風に変わっている。それだけ遠州灘から離れたということだろうか。

のどかな道を進むと、大きな家の前に二川宿案内所という看板が出ている。ここから先がかつての二川宿らしい。

　二川宿はもとは農村だったところで、宿駅制度が設けられたのに伴い、東の二川村と西の大岩村を現在地に寄せ集め、正保元年（一六四四）に新しく作られた宿場だ。現在は落ち着いた住宅街で、所々に連子《れんじ》格子《こうし》の家が残り、どことなく先ほどの白須賀にも似ているが、各家が玄関先に「二」の紋を染め抜いた紺の暖簾《のれん》を掛けていることもあり、白須賀より宿場の面影が色濃い。かつての屋号を掲げた家も多い。

　そんな二川の町を歩いていると、切妻屋根の二階建ての家が少しずつ高さを変えながら四棟連続しているのが見えてくる。東駒屋と駒屋の建物で、駒屋は宿場時代に商家を営む傍ら問屋場を務めていたという。東駒屋はその分家で、西駒屋とともに醸造業を営んでいた*。格子戸が閉じられ中の様子はうかがえないが、江戸時代の商家の雰囲気を残しているのはわかる。

　駒屋を過ぎると、修理復元された旅籠《はたご》と本陣が現れる。旅籠は清明屋といい、柵越しに開け放された室内をのぞくと、宿に着いた旅人が草鞋《わらじ》を脱いで足を洗っている様子が人形で展示されている。隣の本陣では、袖塀の付いた表門に宿泊者の定紋が入った白い幔幕《まんまく》が張られ、風に揺れている。

　復元とはいえ、当時の姿が蘇っているということでは東海道中初めて目にする本陣だ。早速主屋に足を踏み入れると、先客に説明を終えたガイドの女性が近づいてきて「こちらは本陣家の家族が住んでいた主屋です。板の間は街道から長持や駕籠を運び込めるように、蔀戸《しとみど》になっています」と説明してくれる。見ると開かれた上部から板の間に光が入り、よく手入れされた板が黒光りしている。

「この本陣は馬場家が担っていましたが、馬場家に落ち着くまで二度ほど変わっています。最初は後藤家、次は紅林家、どちらも火事で焼け、再建できずに没落しました。紅林家が本陣職を辞した後、しばらく本陣のない時期があったんですが、それでは困るので、紅林家の親戚でもあった馬場家に本陣職を依頼し、ようやく引き受けてもらって復活しました」

馬場家は甲斐の武田信玄の家臣馬場美濃守信房の流れを汲み、二川宿が開設された寛文年間に伊勢から二川に移ってきたらしい。二川では当初農業や米穀、金融を手がけていたが、七代目のときに本陣職を引き受けることになり、東隣にあった脇本陣の敷地を譲り受け、表門や玄関、書院などを新築した。その後も必要に応じて手を入れ、本陣の体裁を整えていったが、明治三年（一八七〇）に本陣職が廃されると酒造業や味噌醤油の醸造業に転向、建物もそれに合わせて改変され、上段の間があった書院棟は失われてしまったという。

昭和六十年（一九八五）、十三代目に当たる当時の当主が建物を豊橋市に寄贈したことから、豊橋市はこの本陣を市の史跡に指定し、三年がかりで大規模な改修復元工事を行った。財政難を理由に歴史的価値のある建物が保存されないことが多いなか、豊橋市は本陣の保存に積極的に動いたようで、修復と同時に資料館の開設も決まったというから二川の本陣は恵まれている。

ひんやりした畳の感触を確かめるように奥へ進んでいくと、本陣に到着した大名一行が慌ただしく上がり込む様子が脳裏に浮かんでくる。表門を入った一行は石畳を伝って玄関にやってくると式台に駕籠が下ろされ、大名はそこから座敷に上がり書院棟の一番奥にある上段の間に通された。誰がどの部屋を使うかは、一足先に本陣に到着していた担当の役人によって決められていたので、混乱はなかったはずだ。

江戸時代の二川は俳諧や書、絵画といった文化活動が盛んな土地で、豪商や本陣家がその牽引役だったという。ここに来る前に駒屋の前を通ったが、駒屋の九代目は幕末から明治にかけて俳諧や書、絵画などを嗜《たしな》んだというし、二川本陣最後の当主馬場梅士も俳人として聞こえ、自宅で連句の会を催したこともあるという。

江戸時代そのままに復元された旅籠清明屋

清明屋の並びにある二川本陣（復元）

河内生まれで東海道の日坂《にっさか》を終《つい》の棲家にした大須賀鬼卵という戯作者が、享和三年（一八〇三）に東海道沿いの文化人についてまとめた『東海道人物志』という本がある。言ってみれば東海道沿いの文化人名録だが、宿場によって人数の差はあるものの、和歌、俳諧、書、絵画、生花と実にさまざまな分野の文化人の名が記されており、江戸後期の東海道がいかに文化的に豊かだったかがよくわかる。二川の項に記されているのは二名と他に比べると少ないが、ここに記されているのは氷山の一角だろう。人数よりも、宿場として決して大きくはなかった二川で俳諧が盛んだったというところに、東海道沿いの文化の厚みと豊かさをくみ取りたい。

二川ではそうした歴史を伝えるべく、毎年本陣句会を催していると聞いた。宿場時代は規模が小さく宿場経営に苦しんだが、第二次大戦の戦禍を被らずに済んだこと、駅がかつての宿場からかなり西にはずれたところにできたこと、こうした幸運が重なって残された町並みを、さらに手を加えより良い状態で残そうとしている。近い将来駒屋の改修が終わり公開されることになったら、二川は江戸時代の本陣、旅籠、そして商家が残る町になる。

小さな宿場だった二川のこうした努力は、日本橋から東海道を歩いてきた現代の旅人にはこの上なく嬉しい。

＊駒屋は平成二十七年十一月から一般公開されている。

35

吉《よし》田《だ》

五叉路の先には

早朝新居《あらい》を発ち、渥美半島の付け根を横断しながら遠江国から三河国へと駒を進めたこの日の旅も、終わりに近づいてきた。

鉄道の通らない白須《しらす》賀《か》では、岡部や丸子に共通する隔離された中の温もりを感じ、鉄道は通っていても駅から距離のある二川《ふたがわ》では、残された本陣を中心にした、古い町並みの保存伝承という町の熱意を垣間見た。いずれも規模が小さく、江戸時代には宿場経営にかなりの苦労があったはずだが、開発の波にのまれず、そこかしこに連子《れんじ》格子《こうし》の家々を残す町並みはいまとなっては貴重で、そういう街道風景に出会うと歩き続けた甲斐があったと感じる。

次の吉田は、それらとは対極にある。江戸時代規模の大きな宿場町だった吉田は、城下町でもあった。明治時代になると豊橋と名を変え、製糸の町として発展、軍都としても知られた。第二次大戦の空襲で、市街地の七割近くを失ったが、その後の復興はめざましく、現在の豊橋は人口およそ三十七

万人、東三河の中核都市になっている。人口八十万の浜松には及ばないが、久しく静かな町を歩いてきた目に、豊橋は都会に映る。

東八町と書かれた五叉路に到着すると、歩道橋に上がり、真下を交差する道を見おろした。歩道橋のすぐ下には、高さ五メートルはありそうな巨大な秋葉《あきは》の常夜燈がそびえ立つ。この交差点の主役は東西に走る国道一号線だが、北に行くと東海道の脇街道である姫街道や、新城《しんしろ》・奥三河を経て信州に至る伊奈街道に合流する。信州への道を途中で東に向きを変えれば、秋葉山に至る。ここに秋葉の常夜燈があるのは、そのためだ。

この交差点から南に延びる道は田原街道。そこを南下すると、渥美半島先端の伊良湖に出る。そこから先は海。太平洋には、東の海の道が通る。

地図を取り出し、豊橋の町を俯瞰してみる。豊橋の北部を北東から西へ蛇行しながら、豊川が流れているのがわかる。先入観から豊橋は内陸の町と思い込んでいたが、豊川を下れば三河湾はすぐそこで、三河湾に出るとその先にも海路が開けている。南西に五十キロも行けば、伊勢に至る。

江戸時代、豊川の河口は吉田湊と呼ばれ、豊川上流からの川船と、三河湾から入ってくる海船の両方が集まり賑やかだったという。大型の帆船も入ることができたので、とくに伊勢、名古屋方面への航路は大繁盛で、お伊勢参りに向かう旅人にもよく利用されたらしい。

町の北には吉田城址。現在は公園になっているが、城は蛇行する豊川を外堀にして建てられていたことがわかる。吉田城は戦国時代の永正二年（一五〇五）、今川氏親の命により牧野古白《こはく》らによって建てられた平城で、当時は今橋《いまはし》城と言ったが、後に吉田城に改名されている。今橋が「忌まわしい」を連想させるため、縁起のよい吉田にしたという説がある。吉田城は牧野氏滅亡後、今川義元に支配され、義元が桶狭間の戦いで敗れると家康の手に渡り、城主に任命された酒井忠次の下で城が拡張された。

家康の関東転封後、吉田城主になったのは池田照政だった。この照政の代に、近代城郭が完成している。豊川に吉田大橋が架けられたのも、照政の時代だ。

最近、三遠信とか三遠南信という言葉を目にすることがある。これは東三河と遠江と南信州を括った地域を表す造語で、かつて天竜川や豊川に沿って南北の交流を続けていたこれら地域の歴史を現代に蘇らせ、県境をまたいで観光や経済の発展を図ろうということらしいが、この地域に共通するのは交通の要衝という点にある。東西の交通軸は言うまでもなく東海道で、川やそれに沿った多くの街道が南北の軸に相当するが、吉田もその特徴を兼ね備えた都市だった。


歩道橋を下りていくと、右に左にと、かつての城下町らしい複雑な道が始まる。国道一号線の南に位置する一帯は、民家やマンションが建ち並ぶ住宅街だ。住居表示を見ると、そのあたりは鍛冶町という。さらに西に行くと曲尺手《かねんて》町、その先は呉服町と、いかにも城下町らしい地名が続く。

呉服町から西がかつての宿場の中心だった。田原街道とも呼ばれる国道二五九号線に沿って、路面電車が豊橋駅方面に走っていく。その道を横断すると町名は札木町に変わる。本陣や脇本陣はこの札木町にあった。

鰻屋の前に、本陣跡の表示。夕焼けに染まる空を背に、街道風景をカメラに収めていると、店の人が出てきて道に水を撒き始めた。

「ここに本陣があったんですね」

「ええ、清須屋と江戸屋っていうのが二軒並んでたんです。豊橋は戦争で焼けてしまったから、いまはこんなですけど、この先にはずっと旅籠も並んでて、ずいぶん賑やかだったようです」

吉田宿は飯盛女《めしもりおんな》（宿場女郎）が多いことで知られていた。「吉田通れば二階から招く、しかも鹿《か》の

二軒あった本陣の一つ、清須屋本陣跡

吉田宿の旧東海道

子の振り袖が」と歌われたのも、この辺の情景だったかもしれない。
「賑やかっていえば、江戸時代はすぐ南の魚町もそうでしたよ」
そこには名前の通り魚市場があり、吉田藩に保護されていたことから城下町最大の町だったらしい。中世今川義元は、伊良湖岬から浜名湖までの間で獲れた魚貝類を、魚町の神社境内で売買するよう命じた。それが魚市場の発祥という。このあたりは、海岸線から数キロ離れているが、豊川がすぐ近くを流れている。魚貝類は三河湾から豊川を遡り、魚町に運ばれてきたのだろう。

現在魚町に魚市場はないが、竹輪《ちくわ》や佃煮の老舗があるというので、その日の旅の最後にそちらに向かった。

魚町の商店街は東海道より旧道らしい感じがする。そこに一軒、一際目を惹くのが竹輪の老舗だ。大きなガラスケースの中に竹輪や蒲鉾、野菜入りの揚げ物など様々な練り物が並んでいる。名物はもちろん竹輪で、竹輪だけでも数種類ある。

もとは魚問屋だったが、四国に金比羅詣《こんぴらもうで》に行った初代が、名物の竹輪を気に入り、遠州灘や三河湾の新鮮な魚が入ってくる吉田でも竹輪を作ろうと、文政十年（一八二七）帰国早々竹輪作りに取りかかったのが始まりという。

竹輪は吉田で消費されるばかりでなく、魚の獲れない信州でも売られたが、その運搬に使われたのが、いわゆる塩の道だった。信州に運ばれる竹輪は、保存のため穴に塩を詰め、周りにも塩が振られた塩漬けの状態で出荷され、信州に着くと川の水で塩気を抜いてから食された。その塩加減が絶妙だったことから、吉田の竹輪は人気だったという。

たかが竹輪、されど竹輪。こんなところにも、水陸双方で交通の要衝だった吉田の歴史が垣間見える。旅の土産に特製竹輪を買い、帰路についた。

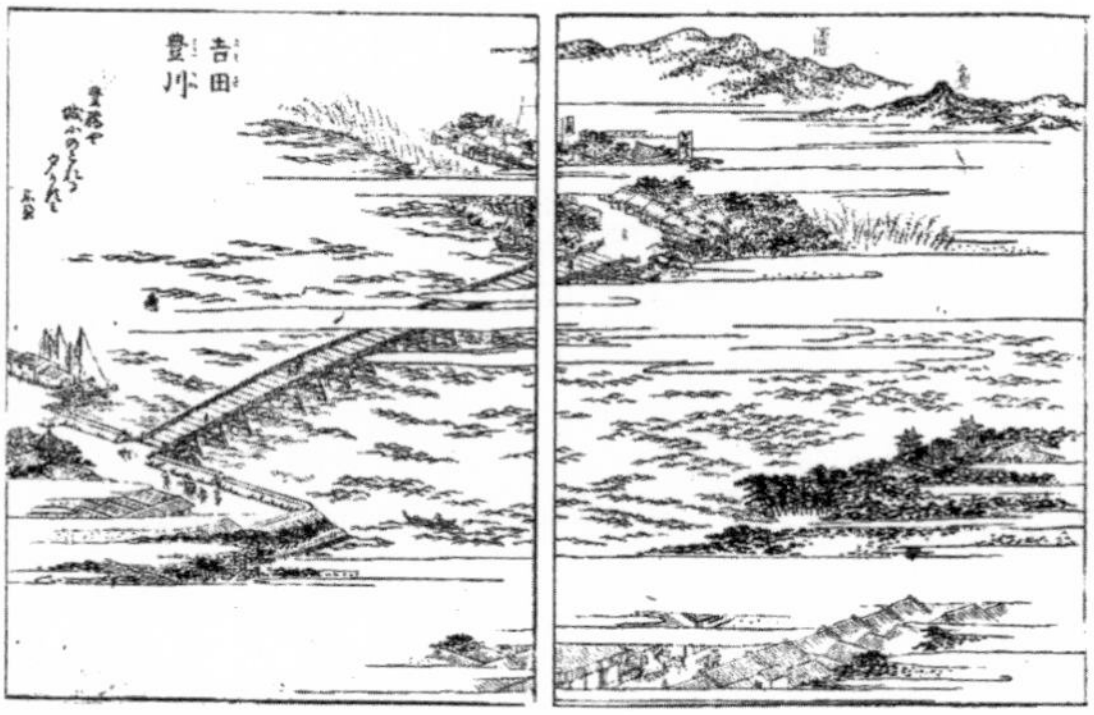

『東海道名所図会』より「吉田　豊川」

36

御《ご》油《ゆ》

古代葛城氏の末裔と徐福伝説

築百年は経っていそうな家、軒下に手筒《てづつ》花火をつり下げた家、北西角にジノカミサマ*の祠《ほこら》をお祀りしている家、連子《れんじ》格子《こうし》の家。豊川を過ぎるとそうした家々が見られるようになり、先ほどまでの都会的な吉田の街並みが影を潜めている。

御油宿まではおよそ十キロ。車がときおり通るだけの静かな道を歩いていくと、魚市場が現れ、そこを過ぎると豊川市に入る。

川の名前としての豊川は明治になってからのものだが、地名豊川の歴史は古く、律令制時代の三河国宝飯《ほい》郡豊川郷に由来する。歴史的関心から東海道を歩いていると、地名に助けられ教えられる機会がたびたびある。直近の吉田がその名を失ったのに対し、豊川が千三百年以上続いているというのは嬉しいが、このあたりの東三河一帯は律令制以前は穂国《ほのくに》と呼ばれたようで、豊川はその頃からの地名かもしれない。

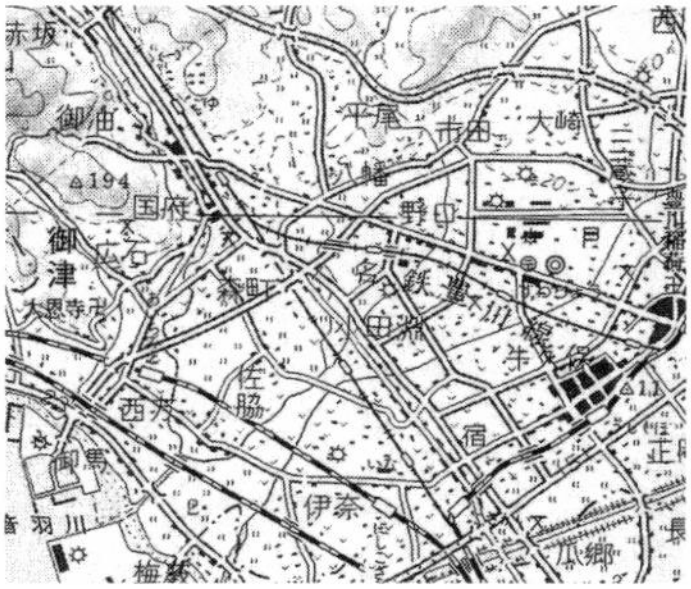

穂国のことを知ったのはつい最近のことだ。新幹線と在来線が通る豊橋駅に、「ようこそ穂の国へ」という幟《のぼり》がはためき、観光パンフレットの表紙にも「ほの国」の文字が見えた。聞いたことのない国名が気になり調べると、大化の改新で六十六の国に分けられる前、東三河は穂国と呼ばれていたと知った。この名前が記されているのは『先代旧事本紀』の「国造本紀」で、穂国の国造《くにのみやつこ》に葛城襲津彦《かつらぎのそつひこ》四世孫の菟上足尼《うなかみのすくね》を任じたと短い記述があるのみで、詳しいことはわからない。しかも『先代旧事本紀』自体偽書という説もあり、どこまで信じてよいのかわからないが、豊橋市は穂国を市のイメージ戦略に活用することにしたらしい。豊かに実る稲穂を連想させる名前は印象がよい。

葛城襲津彦といえば、弓月君《ゆづきのきみ》一行が百済から日本列島に渡る際、新羅に遮られたため、葛城襲津彦が派遣されたことが『日本書紀』に記されている。四世紀後半ごろの大和国葛城地方きっての大豪族で、葛城氏の始祖と伝わる。それに続く葛城氏は大和盆地においてヤマト大王家と婚姻関係を結び、大王家と並ぶ絶大な力を持っていたにもかかわらず雄略天皇の時代に滅亡したとされ、現代人の記憶から遠のいているが、古代において主に外交面で力を発揮した。

新城《しんしろ》方面に向かう伊那街道と東海道が交わる小坂井《こざかい》に、その葛城氏の末裔とされる菟上足尼をお祀りする菟《う》足《たり》神社がある。休憩を兼ね、お詣りしていくことにした。

鳥居をくぐると、奥に銅板葺きの社殿がある。建物は再建だが、境内周辺からは貝塚も発見されているというように、ここには長大な時間が堆積している。創建が古いだけに史跡や伝説が幾つもあるらしく、あちらこちらに説明表示が立っている。その中で惹かれたのは、この神社に伝わる徐福伝説だった。

徐福伝説は、秦の始皇帝に仕える徐福が不老長寿の薬を探すようにという皇帝の命を受け、童男童女を含めた数千人と技術者、それに五穀の種を船に乗せ蓬萊山を目指して東に旅立ったが、上陸した

御油の旧東海道

多くの伝承を持つ菟足神社

場所で王となり皇帝の元には帰らなかった、というもので、司馬遷の『史記』にもその旨が記されている。日本には徐福一行が上陸したと伝わる場所が南は鹿児島、北は青森まで全国各地にあるが、ここ小坂井もその一つだったのだ。

神社の説明によると、徐福一行は熊野に上陸、その後徐福の孫にあたる古座侍郎が小坂井に移り住み、子孫は秦氏を名乗ったらしい。古座侍郎という名前から、出は紀伊半島南端の古座と想像される。徐福伝説といえば、新宮もその伝承地だ。徐福伝説は古座あるいは新宮から海の道を通じこの地に伝わったということだろうか。

お詣りを済ませ、また歩き出したが、歩道のない狭い道をトラックがひっきりなしに通るので気が抜けない。おっかなびっくり歩いていると、しばらくして道の横に小さな空き地を見つけた。ちょうどよい待避場所と入っていったところ、小さな木の鳥居の奥に石の祠がある。そこに立つ表示を見て驚いた。菟足神社の元宮とあったのだ。

古代そこは柏木浜という船着き場で、先ほどお詣りに立ち寄った菟足神社で御祭神としてお祀りされている菟上足尼はここで上陸して宮を造り、穂国の国造として治績をあげたということらしい。菟足神社にお祀りされたのは、その功績によるものという。

それだけではない。さらに柏木浜から十分ほど歩いた頃、東海道沿いにはあるはずのないバイパスが目に入り、ようやく道を間違えたことに気がついたが、目の前の善福寺という寺の脇に「菟上足尼命御休憩跡」と書かれた石碑が立っていたのだ。上陸した菟上足尼が築いた宮の伝承地のようだが、間違えた道すがら二カ所も菟上足尼に関係する場所に行き会うとは、偶然とはいえ不思議である。そもそも菟足神社を出た後、東海道と信じて疑わず三河湾の方角に歩いてしまったというのも普段なら考えられないが、不測の出来事や思いがけない発見があるのが旅のおもしろいところだ。

軌道修正し無事東海道に戻ると、速度をあげて一本道を北西方向に進んだ。やがて国府《こう》という町に入る。その字の通りここは律令制の時代三河国の国府が置かれていたところで、近くには国分寺や国分尼寺もあった。

先ほど菟足神社で穂国のことに触れたが、大化の改新後東三河にあった穂国は西三河にあった三河と一つになり、新しい三河国が誕生している。穂国についてはわかっていることの方が少ないが、新しい三河国の政治的中心地が御油の近くに置かれたというのは、穂国時代の力がそれだけ大きかったということかもしれない。

音羽川に架かる御油橋にさしかかる。御油宿はこの橋を越えた先から始まっていた。

古代三河国の中心だった御油だが、江戸時代の御油宿は規模が小さく、わずか一・七キロしか離れていない次の赤坂宿に客を奪われないよう、激しい客引きが行われた。明治になり東海道線が開通するも、鉄道は御油ではなく海沿いの蒲郡《がまごおり》を通ったので、人の流れは次第に御油から消えていった。名鉄の御油駅ができたのは大正十五年（一九二六）、長らく御油は鉄道とは無縁だったことになる。小さな町の雰囲気は、現在まで引き継がれているとはいえ、連子格子の家々は次第に建て替えや取り壊しで少なくなっている。

そんな御油で、江戸時代の風情を残すのが松並木だ。これまでにも大磯や袋井、舞坂などで松並木を目にしてきたが、ここ御油の松並木も見事で、赤坂まで約六百メートルにわたって続いている。

御油の松並木といえば、『東海道中膝栗毛』の中で、悪い狐がいて人を騙すと脅された弥次さんが、おっかなびっくり歩いていく場面が描かれている。街灯などない時代、夕暮れ時ともなれば真っ暗だったろうから、昔の旅人には怖い道だっただろう。

いまの私には、涼やかな秋風が吹き抜ける安らぎの道だ。やがて左手の松の間から山並みが見えてくると、松並木も終わりが近い。松並木を抜けたら次の赤坂だ。山間の小さな宿場は、すぐそこに迫っている。

＊ジノカミサマ：土地の神様のこと。遠州地方を中心に、小さな祠を家の敷地の北西に祀る風習が残っている。

国指定天然記念物、御油の松並木

37

赤《あか》坂《さか》

旅籠の余香

御油の松並木が終わりに差しかかる頃、左手に優しげな宮路山が見えてくる。標高は三百六十メートルほど。古代から中世にかけての古東海道は、この山中を通っていた。平安時代の末、菅原孝標《たかすえの》女《むすめ》が通ったのもこの宮路越えの道で、『更級日記』には次のような記述がある。

宮路の山といふ所越ゆるほど、十月つごもりなるに、紅葉散らで盛りなり。

嵐こそ吹く来ざりけれ宮路山まだもみぢ葉の散らで残れる

古《いにしえ》より、この山は紅葉の名所として知られていた。いまは十月。ついこの前まで酷暑の中を歩いていたことが嘘のように、空高く空気が爽やか、道ばたの秋桜《コスモス》に秋を感じるが、紅葉にはまだ早い。松

並木の隙間からのぞく宮路山は豊かな緑を湛え、秋の空を背にしたその風景はすがすがしい。

古人《いにしえびと》の心を捉えた宮路山の紅葉は、小油躑躅《こあぶらつつじ》という灯台躑躅《どうだんつつじ》の仲間だという。紅葉した灯台躑躅の赤は、鮮烈で強い。いままだ青い山肌を、その色に置き換えてみる。すると目の前にたたずむ柔和な山が、炎に包まれ燃えさかる様子が思い浮かぶ。このあたりは律令制以前穂国《ほのくに》と呼ばれていたが、「ほ」という音は宮路山で赤く燃えさかる紅葉の、炎の「ほ」にも重なる。

宮路山の紅葉を思い浮かべながら御油の松並木を抜けると、東見付の表示。赤坂宿に入ったのだ。御油赤坂間は一・七キロと東海道中最も短いことはわかっていたが、ここまで接近しているとは思わなかった。

そもそもこの二つの宿場は上り伝馬を赤坂、下りを御油《ごゆ》というように、当初二宿で一宿分の役割を果たしていたというから、兄弟のような関係だったのだろう。それがいつしかそれぞれ独立した宿場になり、近さゆえ客の奪い合いが生じた。御油も赤坂も、飯盛女《めしもりおんな》が多いことで有名だった。同じ宿内でさえ、隣り合う旅籠同士、熾烈な客の奪い合いが繰り広げられたのだから、宿場が違えば尚更だったろう。

ちなみに『東海道名所記』に、「よう〳〵宿に入ければ。宿ごとに遊女あり。立ならびて旅人をとゞむ」とあるように、江戸時代の赤坂について書かれたものは、軒並み飯盛女が多いことに触れている。そういう宿場なので、広重は保栄堂版で御油に続き赤坂でも旅籠の風景を取り上げたが、御油で客引きの様子を描いたのに対し、赤坂では開け放された障子の奥で、煙草をくゆらせている旅人に、食事の膳が運ばれる様子や、別の部屋で飯盛女が化粧にいそしんでいる様子などを克明に描写している。

見下ろすような構図で臨場感があるが、広重のこの絵のモデルとなった旅籠が現存しているというから楽しみだ。

大橋屋と同時代の尾崎屋。現在は曲物屋

江戸時代旅籠だった大橋屋（旧屋号は鯉屋）

現在の赤坂は、ごく普通の落ち着いた住宅街だ。宝永六年（一七〇九）の火災で宿場の大半が消失し、本陣や問屋場《といやば》は残っていないが、そうした中にも連子《れんじ》格子《こうし》の家や古い商店が若干見られる。尾崎屋という雑貨屋もその一つ。二階の連子格子に「曲物製造卸問屋」と書かれた軒行灯が吊され、ガラス越しに店内をのぞくと盆や桶、民芸品などが並んでいる。

尾崎屋からさらに西に進むと、二階建ての古びた木造の家が見えてくる。格子窓や大きな提灯が懐かしい雰囲気。大きく太く書かれた「大橋屋」の文字から、すぐにそれがその旅籠とわかった。

大橋屋は慶安二年（一六四九）の創業、当時は鯉屋といった。岡部や二川《ふたがわ》でも旅籠に立ち寄ったが、どちらも復元整備されたものだった。正徳六年（一七一六）築という大橋屋のこの建物は、これまで歩いてきた東海道中、最も古い旅籠になる*。

ガラスの格子戸越しに中をのぞくと、黒光りした上がり框《かまち》の奥に、二階へと通じる階段が見え、左の通路には大橋屋と書かれた茶色の暖簾がかかっている。人の気配がなく扉は閉まっているが、中はよく手入れされ、人が暮らす気配がする。扉に手をかけると、きゅるきゅると音をたてながら重たそうに扉が開いた。

「ごめんください」

声をかけながら中に入ると、何とも言えず懐かしい匂いがする。しばらくしても応答がなかったので、もう一度声をかけると、奥から六十ぐらいの奥さんが出てきて、「すみませんね。今日は予約が入ってるんですよ」と言う。

広重の絵のモデルになった旅籠というので、その話でも聞くことができたらと思っていたが、泊まれるとは思っていなかった。昔のままの間取りなのでプライバシーに配慮して一日一組しか客を取っていないとのことだが、江戸時代から続く旅籠で現在も泊まれるのはここだけだという。

旧道に面した二階の部屋には、松尾芭蕉も泊まったらしく、「夏の月御油より出でて赤坂や」という句もそのときに詠まれたという。そうとわかっていればこの日は大橋屋に泊まるよう計画したのにと、準備不足が悔やまれた。

よく磨かれた板の間や繊細な格子戸、二階に通じる階段など、見れば見るほど味がある。ご主人は十九代目だそうで、奥のほうは手を入れているが、旧道に面したところは正徳六年当時のままという。せめて一階の写真だけでもと、奥さんの許しを得て撮影させてもらう。

「お客さんがなければ中をご覧いただいてもいいんですけど、準備中なもので」

申し訳なさそうに言うが、泊まりもしないのに見せてもらっているので、申し訳ないのはこちらの方だ。

「いつかきっと泊まりに来ます」

「秋は宮路山の紅葉がきれいですよ」

古の紅葉の名所が、いまなお紅葉の名所であり続けている。ならば、ここに泊まるのは十一月がよさそうだ。

＊大橋屋は平成二十七年三月十五日に廃業、建物は豊川市に寄贈され、平成二十八年から資料館として公開されている。

38

藤《ふじ》川《かわ》

渡り歩く聖者たち

午後三時を過ぎ、高かった日が少し西に傾いてきたが、山がちょうどよい具合に陽を隠してくれるので、街道に降り注ぐのは柔らかくなった山越しの西日だ。稲刈りが終わって間もないようで、刈り取られた稲は田圃の片隅に置かれた稲架《はさ》に架けられ、ときおり吹く風に揺れている。

こうしたのどかな街道風景がずっと続いてほしいが、なかなかそうはいかないもので、ほどなく旧道は国道一号線に合流し、静寂が破られた。歩道脇には殺風景な工場が並び、トラックが排気ガスをまき散らしながら走り抜けていく。それと並行し、名鉄の赤い電車が岡崎方面に消えていく。

しばらく国道を歩いていると、真新しい冠木《かぶき》門《もん》と「是より西　本宿《もとじゆく》村」と書かれた大きな表示が見えてきた。次の宿場は藤川。本宿というのは聞いたことがない。説明表示によると、本宿は昔から交通の要衝で、中世以降この先にある法蔵寺の門前町として栄え、近世には赤坂と藤川の間に位置することから、間《あい》の宿《しゅく》として賑わったところらしい。

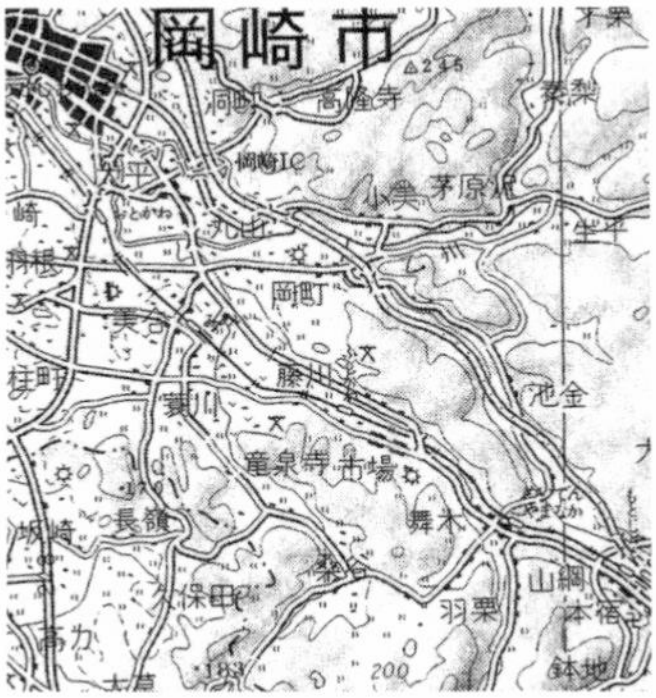

古代や中世の東海道は、法蔵寺の裏山から宮路山に通じていたというから、たとえば中世に東海道を旅し、宮路山の紅葉を日記に記した菅原孝標女《たかすえのむすめ》などは、行きはここから山道に入り、帰りはここで山道の疲れを癒やし、法蔵寺にお詣りしたかもしれない。

法蔵寺はその表示の先の旧道沿いに、背後の山に抱かれるように建っている。創建は古く、文武天皇の大宝元年（七〇一）にこの地を訪れた行基によって開かれたという。創建時は出生寺《しゅっしょうじ》といったが、それについてこんな言い伝えがある。

行基が東に向かう旅の途中、本宿を通りかかった。山に目を向けると一筋の光が射していたため、不思議に思って登ったところ、目の前に童子が現れ、こう告げた。

「昔、日本武尊《やまとたけるのみこと》がこの山に神々を呼び集めた際、一晩で成長したという霊木がある。それを使って観音像を彫れば、どんな願いも聞き入れてもらえるだろう」

その霊木で行基が観音像を彫ると、たちまち像は黄金に輝いた。その話を聞いた文武天皇は、皇子誕生の祈禱を行基に依頼、願いが叶ったことから、出生寺と呼ばれるようになったという。

石段を上がると、横堀の井戸。その井戸にも伝説がある。東征途中の日本武尊が山から紅白の雲が立ち上るのを目にし、山上で戦勝祈願をした。その際、鉾で岩を突いたところ、水が湧き出たと。

こうした伝承があるということは、古代の人にとってここが何か特別な力を感じる場所だったということだろう。今日言うところのパワースポット、古代人の研ぎ澄まされた感受性が捉えたのは、地中から発せられる地球のエネルギーだったのではないか。

鉾で岩を突いたら水が出たというのは、水源を探し当てた話に他ならず、現在のように計測機器のない時代、研ぎ澄まされた感覚を頼りに資源を求め渡り歩いたことが、伝説として伝わっているのだろう。その知識や能力は厳しい修行を通じ体得しえたもので、たとえば空海の足跡を追っていくと水銀の鉱脈に通じるというのも、そのことを示している。

藤枝でお詣りに立ち寄った鬼岩寺も、行基の開山と伝わる寺で、そこには空海の足跡もあった。この両者は同じ場所に足跡を残していることが多い。境内を見廻すと、六角堂はまさにその空海の建立と伝わるものだった。

このあたりの低山は、美濃三河高原の山々の一端だが、その山伝いに北上すると信州、美濃、飛騨など、日本中部の山岳地帯に至る。法蔵寺に伝わるこれらの話は、修験者の行動範囲の拡大とともにもたらされたものだろう。日本列島の屋台骨への入口に位置する本宿は、そうした人たちにとっても要衝だったと見える。

法蔵寺の先に続く本宿の町並みは、一キロほどで終わる。その後東海道は、国道との分岐や合流を繰り返しながら、四十分ほどで藤川に入っていく。

小さな宿場だった藤川は、いまもどこか控えめだ。夕焼けに染まる空を見ながら、連子《れんじ》格子《こうし》の家が残る道を歩いていると、学校帰りの中学生たちが、自転車で旧道を走り抜けていく。その先では、お婆さんが数人立ち話をしている。ゆったりとした日常が、藤川の町に流れている。

本陣や脇本陣があった中心部にやってきた。当時の建物は残っていないが、とある家の前に「資料館」と看板が出ている。

「もう五時を過ぎてるから、閉まってますよ」

振り向くと、通りがかりのお婆さんが手招きしている。

「裏に本陣の石垣が残ってるから、見てってな」

建物の裏に回ってみると、緩やかな坂の先に畑が拡がり、その先に野面《のづら》積みの石垣が十数メートル

藤川の旧東海道

法蔵寺からの眺め

にわたって続いている。東海道からでは、それほど大きな敷地には見えなかったが、奥行きがかなりあり、立派な本陣だったとわかる。

石垣の横には小さな麦畑。むらさき麦と書かれた札が立つ。江戸時代の名物を、地域振興のために復活させたらしい。

ここも三河むらさき麦のかきつばた

芭蕉にこのような句がある。「かきつばた」といえば、藤川の二つ先の池鯉鮒《ちりゅう》に近い八橋《やつはし》が有名だが、芭蕉は東海道を旅しながら、藤川で風に揺れるむらさき麦の紫色の穂を見て、八橋の燕子花《かきつばた》の紫を重ねたのだろう。

紫といっても、燕子花の鮮やかな紫と違い、むらさき麦の紫は控えめな色だが、どことなく藤川の雰囲気にも通じるようではないか。

暮れなずむ麦畑で、この日の旅を終えた。

39

岡《おか》崎《ざき》

家康を救った大樹寺

丘陵や山が迫っていたのは藤川までで、気づけば広大な岡崎平野を歩いている。ここはもう西三河だ。その中心都市岡崎は、江戸時代に宿場町、城下町、湊町として栄えたが、岡崎は何より徳川家康の生誕地として知られる。当然、家康や先祖松平家にまつわる史跡も多い。

家康が岡崎にいたのは、生誕から人質に出されるまでの六年間と、今川義元が桶狭間の戦いで織田信長に敗れたため、十九歳で岡崎に戻ってから浜松城に居城を移すまでの十年間で、在城期間は浜松時代とそれほど変わらないが、祖先にも縁のある岡崎は、家康にとって特別な場所だったはずだ。そういう土地ならではの、岡崎でしか知り得ない家康像に出会えたらと期待が高まる。

しばらく小さな宿場が続いたが、岡崎は大きな宿場だった。天保十四年（一八四三）の記録に本陣三軒、脇本陣三軒、旅籠百十二軒とあり、かなりの規模だったことがわかる。岡崎も第二次大戦の戦禍を被り、宿場時代のものは何も残っていないが、きれいに整備された道に本陣跡などを知らせる表示が点在している。

城下町時代の歴史を伝えるのは、防衛のために幾度も道を屈曲させた通称二十七曲がりだ。東海道が城下町を通る所はこれまでにもあったが、ここまで屈曲が多いのは岡崎が初めてで、曲がり角にはわかりやすいように表示が立っている。それに従い歩いていくと、やがて宿場の中心だった伝馬通りに出る。通りには、金物屋や鰻屋、洋品店、仏壇屋といった店が並び、久々に街に来た感じがする。

その中に、一際目立つ城郭風の建物がある。創業天明二年と書かれた、和菓子の備前屋だ。早速入ってみると、大きな硝子ケースに数十種類の菓子が並んでいる。卵白に砂糖を加え寒天で固めた「あわ雪」が名物というので、それを買い、ついでに何か家康時代の建物が残っていないか尋ねたところ、

「それなら大樹寺《だいじゆじ》です」とのこと。

大樹寺は家康の祖先松平氏の菩提寺で、歴代松平氏の墓や位牌があるほか、山門や多宝塔、冷泉為《れいぜいため》恭《やす》の障壁画が見事だという。徒歩で行くには少々遠いが、ちょうど目の前からバスが出ているというので、行ってみることにした。

大樹寺は聞きしに勝る立派な寺で、堂々とした山門から寺格の高さがうかがえる。道を挟んで山門全体を眺めると、屋根の傾斜の感じや重量感など、規模こそ異なれ京都知恩院の三門に似た雰囲気だが、大樹寺も知恩院と同じ浄土宗の寺、似ていても不思議でない。高さ十五メートルはありそうな楼閣の上には、朱色の文字で記された「大樹寺」の扁額。屋根を支える垂木《たるき》やそれを支える組物が幾重にも重なり、寺院建築の粋が凝縮しているのが見て取れる。この山門は三代家光の時代に建てられたという。幕府直轄の工事で、相当腕の良い棟梁が手がけたものだろう。

「ここから岡崎城が見えるよ」

男性の声に振り向くと、通りがかりの人が、百メートルほど南、小学校の敷地越しに見える総門を

指している。家光は大樹寺の伽藍を整備する際、家康が生まれた岡崎城を望めるようにと、計算の上で山門をこの位置に決めたという。山門越しに総門に目を向けてみると、確かにその先には岡崎城が見える。この山門と岡崎城は同じ直線上にあるというわけだが、そうして眺めていると総門が額縁の役目を果たし、岡崎城の景色は一幅の風景画にも見えてくる。

山門から境内へ。右に鐘楼を見ながら本堂に進むと、堂内には光背に千体仏が彫られた阿弥陀如来がお祀りされている。ご本尊は思っていたより小ぶりで、やや赤みを帯びた金で全身を覆われ、優美な雰囲気をたたえている。安政二年（一八五五）の火災で、大樹寺はこの本堂をはじめいくつかの建物を失っている。ご本尊もそうだったようで、現在のこの優美な阿弥陀如来は、京都泉湧寺《せんにゅうじ》から迎えられた平安仏だという。

家族の健康と旅の安全を願い、顔を上げると、両側の柱に掲げられた「厭離穢土《おんりえど》　欣求浄土《ごんぐじょうど》」の文字に目が留まった。源信（恵心僧都）が著した『往生要集』冒頭の章名から取られたもので、「苦悩の多い穢れたこの世を厭《いと》い離れたいと願い、心から欣《よろこ》んで平和な極楽浄土を冀《こいねが》う」という意味だが、この言葉は若き家康が、当時大樹寺の住職だった登誉《とうよ》上人から授けられたものという。後に家康はこれを座右の銘とし、戦陣にもその旗を掲げたが、そのときの住職とのやりとりは印象深い。

永禄三年（一五六〇）、今川義元は大軍を率い、尾張侵攻に向けて府中を出発した。その際家康は、今川の一武将として現在の名古屋市緑区にあった大高城に兵糧入れを行い、城を守っていたが、義元が桶狭間で信長の奇襲に遭い討ち死にしたという知らせを受けると、すぐさま大樹寺に逃げ帰り、先祖の墓前で切腹しようとした。そのとき「厭離穢土　欣求浄土」の言葉によって自害を思い留まらせたのが、登誉上人だった。

若き家康は登誉上人と問答を繰り返すうち、戦国乱世の行く末に自分が目指すのは平和な世の中で

家康ゆかりの大樹寺

城下町の名残　随所に二十七曲りの表示

あり、万人のための社会を創ることこそ自分の使命と悟ったという。

織田軍は家康を追って大樹寺まで攻めてきたが、大樹寺の僧侶とともに応戦し、敵を追い払った。その後家康は今川勢が退散したもぬけの殻の古巣岡崎城に入ると、今川方と訣別して織田方と結び、名を家康と改めた。それまでの名は、今川義元から一字を取った元康だった。

岡崎は家康がこの世に生を受けた場所だが、徳川家康になった場所でもあったのだ。

東海道に戻り、岡崎城に向かった。公園になっている城跡は、ベンチでくつろぐ人、ウォーキングをする人で賑わっている。復元された城の展望台に上がり大樹寺のある北に目を凝らすと、指の爪ほどの大きさだが、大樹寺山門の屋根を視線の先に捉えることができる。

岡崎城にいる者にとっても、大樹寺の山門は松平、徳川家の菩提寺に見守られているような気持ちにさせられる大切な存在、心の拠り所だったのだろう。

40

池《ち》鯉《り》鮒《ゆう》

かきつばたいとおもしろく咲きたり

毎年五月に、東京南青山の根津美術館で尾形光琳の「燕子花図《かきつばたず》」が公開される。群青の燕子花が群生するその作品、色彩と構図が印象的で一度見たら忘れることがない。光琳の燕子花図は、『伊勢物語』第九段東下りに着想を得て描かれたとされている。有名な一節、少し長いが引用しよう。

三河の国、八橋といふ所にいたりぬ。そこを八橋といひけるは、水ゆく河の蜘蛛手なれば、橋を八つわたせるによりてなむ、八橋といひける。その沢のほとりの木のかげにおりゐて、かれいひ食ひけり。その沢にかきつばたいとおもしろく咲きたり。それを見て、ある人のいはく、「かきつばた、といふ五文字《いつもじ》を句のかみにすゑて、旅の心をよめ」といひければ、よめる。

から衣きつつなれにしつましあればはるばるきぬるたびをしぞ思ふ

とよめりければ、みな人、かれいひの上に涙おとしてほとびにけり。

『伊勢物語』は、ある男の半生が歌とともに描かれた歌物語だ。作者は不詳、在原業平がモデルではないかという。特に「かきつばた」の歌は、『古今和歌集』や『後撰集』『拾遺集』などに取り上げられたこともあり、八橋といえば燕子花、燕子花といえば八橋というように、八橋は歌枕として広く知られた。

その八橋は池鯉鮒《ちりゅう》の手前三キロほどのところにある。岡崎を出てから三時間ほど、T字路の隅に「是従四丁半北八橋」と刻まれた道標を見つけた。ここが八橋への分岐点らしい。これまで八橋の場所を気にかけたことがなかったが、東海道の旅路でその名を目にするとは。東海道を北にそれ、八橋に向かった。

ところどころに田圃が拡がる静かな住宅街の道を進むと、程なく無量寿寺に至る。境内にかきつばた園があり、現在ではそこが業平にゆかりの場所として名所になっているらしい。いまは秋。花の時期から外れているので、境内は静寂に包まれているが、ボランティアガイドが案内してくれるというのでお願いすることにした。

かきつばた園は境内奥、緑の葉が地面を覆い尽くし、花の時期はさぞやと思われる。古代から中世にかけて旅人が歩いた道は古東海道と呼ばれ、ちょうど八橋のあたりを通っていたので、わざわざ足を延ばさなくても通り道に名所があったことになるが、名所といっても実際はだいぶ様子が違ったらしい。

「『伊勢物語』で八橋の燕子花は有名になりましたけど、平安時代の終わりには『更級日記』に「八

八橋の無量寿寺境内にあるかきつばた園

池鯉鮒（現・知立）の町並み

橋は名のみにして、橋のかたもなく、なにの見どころもなし」なんて書かれるほどでした。鎌倉時代の『東関紀行』にも、「かの草とおぼしきものはなくて稲のみぞ多く見ゆる」とあったり、飛鳥井雅有も『春の深山路』で「杜若も今はなし」なんて書き残しているんです」

『伊勢物語』の描写に憧れて訪れた歌枕の地が、様変わりしているとは何ということだ、というところだろう。変わり果てた現状を嘆くのは、いまに始まったことではなかった。

目の前に拡がるかきつばた園は、江戸時代の文化年間、旅の途中八橋を通りかかった方巌《ほうがん》和尚によって造られたものというから、直接ここが『伊勢物語』の故地ということではないが、大事なのは八橋の燕子花、燕子花のある八橋を守り伝えていくことだ。

境内を一通り巡った後、ガイドのKさんは周辺にある業平ゆかりの場所に案内してくれた。在原業平の菩提を弔うため寛平年間（八八九〜八九七）に創建されたと伝わる在原寺《ありわらでら》や、業平の遺骨を分骨して塚を築いたという業平塚などがそれだが、『伊勢物語』はあくまでも物語で、主人公の男が在原業平だという確証はないのに、このように業平ゆかりの場所が複数あるとは……。これではまるで『伊勢物語』が在原業平によって書かれた紀行文のようではないかと、改めて文学や言葉がもたらす影響の大きさに驚かされる。

日本武尊《やまとたけるのみこと》の伝承地もそうだが、長大な時間の中で物語がいつしか史実のように伝えられることがある。伝承地に暮らす人々が、その伝承を誇りに思い、熱心に語り継いでいく結果そうなるもので、そこから信仰が生まれることもある。歴史ということでは正しくはないかもしれないが、ただの伝承だと言って切り捨てることはしたくない。史実を知った上で、信じ語り継いできた土地の人々の気持ちに寄り添えればと思う。

東海道に戻り先を急いだ。ゆったりとした松並木が五百メートルほど続いている。そこを抜けると、いよいよ池鯉鮒宿だ。

吉良《きら》道や刈谷《かりや》道が分岐合流する交通の要衝だった池鯉鮒は、御油から岡崎までの各宿場がそうだったように、明治に入り東海道線の敷設を忌避したことから、近代化の波に乗り遅れたが、名鉄が開通すると名古屋から二十五キロ圏内という立地の良さから、名古屋のベッドタウンとして人口が増え続け、今や三河地方で最も人口密度の高い場所になっている。事実、一戸建てが続く住宅街を抜けると、マンションやビルが建ち並ぶ都会的な町並みになる。他方、ところどころに歴史を感じさせる寺や古い店構えの商店も残っている。懐かしい町と都会的な町が同居している。

午後四時を過ぎ、だいぶ日が傾いてきた。この日の旅は池鯉鮒まで。一日無事に歩き通せたことへのお礼参りも兼ね、知立《ちりゅう》神社に寄っていくことにした。

41

鳴《なる》海《み》

桶狭間に散る

境川という名の小川を越えると尾張国に入る。尾張国最初の宿場は鳴海宿だが、鳴海の手前二キロほどのところに、かつて間《あい》の宿《しゅく》だった有松があり、町並みが美しいと聞いていた。有松は絞り染めで栄えた町で、広重も保永堂版で鳴海宿の風景として有松の絞りの店に立ち寄る旅人を描いている。電柱を地中に埋めたり、街道沿いの家を白壁で統一したりと、手は入っているが、往事の町並みを再現しつつ、伝統的な品を変わらず作り続けているところは稀少だ。早くその町並みを見てみたい。その思いが、私を急がせた。

「桶狭間古戦場」

突然、その文字が目に飛び込んできた。表示は国道一号線の頭上に掲げられ、矢印は進行方向に向かって左、つまり南を指している。

尾張の織田信長が駿河、遠江、三河を治める今川義元の大軍を破り、新たな戦国時代の幕開けと

なったあの有名な桶狭間の戦いは、これまでの東海道中、義元や家康の足跡に出会うたびに意識に上っていたが、その舞台が有松を目前にした東海道に近い場所とは思ってもいなかった。表示が指す方向に目を向けると、坂の上に鬱蒼とした木立がある。早速古戦場跡に向かった。

入り口に「史蹟桶狭間古戦場」と刻まれた石標が立ち、奥は整備された公園になっている。説明によると、ここには今川義元や忠臣松井宗信の塚があり、今川義元が倒れた場所を示す七石表と呼ばれる石柱が江戸時代に建てられたという。

桶狭間という名から、つい狭い窪地のようなところを連想するが、見回したところこのあたりは谷底ではなく、丘陵の一角、緩やかな上り坂の途中にある。

園内には七石表のほか、義元の墓や松井宗信の墓碑、記念碑などが、目の届く程度の敷地に点々と置かれている。義元の墓は確か豊川の大聖寺《だいしょうじ》にあったはずだがと説明表示を見ると、ここの墓は有松の豪商によって明治九年（一八七六）に建てられたとあり、意外なほど新しい。

他の石碑にもう一度目をやる。七石表には明和八年（一七七一）、記念碑には文化六年（一八〇九）、重臣の墓も義元の墓と同じく明治九年と、いずれも合戦から二百年以上経ってから建てられていることがわかる。道を挟んだ反対側の竹藪にも、形の違う義元の墓があるが、そちらも万延元年（一八六〇）建立らしく、園内の碑とほぼ同年代だ。

日本の歴史の転換点にもなった戦の碑が、江戸時代後期まで作られなかったというのは意外だが、桶狭間の戦いは未だその真相が解明されていない謎の多い戦なので、そのことが関係しているのだろうか。いやひょっとして、それが逆手に取られ、東海道を通る旅人に向け、こうした碑が作られたということはなかっただろうか。

石碑が建てられた年代は、いずれも伊勢神宮へのおかげ参りの流行を背景に、庶民の旅が盛んになった時代だ。血なまぐさい戦の跡も、二百年の歳月を経れば観光名所になり得るだろう。

「この近くにもう一つ古戦場跡があるんですよ」

碑を眺めていると、散歩中らしく首にタオルをかけた初老の男性が教えてくれた。

「西に一キロぐらいのところにある、古戦場公園というのがそれでね。ここは豊明市、そっちは名古屋市の緑区で、お互い自分のところがそうだって譲らなんだ」

戦国時代の武将の目からすれば、いや現代人にとっても、ここから一キロほどのところなら同じ場所と言っても差し支えないが、別の市になってしまったばかりに古戦場跡の奪い合いが生じているようだ。

ちなみに緑区の公園周辺は、丘陵を切り開いて作られた新興住宅地で、公園もつい最近整備されたばかりらしく、区画整理中に見つかった石碑類に加え、新たに造った義元と信長の銅像などが置かれているという。桶狭間という地名は緑区の方にあるというから、何も知らずに来ると混乱するが、義元が討ち取られた場所が特定されないだけのことだ。

『信長公記』によると、桶狭間山と記された高台で休憩していた今川軍は、突如織田軍に攻められ散り散りになった。このあたりの丘陵一帯が戦の舞台で、いま私が立っている豊明市の古戦場跡も何らかの戦いが行われた場所ということなのだろう。

永禄三年（一五六〇）五月十二日、府中を出た今川義元は翌十三日に掛川、十四日に引馬《ひくま》（浜松）、十五日に吉田（豊橋）、十六日に岡崎、十七日に池鯉鮒《ちりゅう》と、猛烈な勢いで西進し、十八日沓掛城に入った。

沓掛城は桶狭間から北東に四キロほどのところにある、尾張の土豪近藤氏の城で、今川軍はそこを尾張侵攻の拠点とし、今後について軍議を行った。今川軍の目的の一つは、大高城と鳴海城を押さえ

桶狭間古戦場伝説地（国指定史跡）

絞りの店が点在する間の宿有松

ることだったと言われるので、そのための話し合いだったかもしれないが、何にせよ、二万五千とも三万五千とも言われる大軍を率いた今川軍のこの西進は、信じられないほどのハイペースだ。いくら戦国武士とはいえ、疲弊は隠せなかっただろう。

かたや織田軍は今川軍侵攻の知らせを聞き、十九日早朝尾張の清洲城を発ち、熱田を経て南下、鳴海の中島砦に入っている。中島砦は桶狭間の北西三キロほどのところにある。

合戦直前の暴風雨で、今川軍は織田軍の接近に気づかなかったと言われるが、織田軍は少ないとはいえ二千ほど、今川軍が本陣を張っていた桶狭間の丘陵から織田軍の接近が全くわからなかったとは考えにくい。今川軍とて気を抜いてはいなかったはずだが、あっけなく今川軍の本陣は破られてしまった。

敗因が未だ謎に包まれているのがこの桶狭間の戦いだが、戦術や士気の違いはさておき、二百キロを七日かけて駆け抜けた後の今川軍と、わずか数時間で鳴海まで迫った織田軍では、温存された体力の差は歴然だ。私などはついその距離を歩いた実感から、桶狭間に至るまでの距離の差も今川軍敗北の一因のような気がしてならない。

池鯉鮒からここまで歩いて来たと言うと、その人は「それなら戦人塚には行きましたか」と尋ねた。戦人塚というのは戦死した今川兵二千五百人ほどを葬った塚だという。あいにくそれには気づかず通過してしまったが、話を聞いていると、このあたりには今川軍を手厚く葬った場所が多いことがわかる。義元が討ち取られた後の、織田軍によるすさまじい掃討戦を物語っているのだろう。織田の尾張にあっても、桶狭間周辺ではむしろ今川方への哀悼の気持ちが強いようだ。

古戦場を後にして旧道に入ると、次第に白漆喰に焦げ茶の板塀、連子《れんじ》格子《こうし》、鼠色の瓦が増えてくる。いつしか周りは江戸時代さながらの街道風景。有松に入ったのだ。

絞り問屋の卯建《うだつ》や虫籠窓、見越しの松が広い空に映える。ほどなく白い海鼠壁《なまこかべ》の蔵と重厚な二階建ての母屋を持つ商家が見えてくる。軒下には「井桁屋」と絞りで染め抜いた暖簾《のれん》が下がっている。井桁屋は有松絞りの老舗。寛政二年（一七九〇）創業というから、ちょうど先ほど桶狭間で見た石碑類が置かれたのと同年代だ。

店に入ると、土間には絞り染めで作られたバッグや手ぬぐいといった小物類が、畳の部屋には反物がずらりと並べられている。

「最近はこれだけのものが作れる職人さんが少なくて、あともう数年したら手に入らなくなるかもしれません」

奥さんはそう言いながら、藍色の反物を広げ、私の前に差し出した。

「仕立てるとまた感じが違いますから、どうぞ当ててみてください」

朝から歩き続けで汗ばんだ体なので、当てるのは気が引けたが、手に取ってみると、元々柔らかい木綿が、細かい絞りによってさらに空気を含んだようにふっくらとして、身にまとったらさぞやと思われる。

有松は慶長十三年（一六〇八）に尾張藩によって開かれるまで、何もない丘陵だった。そういう土地なので農業には適さず、間の宿とはいえ鳴海宿までは二キロ少しと、こちらも期待できないことから、当初はかなり苦しい生活だったが、最初に移住した八人の中の一人が、名古屋城普請のため豊後から来た人の絞りの服にヒントを得て、有松絞りを考案したのが始まりという。

東隣の三河は、古代から木綿の産地として知られる。その木綿を使い、最初は手ぬぐいのような小物を東海道の旅人に販売していくうち、やがて尾張藩の保護を受け、有松の産業として華開いた。まさに東海道の歴史とともに時を刻んできた名産品だ。今回は旅の記念に、茜色の帯締めを買った。

有松を出て半時間ほどで、宿場町だった鳴海に入る。鳴海はきれいに整備され観光客が訪れる有松とは対照的な町だが、それがかえって旧東海道らしくもある。町の中程の交差点から右を見ると、急な上り坂の途中に小さな神社がある。そのあたりはもとは式内社の成海《なるみ》神社があった場所で、戦国時代鳴海城築城のために、成海神社は北に遷されたと知った。坂の上に城址公園があるので、その付近に本丸があったのだろう。

鳴海城は、今川軍が大高城とともに抑えたいと願っていた要所だった。義元が討ち取られ、今川軍が東へ退散する中、今川軍の岡部元信は一人鳴海城に籠もり抵抗したと伝わる。最終的に元信は城を信長に明け渡すが、主君の首級との引き替えが条件で、信長はその忠誠心に心を動かされたとか。

ここにもなお今川氏の残映があった。

42

宮《みや》

熱田さんのお膝元

桜田へ鶴《たづ》鳴き渡る年魚市《あゆち》潟《がた》潮干《しほひ》にけらし鶴鳴き渡る

鳴海を出て十数分、天白《てんぱく》川に架かる橋の欄干で、この歌の表示を見つけた。『万葉集』巻三（二七一）、高市連黒人《たけちのむらじくろひと》の歌だ。桜田というのは、鳴海宿から東海道を北西におよそ三キロ、笠寺観音で知られる笠覆寺《りゅうふくじ》に近い場所で、現在は伊勢湾から六キロほど内陸に入っているが、この歌が詠まれた当時は、そこから年魚市潟という干潟を望むことができた。

年魚市潟は古来歌枕の地として知られていた。その風景は、歌ばかりか中世の旅人の紀行文にも書き残されている。たとえば次は『東関紀行』の一節。なるみ潟とあるのがそれである。

この宮を立ちて、浜路におもむくほど、有明の月かげ更けて、友なし千鳥ときどきおとづれわたり、旅の空のうれへ心にもよほして、哀れかたがたふかし。

故郷《ふるさと》は日を経て遠くなるみ潟いそぐ潮干の道ぞすくなき

やがて夜のうちに二村山《ふたむらやま》にかかりて、山中などを過ぎしほどに、東やうやう白みて、海の面《おもて》はるかにあらはれわたれり。波も空もひとつにて、山路につづきたるやうに見ゆ。

『東関紀行』は、京都東山に暮らす作者が、鎌倉に向かう道中を記したもので、同時代の『海道記』に比べ、風景描写が多い。右も一幅の風景画を見るような名文だ。

現在はどうだろうと、天白川に架かる橋の中央から、かつて年魚市潟が拡がっていた下流方向に目を向けてみる。川は緩やかに蛇行しながら、両岸に拡がる現代の町とともに視界から消えていく。そこに干潟の面影はもちろん、伊勢湾の輝きさえ見ることはないが、古人が残してくれた言葉が想像力の助けとなり、脳裏に過去と現在が混ざり合った空想の風景が現れる。

……満ち潮に行く手を閉ざされ、潮が引くまでの数時間、どこで過ごそうかと思案する旅人。やがて海の中から道が現れ、ぬかるんだ道に小魚が跳ねている。海からの風に乗って潮の香りがあたりに満ちていく……。

そんな空想をしていると、県道を走り抜ける車の音で我に返った。

目指す宮宿は、熱田神宮のお膝元に栄えた宿場だ。宮というのは言うまでもなく熱田神宮に由来する。熱田と呼べばよいものを宮というのだから、それだけ神宮の影響が大きかったということだろう。

熱田神宮は、日本武尊《やまとたけるのみこと》が持っていたと伝わる草薙剣をご神体としてお祀りする神社だ。広大な境内は宿場町がすっぽり収まってもまだ余裕のある広さで、そこには本宮に加え四十五社もの摂末社がある。

　熱田神宮の門前町として開けた宮は旅籠の数が東海道中とび抜けて多く、総人口も大津、府中に続き一万人を超える大きな宿場だった。

　これまで、小田原や府中、浜松のように、宿場町と城下町が融合する場所をいくつも通ってきた。ここにも尾張徳川家の名古屋城があるが、熱田から八キロ近くも離れており、宿場町と城下町がそれぞれ独自に発展を遂げている点、東海道の中でも珍しい。

　東海道を整備したのも、名古屋城の普請を命じたのも家康だ。家康にその気があればお膝元の名古屋城から清洲に入り、美濃路経由で中山道を通って近江の草津に至る道を東海道とすることもできたはずだが、家康は熱田から海上を経て桑名に至る伊勢廻りを東海道とした。美濃路は、関ヶ原の戦いを制した家康が、凱旋の際に通った道でもある。家康にとっては縁起の良い道のはずなのに……と、その理由を考えているうち、いつしか国道一号線と伏見通りが交わる大きな交差点にやって来た。

　歩道橋に上がり、交差点を見下ろす。北に向かってまっすぐに延びるのは伏見通りで、片側五車線の百メートル道路を、車が滑るように走り抜けていく。ここからでは見えないが、この伏見通りを北上すると、名古屋城に至る。

「家康は何を考えていたのだろう」

　地図と目の前の風景を見比べながら、下から上がってくる車の騒音に身を包んでいるうち、ふと木曽三川の存在が思い浮かんだ。

　美濃路を通った場合、木曽川、長良川、揖斐《いび》川と次々に川を渡らなければならならないが、これら

熱田神宮

宮宿側の七里の渡し

の川は氾濫を繰り返し、そのたびに流路を変えた。関ヶ原の戦い後、家康がまず東海道の整備に着手したのは、江戸京都間の情報伝達路をいち早く確保したいからで、川の氾濫によって、行く手が阻まれるようなことがあったら一大事だ。さらに美濃路の場合、関ヶ原付近の積雪で、道をふさがれる危険もあった。

それに対し、七里の渡しは二十七キロ近い海路だが、伊勢湾内の航海で、比較的気象の影響を受けにくい。少しでも短い時間で東西を結ぶことができる道はと考えたとき、総合的に見て伊勢廻りが有利だったのだろう。

ちなみに東海道新幹線は、家康が採用しなかった美濃路から関ヶ原を経るコースを採り、伊勢廻りのコースは、JR関西本線と草津線が担っている。ここに限らず、現在の鉄道や高速道路は古の街道と近いところを通っていることが多い。いかに昔の人の築いた道が理にかなった場所を通っていたかということだ。

歩道橋を下り、七里の渡し場跡に向かった。現在渡し場跡は公園になっており、復元された常夜燈が聳えている。江戸時代目の前には伊勢湾が拡がり、湊には多くの帆掛け船が停泊、乗船を待つ旅人で賑わっていた。船番所では役人が不審者に目を光らせ、隣の船会所では荷物の継ぎ送りで大忙しだっただろう。

「悪いね、お客さん。この船はもう一杯だから次の船だ」

「急いでるんだから一人ぐらいいいだろう」

「船がひっくり返りますよ」

　そんな声が飛び交っていたかもしれない。

　ここで本格的な渡船が始まったのは、元和二年（一六一六）と言われるが、伊勢湾を行き交う船はずっとそれ以前からあった。

　熱田は伊勢湾に向かって南に突き出した熱田台地の先端に位置していたので、海から見ると、神宮の杜はさながら年魚市潟の中に浮かぶ島のようだった。そのため、熱田は蓬莱島、その先端に鎮座する熱田神宮は蓬莱宮と呼ばれ、その背後に拡がる尾張の地は蓬州という雅名を持つ。蓬莱島といえば徐福伝説を思い出す。東の海上にあって、仙人が住むとされた仙境に重ね見られた熱田に、古来どれほど多くの人が上陸したことか。

　ここでもまた、東の海の道の存在が浮かんだ。

金の鯱を頂く名古屋城天守閣

V

桑名から京都三条大橋へ

広重「庄野〈白雨〉」

43

桑《くわ》名《な》

薩摩藩士と宝暦の治水

宮から桑名までは、二通りの行き方があった。一つは七里の渡しで、熱田から船で海上七里を行くコース。もう一つは、熱田の北二キロほどの金山から、岩塚、万場、神守《かもり》の三宿を経て佐屋に行き、佐屋から木曽川を下って桑名に入るコース。後者は佐屋街道を二十四キロほど余計に歩かなければならないが、船に乗っている時間が少ないので利用者は多かった。

渡船ルートのない現代の旅人はどうするか。一つは名古屋から関西本線で一気に桑名まで行ってしまう方法。これが一番楽で時間も短くて済む。もう一つは佐屋街道を歩いて佐屋まで行き、そこで名鉄とJRを乗り継いで桑名に入る方法。こちらは歩く距離が増える分、時間と労力がかかるが、脇街道を歩く楽しみはある。

「さて、どうしようか」

そう思っているとき、偶然七里の渡しの体験クルーズがあると知った。そうなると是が非でも船で渡ってみたくなる。祈るような気持ちで応募したところ、しばらくして当選の知らせが来た。

運良く七里の渡しクルーズに参加できることになった私は、この日のために特別に用意された小型船に三十人ほどの参加者とともに乗り込み、名古屋駅に近い納屋橋を発って堀川を南に下った。

堀川というのは、名古屋城と伊勢湾を結ぶために築城と同時に開削された水路で、城と城下町を支えた大切な物流の路だった。堀川を守るＮＰＯ法人が主催なので、堀川を経て七里の渡しへというコースになる。この堀川、近代都市名古屋の発展に伴い、工場や家庭の排水で悪臭を放つ時代が長く続いたが、現在の堀川はきれいで、蒼い空をそのまま映し出している。

江戸時代堀川沿いに並んでいたという米蔵や家臣の控え屋敷は見る影もないが、木曽から運ばれてきた材木の集積場だった名残は製材所に引き継がれ、所々の川縁に材木が浮かんでいる。大都会名古屋に、ほんの一瞬垣間見られる懐かしい風景である。

やがて船は七里の渡し場があった熱田を経て伊勢湾に出る。江戸時代なら、すでに熱田湊の前に伊勢湾が拡がり、すぐに海路の旅となったが、現在は海岸線の位置が当時と異なるため、熱田から伊勢湾までさらに三キロほど堀川を下らなければならない。少々じらされるが、それだけに海に出た瞬間の開放感は大きく、大きくなったエンジンの音が気分を高揚させる。江戸時代の旅人なら恐怖を感じることもあっただろうこの船旅は、私には貴重な休憩のひとときで、主催者の説明に合わせて目をきょろきょろさせ、すっかりお上りさんの観光客だ。

「向こうに見えるのが中部電力の火力発電所です。この辺りには石油、鉄鋼やガス、電気などの重厚長大の企業が多いんです」

説明を聞いている間に、船は埋め立て地に建つ巨大な工場や倉庫群の横を通り抜けていく。名古屋港は大貿易港、周辺は工場地帯でもあり石油化学コンビナートも見える。

古くは間遠《まどお》の渡しとも呼ばれていた七里の渡しも、エンジン付きの船ならあっという間に沖に出る。伊勢湾に出てから十数分も経つと視界から埋め立て地が消え、ようやく広々とした海らしい風景に変わる。海苔の養殖をしているらしく、水面から夥しい数の棒が突き出ている。江戸時代尾張藩から蓬莱海苔の名を賜った伊勢湾北部の海苔養殖は、現在も続いているのだ。

海風に吹かれのんびり窓外を眺めていると、長島が見えてくる。長島は戦国時代、信長の侵攻に対し一向宗門徒が立ち向かった、いわゆる長島一向一揆の舞台だが、現在の長島は高さ日本一という巨大なジェットコースターが人気の大規模遊園地と隣接する温泉施設で知られる観光地になっている。そこを過ぎると、船旅も終わりが近い。船は揖斐川に入り、河口を北に上がっていった。

船を下りると、早速桑名側の七里の渡し場に向かった。

何も遮るものがない堤防道に、夏のような強い日ざしが照りつけ、揖斐川の水は深い青を映し出している。堤防道には先ほどのクルーズで一緒だった六十代ぐらいの夫婦がのんびり歩いている以外、人の姿はない。

道路脇に大きな説明表示。近寄ってみると、そこに書かれていたのは木曽三川の治水史だった。いまは穏やかな木曽三川も、これまで越えてきた富士川や天竜川同様、大雨が降ると氾濫し、周辺に大きな被害をもたらす暴れ川だった。伊勢湾台風の大惨事は、いまも当時を知る人から聞く機会があるが、そこに「宝暦治水」の文字を見つけ、揖斐川の少し上流で起きた江戸時代の悲劇を思い出した。

江戸時代、木曽川、長良川、揖斐川は至るところで分流合流を繰り返したせいで、網の目のように入り組み、下流域の輪中《わじゅう》地帯は大雨のたびに甚大な被害を被った。そうしたなか、薩摩藩は河川改修の御手伝普請を命じられる。宝暦三年（一七五三）のことだ。藩の財政を疲弊させるのが目的なのは

薩摩藩士の墓所がある海蔵寺

桑名宿側の七里の渡し

明らかで、理不尽な要求に対し、幕府と一戦を交えようという意見が出る中、家老・平田靭負《ゆきえ》は決断した。

「戦をすれば薩摩の百姓が犠牲になる。ならば水害に苦しむ美濃の人々を救うために力を尽くそう。それが武士の役目ではないか」

そう藩士らを説き伏せ、その翌年治水工事のために薩摩から遠路はるばる千人近い藩士が美濃に入った。

ところが天下の暴れ川として聞こえる木曽三川の分離工事は並大抵ではなく、慣れない鍬を手に、水に足を取られながらの難工事。雨が降れば、それまでの努力も水の泡と消えた。粗末な食事と過酷な長時間労働で、藩士たちは次第に追い詰められ、自害する者も出始めた。

結局この治水工事はおよそ一年の歳月をかけ、宝暦五年（一七五五）に完了した。最終的にかかった費用は四十万両、現在の金額で三百億円以上にのぼるという。自害者五十一名、病死者三十三名、合計八十四名もの命が失われ、工事完了の報告後、工事責任者だった平田靭負も自ら命を絶った。それが宝暦治水事件だ。

数年前の正月、名古屋にある夫の実家に帰省中、ドライブを兼ねて長良川と揖斐川の合流地点にある油島《あぶらじま》千本松原に行った。油島は、数カ所で行われた治水工事の中でも、最難関の工事を強いられた場所で、工事完了の記念にと、そこから南におよそ二キロにわたって続く堤防に薩摩藩士が日向松を植えた。それがいま、千本松原と呼ばれる見事な並木になっている。私たちは松並木を歩いた後、平田靭負と薩摩藩士をお祀りする治水神社《ちすいじんじゃ》にお詣りし、夕日に照らされた揖斐川を見ながら帰路についた。

　そんな油島の様子を思い出していたところに、先ほどのクルーズで一緒だった夫婦がやってきて、

「ああ、そうそう宝暦治水ね。あれは何ていう寺だったかね。薩摩藩士のお墓があるのは」

「海蔵寺《かいぞうじ》ですよ」

と、治水史の表示を見ながら話している。

　先ほどはどうもと軽く会釈をしたついでに、その寺のことが気になり聞いてみたところ、海蔵寺には平田靭負ら自刃した二十四名の薩摩藩士の墓があるという。犠牲になった藩士たちの墓は、木曽三川沿いのいくつかの寺にあるようだが、その一つが桑名にあるなら是非墓参りがしたい。場所を尋ねると、東海道からそれほど離れておらず、宿場歩きのついでに立ち寄れそうだ。夫婦にお礼を言い、寺に向かった。

　海蔵寺は、かつての宿場の中心を過ぎ、東海道から西に数百メートルはずれたところにある。創建は天正二年（一五七四）、当初寺はもっと西に置かれていたようだが、いつの時代にか現在地に移っている。

　入口に「薩摩義士墓所」と書かれた看板が立ち、通りからでもよく見える本堂には、薩摩藩の家紋が入った幕が張られている。本堂前で手を合わせていると、奥さんらしき人が本堂に隣接した家から出てきた。

「本堂の中に宝暦治水のパンフレットが置いてあります。平田靭負の木像がお祀りしてありますから、どうぞお詣りください」

　ご本尊をお祀りする祭壇の左に、小さな祭壇がある。平田靭負の像はそこにお祀りされていた。五

『伊勢参宮名所図会』より「桑名渡口」

十センチほどの座像は彩色が施され、一瞬どきりとする。この木像は大正の終わりに忠魂堂を建てた際に造られたもので、忠魂堂は戦災で焼けたが幸いこの木像は残ったという。本人に似ているかどうかはわからないが、その目はどこか遠くを見据えているようで、対峙していると身の引き締まる思いがする。

「当時は自刃した藩士たちの葬儀をしようにも、幕府の目を憚《はばか》って、引き受けてもらえないことが多かったんですけど、雲峰珍龍和尚は『死者を弔うのは僧侶のつとめ』と手厚く葬ったんです。平田さんが亡くなったときも、ご遺体が京都の大黒寺に送られる途中、海蔵寺に立ち寄られましてね。そのとき和尚が、遺骸のまま京都へお送りするのは忍びないとお経をあげたことから、ここに供養塔が建てられることになりました」

静かに語られる話に耳を傾けながら、海蔵寺の雲峰珍龍和尚の、保身に走らない博愛精神にも打たれる。

本堂へのお詣りを済ませると、境内奥の墓地に向かった。中央に平田靭負の大きな墓石、その両側に自刃した薩摩藩士たちの小さな墓石二十三基が敷地を囲むように置かれている。

専門的知識が必要な治水工事の設計監督に、幕府は経験知識のない役人を配した。その結果薩摩藩士たちが命がけで築いた堤が、幾度となく流されてしまったときの絶望感たるや、その心情は察して余りある。

だがどうだろう。多くの犠牲を払う結果にはなったが、彼らの偉業が周辺に暮らす人たちの生活を守り、それによって木曽三川の流れが安定したことで東海道を行き来する旅人の安全も確保された。

平田靭負の同胞愛精神は、結果的に彼自身が思い描いていた以上に広く浸透したとは言えないだろうか。そう思いたいものだ。

熱田湊に立ち寄った七里の渡しクルーズ船

44

四《よっ》日《か》市《いち》

公害問題の痕跡

宮から桑名までは運よく七里の渡し体験クルーズに参加、江戸時代の旅人さながら船で伊勢湾を渡ったが、かつて宮から四日市まで船で渡る十里の渡しもあった。正式なのは宮・桑名間の七里の渡しで、宮・四日市間は非公式だ。ただでさえ危険の多い船旅が三里も余計になるので、こちらを利用する人は多くなかったのではと思ったが、そうでもないようで、江戸の中期以降は十里の渡しもかなり利用され、客を奪われた桑名から苦情のくることもあったという。

四日市宿の南五キロほどのところに、伊勢街道との分岐合流点・日永《ひなが》の追分がある。お伊勢参りが目的の人は、桑名・四日市間の陸上十二キロを節約し、危険覚悟で海路を取ったかもしれない。

四日市はその名の通り、中世浜田城が築かれた際に開かれた市によって発展した町だが、湊町でもあった。近世になると、海沿いには廻船問屋や漁業関係者の蔵などが軒を連ねた。東海道は、海岸から数百メートル内陸に入ったところを通っているので、東海道と海岸沿いとは、浜往還によって結ば

れていた。江戸時代の終わりから明治にかけて、四日市港は伊勢湾最大の商業港として栄えたが、その頃には東海道よりむしろ浜往還の方が賑やかだったらしい。

この先四日市を過ぎると、東海道は鈴鹿峠に向かって西進し、終着点の京都まで海を見ることはなくなる。四日市が海の見納めになるが、四日市の臨海部といえば石油化学コンビナートが林立する重工業地帯だ。高度経済成長期に四日市の空と海を汚染し、多くの人を苦しめた四日市公害の現場を見て、どのような感情を抱くのか、予想がつくだけに、四日市の海は見ないまま先に進んだ方がいいのではないかと思う一方、見なければ後悔するだろうという思いもあった。

答えが出ないまま、富田《とみだ》にやってきた。

近鉄富田駅周辺は鄙びた懐かしさの漂う商店街。人の姿はほとんどなくひっそりとしているが、ここは江戸時代立場《たてば》が置かれ、当時の旅人は富田に入ると名物焼き蛤《はまぐり》の匂いに誘われ、一息ついたようだ。

「右　富田一色　東洋紡　川越村　道」と刻まれた石標を見つけた。富田には、大正三年（一九一四）三重紡績と大阪紡績が合併して誕生した東洋紡績（現東洋紡）の大工場があった。ガチャンと機械が動けば万単位の金が入る、いわゆるガチャマン景気で大いに活況を呈した工場だが、石標はそれほど古いものに見えない。工場は十五年ほど前に閉鎖され、現在はショッピングモールになっているが、煉瓦造りの原綿倉庫が残っているという。

開国後日本の近代化を推し進めるにあたり、明治政府が行った殖産興業政策の柱が紡績業だった。特に東洋紡績の設備は群を抜いており、大正三年の合併によって世界最大規模になったが、富田の工場はその東洋紡績の中でも最大の工場で、敷地には工場のほか社宅や学校、病院などがあり、一つの町のようだったらしい。

天文十九年創業なが餅の老舗笹井屋

三滝橋から見た臨海部

四日市臨海部の埋め立て地利用に関する最初の取り決めがなされたのが、まさにここに工場が造られた時代で、その中心にいたのが東洋紡の伊藤伝七だった。

　工場誘致が具体的に決まったのは、伝七が亡くなった後、昭和に入ってからのことだ。昭和九年（一九三四）四日市は重工業誘致論を掲げて大々的に企業誘致活動を展開、四日市公害問題の中心となった石原産業の進出も、その時代に決まっている。その後次々と四日市の埋め立て地に工場が進出し、戦後復興の流れの中で海軍第二燃料廠《しょう》が三菱グループに払い下げられると、国策のもと四日市臨海部に重工業のコンビナートが次々に造られた。それがやがて四日市公害を生むことになったが、おそらく伝七の時代には、工場誘致といってもそこまでは予想していなかっただろう。

　四日市はすさまじい速さと勢いで、重工業化へ突き進んだことになる。制止する人は、誰もいなかった。

　富田を出てから一時間ほどで四日市に入った。湊と市で栄えた四日市は、宿場規模もそれなりに大きかったが、第二次大戦で空襲を受け、宿場時代のものは完全に失われているうえ、宿場だったことを示す表示も見当たらない。四日市名物なが餅の笹井屋のほか、取り立てて目を惹くものがなく、気がつけば近鉄の四日市駅近くに来ていた。

　この日の旅は四日市まで。そのまま帰路についてもよかったが、依然臨海部への関心は消えていなかった。四日市から近鉄で二駅南に行くと、塩浜に出る。鈴鹿川河口の塩浜地区は、公害の最もひどかったところだ。

その程度の距離なら、これからでも行けそうだ。松坂行きの電車に飛び乗り、塩浜で降りると、タクシーの運転手に「塩浜の海の見えるところに行ってください」と告げた。

「お客さんも珍しい人だね。何かの取材ですか」

答えに困っていると、運転手は独り言のようにつぶやいた。

「昭和四十年頃だったかね。四日市公害が一番ひどかったんは。喘息が有名やけど、大気汚染より海の汚染が先やったんですよ。あるとき伊勢湾の魚は臭いと言われだしてね。調査すると、大量の硫酸水が垂れ流しやった。大気汚染が騒がれ出したのは、それからだ。漁師は仕事を失った上、自分自身も喘息になってしもうて」

「いまでも喘息で苦しんでいる人がいるって聞きましたけど」

「もう終わったんとちゃいますか。ああやって煙突から煙が出とるけど、濾過してくれるから大丈夫や」

年配の運転手なので、公害の話はよく覚えているが、この人も四日市公害はもう過去のものと思っているようだ。この人もというのは、四日市で立ち寄った店などで、煙突からはき出す煙を話題にすると、皆口々に「もう大丈夫」と言い、意識の外に追いやっているように感じられたからだ。そもそも四日市市自体が、二十数年前に国連環境計画（ＵＮＥＰ）で表彰され、快適環境都市宣言を発表しているのだから、それも無理のないことかもしれない。けれども、いまでも患者はいる。公害問題は終わってはいない。

やがて鈴鹿川の対岸に、丸い巨大な石油タンクやコンビナートの煙突が見えてきた。河口の先端でタクシーから降り、改めて対岸に目をやると、コンビナートの大きさに圧倒され、巨大な金属の建造物に押しつぶされそうになる。いま立っているここが塩浜地区だ。工場は目と鼻の先にある。

鼻の奥につんとした刺激を感じ、慌てて東の方向に目を向ける。すると、そこは伊勢湾。遠方を大型のフェリーが数隻行き交い、ぼんやりと知多半島も見える。これがかつて那古浦《なごのうら》と呼ばれ、春から夏にかけて蜃気楼が立つことで知られた四日市の海かと、穏やかな海面にほんの一瞬気持ちが和んだが、顔を反対に向ければコンビナート群が威圧的に睥睨している。

東海道中見納めの海の風景は、予想通りだった。

タクシーに戻ると、運転手が言った。

「もうちょっと南に行くと、砂浜が残ってるんですよ。四日市で唯一の浜辺じゃないですか。初夏にはハマヒルガオが咲くらしいです」

四日市には、本来の姿のままの海がまだ残っている。

「そこに行ってください」

そう運転手に告げると、タクシーはさらに南に向かって走り出した。

45

石《いし》薬《やく》師《し》

本陣跡でのもてなし

四日市の中心部から離れるにつれ、町並みは旧道らしさを取り戻し、連子《れんじ》格子《こうし》や板塀の古い民家が方々で見られるようになる。

気がつくと住居表示が日《ひ》永《なが》町になっている。日永といえば伊勢街道との追分で知られ、江戸時代には間《あい》の宿《しゅく》として多くの店が並び賑わったところだ。江戸時代、多いときで一日に一万人近い人が往来したというが、その多くが伊勢神宮への参詣者だったというから、お伊勢参りの人気には驚かされる。

イエズス会宣教師として来日したルイス・フロイスは、天正十三年（一五八五）の手紙で「日本諸国より巡礼としてこの主なる神のもとに集る者の非常に多いことは、信ずべからざる程である。而してこのことは下賤なる平民のみでなく、誓を立てた高貴なる男女もあり、同所に行かざる者は人間の数に加へられぬと思つてゐるやうである。」（『イエズス会日本年報下』）と書いている。

当時すでにお伊勢参りが広まっていたことがわかるが、やはりなんと言っても伊勢参詣が盛んに

なったのは、世の中が落ちつき街道も整備された江戸時代以降で、近世を通じ日本人の五人に一人はお伊勢参りをしたというから、大変な数だ。

二度にわたり江戸参府の旅をしたドイツ人医師のケンペルも、『江戸参府旅行日記』で大津から土《つち》山《やま》への道中、お伊勢参りに向かう大勢の人に出会い、参詣人から乞食のように旅費をせがまれ驚いた様子を記している。

家康によって軍事と政治目的で整備された東海道は、参勤交代でそこを通る大名たちのための本陣や脇本陣、荷物の取り次ぎのための問屋場《といやば》が置かれ、一つの旅の型が完成したが、お伊勢参りに行く人の多くは農民や奉公人といった身分の低い人たちだった。彼らはそうした徳川政権が作った型とは全く別のところで、施しを受けながら旅を続けていたのだ。

東海道というと、つい本陣や脇本陣といった宿場の中心的施設に目が向くが、この街道には表には現れない善根宿《ぜんこんやど》を抱いた慈善の道という顔もあった。

内部《うつべ》川を越え、采女《うねめ》という町に入る。伊勢との関係をうかがわせる地名だ。そこから先石薬師《いしやくし》の次の庄野まで、しばらくの間また鉄道の通らない町を進むことになる。日本武尊《やまとたけるのみこと》の伝承がある杖衝坂《つえつきざか》のあたりから、次第に風が強まってきた。鈴鹿の山はまだ先だが、そろそろ鈴鹿おろしの影響が出始めたようだ。

ほどなく、石薬師宿と刻まれた石標の前に来た。時計を見ると、午後一時を少し回ったところだ。約束の時間からそれほど遅れずに着くことができ、ほっとしてペットボトルのお茶を口に含んだ。本陣を務めていた小沢家の現当主が個人資料館を作り、宿帳などを公開しているというので、あらかじめ予約をしておいたのだ。

石薬師は四日市・亀山間の距離が長いことから、主要な宿場設置から十五年近く遅れた元和二年

（一六一六）に設置されたが、すぐ隣に規模の大きな四日市があったので、石薬師は休憩に使われることが多かったという。旅籠の数は、次の庄野とともに東海道でも最少の部類だ。こぢんまりとした宿場の記憶はいまも受け継がれ、街道沿いに連子格子の民家が残る落ち着いた住宅街になっている。

ここは、歌人で国学者の佐佐木信綱の生誕地でもある。宿場町としての歴史に加え、信綱の顕彰にも力を入れているようで、街道沿いには点々と信綱の歌が掲げられている。その一首一首に目を留めながら歩いていくと、八百メートルほどで小沢本陣跡に到着、呼び鈴を押した。

しばらくして、血色のいい八十代とおぼしき小柄な男性が出てきた。小沢家の九代目当主小沢晋さんだ。

「さあ、上がってください。まずはここでお茶でも飲んでって」

玄関を入ってすぐの部屋に通され、自らお茶を入れてくれる。

「遅れてすみません」

「いや、年だから医者に行くことがあるんで予約を受けて公開するようにしましたけど、今日は何もないんでね」

そう言いながら、「ほらこれはドイツに行ったときの写真」と、おもむろにアルバムを拡げた。

「やっぱりヨーロッパの文化はすごいね。実際に見るのと見ないのとでは大違いです」

何故か話題はヨーロッパのことだ。いつになったら本陣の宿帳を見せてもらえるのだろうと思いつつ、ついこちらも知っている場所の話になると口を挟んだせいで、どんどん話が明後日《あさって》の方向に進んでいくが、楽しそうに話すのでなかなか切り出せない。ひとしきり話が済んだところで小沢さんはようやく腰をあげ、「奥へどうぞ」と和室に通された。机の上には、所狭しと本陣時代の遺品が置かれていた。

三軒あった本陣の一つ、小沢本陣跡

佐佐木信綱は石薬師生まれで生家も現存する

「ほらここに、大岡越前守ってあるでしょう。それからどこだったかな、そうそうこれは赤穂の浅野内匠頭」

　貴重な和綴じの宿帳を、小沢さんは指をなめながらめくっていく。虫食いで穴だらけになったものもあり、そういうのにはあまり手を触れないようにしているが、博物館で展示するようなものを素手でめくって見せてもらえるのだから、ありがたい反面心配にもなる。ここに出してあるのは小沢本陣に伝わる史料のごく一部で、整理しきれていないものがまだたくさんあるという。

　宿泊した大名の名前を記した木札や、徳川家光が宿代代わりに置いていったという掛け軸、加賀藩主から贈られた九谷焼の食器など、小沢さんは嬉しそうにそれぞれの由来を説明してくれる。

「江戸時代にケンペルっていたでしょう。長崎と江戸を往復するとき、石薬師に泊まってるんですけど、上等な旅館だったって書き残してるんです。石薬師は小さな宿場でしたけど本陣が三軒ありました。どこに泊まったのかはわかりませんけど、ここだったかもしれないと思うと、楽しくてね」

　満面笑みで話す小沢さんの顔を見ていると、こちらも楽しい気分にさせられる。

　もっと話を聞いていたいが、そろそろ失礼しなければいけない。気配を察した小沢さんは、「これで一杯どうぞ」と金彩の華やかなおちょこに日本酒を注いだ。おちょこの謂われは失念したが、やはりどこかの殿様からの拝領品だったと思う。博物館のケースごしに見るような品々を間近に拝見し、しかもその一つでお酒をいただく。こういう経験はめったにできないが、歩き続けていると良いことがあるものだ。

石薬師の地名の由来になった石薬師寺

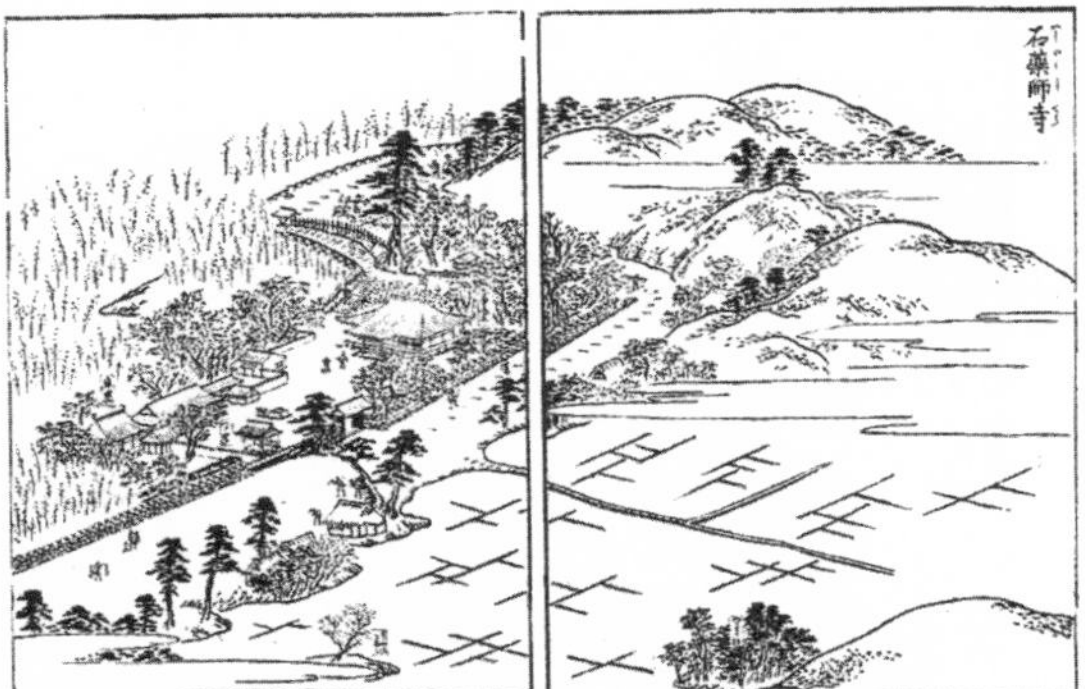

『東海道名所図会』より「石薬師寺」

46

庄野《しょうの》

白鳥のゆくえ、日本武尊伝承

石薬師の家並みが途切れると、東海道は畦道になる。一、二カ月早かったら、目の前の広大な水田に黄金色の稲穂が揺れていただろうが、十一月も下旬にさしかかったいま、あたりは見渡す限り枯野が続いている。そこにときおりカラスの群れが舞い降りては、地面をひとしきりついばんで、また飛び立っていく。冷たい風が吹くなか、日が傾き始めた広大な農地を一人ぽつりと歩くのは心細いもので、疲労した体から精一杯の力を振り絞り小走りに進んだ。

やがて旧道は畦道を抜け、国道一号線に合流する。そこでようやく人心地ついたが、国道沿いにはガソリンスタンドや工場ばかりで立ち寄る場所もない。人里を求めるように先を急いだ。ほどなくコンクリート工場の先で旧道が復活、「東海道庄野宿」と刻まれた石標が出迎えてくれた。庄野に着いたのだ。

幅五メートルほどの旧道に、連子《れんじ》格子《こうし》の落ち着いた民家が、肩を寄せ合うように並んでいる。南に向かう旧道、進行方向右側の家々は西日を受けて輝いているが、左側はもう夜の闇に片足をつっこんだように薄暗い。街道に沿って、小さな水路が流れている。その水音が、静かな庄野の町を包んでいる。

一つ手前の石薬師もそうだったように、四日市から亀山までの距離が長いことから、庄野も後になって追加された宿場で、設置は寛永元年（一六二四）と、東海道中最も遅い。庄野はもともと小さな農村で、宿場町を形成できる規模ではなかった。そのため、鈴鹿川対岸から集落を移し、ようやく宿場町の体をなしたという。

設置も一番遅かったが、規模の上でも東海道中最も小さかった。本陣と脇本陣は各一軒ずつ、旅籠は十五軒と、一つ手前の石薬師よりさらにこぢんまりとしていたが、両者は三キロしか離れていないこともあり、雰囲気が似ている。

宿場時代の展示をした史料館を駆け足で見学し旧道に戻ると、三十分足らずの間に夕陽はさらに傾き、町全体が眠りについたように静止した。鈴鹿川に架かる庄野橋から宿場の方を振り返ると、鈴鹿山脈に沈んだ西日の最後の片鱗が黄金の光を空に放ち、空は茜色に染まっていった。

庄野に来たら、寄り道をしたい場所があった。それは日本武尊《やまとたけるのみこと》の墳墓だとかつて言われていた白鳥《しらとり》塚《づか》古墳《こふん》だ。かつて言われていたというのは、現在日本武尊の墳墓は別の場所が比定されているためだ。白鳥塚古墳は庄野宿にほど近い、加佐登《かさど》駅の北一キロほどの丘陵にあり、その手前には日本武尊が死の間際まで持っていたと伝わる笠と杖をご神体としてお祀りする加佐登神社もある。

日本武尊といえば、ここまでの東海道中何度もその足跡に出会い、そのたびに古代に思いを巡らせてきた。大磯の吾妻山や静岡の草薙《くさなぎ》神社、薩埵《さった》峠近くの鞍佐里《くらさり》神社や岡崎の矢作《やはぎ》神社、そして熱田神宮など、忘れかけていると突然思い出したようにその存在が浮かび、いつしか私は東海道と日本武尊

庄野の町並み

白鳥塚古墳（伝日本武尊墓所）

の東征伝承の道を重ねるようになっていた。

つい最近では石薬師手前の杖衝坂がそうで、このあたりまで来ると、日本武尊にまつわる伝説は伊勢国の能褒野《のぼの》で命果てる最晩年のものとなり、東海道の東で目にしてきた、東征に向かう勇ましい日本武尊とは対照的だ。

日本武尊は神話の世界の人物だろうが、それを超越した特別な存在感を放っている。

翌朝、始発のバスで白鳥塚古墳に向かった。バスは前日歩いたのとは逆向きに庄野の町を抜け、勾配の急な坂道を上っていった。坂の上でバスを降り、緩やかな坂を下った先に緑に覆われた小高い丘が見える。それが加佐登神社と古墳だった。

一礼して鳥居をくぐると、きれいに整備された参道の石段に、信者たちが奉納した鳥居がトンネルのように続いている。頭上を覆っていた枝葉に隙間ができたあたりで、ようやく石段の終わりが見え、明るい境内に出た。

早朝の境内はすがすがしい。冷たい風に頬をなでられ、呼吸が整っていく。お詣りを済ませ、境内の写真を撮っていたところ、社務所から宮司さんが出てこられた。

「早うからお詣りですね」

そう声をかけられたので、東海道を歩いてようやく庄野まで来たことや、これまでいろいろなところで日本武尊の足跡に出会ったことなどを話していると、宮司さんは軽く微笑んでまた口を開いた。

「このあたりは日本武尊に謂われのある場所が多いんです。あなたも歩いたでしょうけど、石薬師には日本武尊が足を引きずりながら上ったという杖衝坂があります。墓にいたっては、この裏にある白鳥塚古墳のほかに、亀山の能褒野やここから五キロばかり北にある長瀬神社の武備《たけび》塚《づか》とか、いくつもありましてね。ご存じのように、宮内庁が日本武尊のお墓としてるのは、能褒野の御陵ですけど。まあ、そのあたり江戸時代からいろいろあったようで」

武備塚というのは、亀山藩が認定したことにより、江戸の中頃日本武尊の墓として注目されたものという。その後白鳥塚を訪ねた本居宣長が、白鳥塚こそ日本武尊の墓であると『古事記伝』に記したことから、今度はそちらが日本武尊の御陵とされた。ところがその後、明治十二年（一八七九）に、それまであまり注目されてこなかった丁子塚《ちょうじづか》が、前方後円墳であるという理由で御陵とされたのだという。これがいわゆる能褒野の御陵で、現在宮内庁が日本武尊の墓と比定しているのは、能褒野のほか、琴弾原《ことひきのはら》（奈良県御所《ごせ》市）と河内の古市《ふるいち》（大阪府羽曳野市）と三カ所ある。

日本武尊の魂は、死後白鳥となって飛び立ったと記紀に記されているが、この三カ所はいずれも『日本書紀』で白鳥が降り立ったとされる場所だ。おそらく後の時代に、尊《みこと》を追慕して造営されたものもあるだろう。

神社へのお詣りを済ませ、白鳥塚古墳に向かった。落葉が積もった道を抜けると、やがて「白鳥塚古墳」と刻まれた石柱が現れ、その奥が小高くなっている。斜面の手前には注連《しめ》縄が張られ、立ち入ることはできない。説明には、この古墳は五世紀前半に鈴鹿川流域を支配した首長の墓だろうと書かれていた。

庄野の町並み

そうなのだろう、ここはこの地域を治めた豪族の墓なのだ。が同時に、受け継がれてきた思いがあったことは紛れもない事実だ。

神社の境内には、日本武尊の石像や木像がいくつもあった。どれも地元の人たちの手作り、日本武尊への信仰が生んだものだが、素朴な中からわき出る力が感じられた。木像についてはこんな話を聞いた。境内にあった枯れかかった欅《けやき》を使い、隣町の建具職人が日本武尊像を彫ることになったが、当時その職人は病を患っていた。彫り上がったところで各地から信者が集まり、大勢の人の手で磨かれ、ようやく完成すると、職人の病も癒えていたのだとか。

その土地に伝わる人々の思いも、一つの信仰に思える話だ。

47

亀《かめ》山《やま》

わたしらの仏さん

東から西に向かって東海道を歩きながら、いつどの時点で西に入った実感が得られるのだろうと、いつも気にかけていた。

西に一歩を踏み出したと思えたのは、七里の渡しで伊勢国の桑名に入ったときだが、実際には桑名は名古屋圏内、東海地方の色が濃く、まだ西ではなかった。石薬師で東海道が西に向きを変えたとき、彼方に聳える鈴鹿の山並みに西を感じたが、それでもまだ西に入ったとは言えない気がした。かといって、そこは東海でもないから、そのあたりは東海と関西が混ざり合った、中間地帯と言うべきなのだろう。

ある人が「ここは関西やんか」と思っても、別の人は「東海だがや」と思うように、地元の人の間でも、状況に応じてあるいは個人の感覚によって、関西と東海の間を揺れ動いているらしい。ときおり耳にする言葉も関西弁のようでいて、名古屋弁のようにも聞こえる。この先しばらくは言葉がそう

であるように、二つの重なり合う風土の中を進む。

亀山に慈《じ》恩寺《おんじ》という寺があり、そこの阿弥陀如来像がすばらしいと聞いていた。その像は三重県にある仏像の中でも最も古い部類に属し、国の重要文化財にも指定されている。現在寺は無住だが、予約をすれば拝観できるという。

窓口になっている鈴鹿市役所に昼過ぎに着く予定と伝えると、「鍵を開けておいてくれるそうですから、自由にご拝観ください」とのことだった。

丘陵の上に聳える亀山城の多聞櫓や亀山神社に立ち寄った後、古い商家などを見ながら西に歩いていくと、次第に道は下り坂になる。亀山宿の西の出入口である京口門があったために、京口坂という。江戸時代の宿場はそのあたりまでだったが、西隣の野村に入っても旧道沿いには連子《れんじ》格子《こうし》の町家や白壁の蔵が続き、依然宿場が続いている感じがする。

そんな野村に入って数百メートルほど西の、東海道から一軒分奥まったところに慈恩寺はあった。

大きな本堂は、最近建て替えられたばかりのように新しい。扉に手をかけてみるが、まだ鍵がかかっていたので、境内にある他のお堂にお詣りしていると、しばらくして軽自動車が入ってきた。車から出てきたのは、七十代ぐらいの小柄な男性だった。

「わざわざありがとうございます」

「待たれましたか。すぐ開けますから、ちょっとお待ちください」

しばらくして声がかかり、本堂に入った。

陽光に照らされた広い堂内、その中央がまばゆいばかりに輝いている。光に導かれるように近づくと、金色の天蓋が光背の線に沿うように天井から垂れ下がり、その下に人の背丈ほどの阿弥陀如来像がお祀りされていた。

正面に座りひとしきり手を合わせた後、再び視線を上げると、内側から力が漲《みなぎ》るような体の張りと、その体に沿う重厚な衣、穏やかな笑みを湛え包み込むように見下ろす表情に、目が釘付けになる。

「慈恩寺は、奈良時代に聖武天皇の勅願でこの地を訪れた行基によって建てられた、と言われとるんです。最初は薬師寺いう法相宗《ほっそうしゅう》の寺でしたが、この先にある忍山《おしやま》神社の神宮寺になって、神福寺と呼ばれるようになりました。慈恩寺になったのは戦国時代のようです。この阿弥陀さんは平安時代の初めか、もしかすると奈良時代まで遡るかもしれないと言われとります。檜の一木造り。木心乾漆造りといって、ところどころ木屎《こくそ》漆《うるし》で塑形してあります」

斜め後ろで、その男性が静かに口を開いた。

「お薬師さんの手の先を造り変えて、阿弥陀さんにしたなんて言われとりますけど、寺は戦国時代や江戸時代に何度も焼けとるし、昔のことでようわからんです」

私にはこの仏像が阿弥陀如来でも薬師如来でも、さして違いはない。手の印相がどうであれ、この仏像の顔から体にかけての豊かな感じは当初からのもののはずだ。体躯の厚みや重量感までもが伝わるたっぷりとした衣の辺りが特に見事。高さ百六十一センチというが、その前に座るとそれ以上の迫力を感じ、次第にこの阿弥陀如来に守られているような気がしてくる。

「よかったら近くでご覧ください。この横からの姿がいいんですよ。お腹のあたりに張りがあってね」

近づいて真横から見てみると、言われるように正面から見るよりも体躯の安定感や充実ぶりがよくわかる。

この重量感はどこかで目にしたことがある。どこの仏像だっただろうと記憶の糸をたぐり寄せていくと、以前何度か訪ねたことのある、琵琶湖の北、鶏足寺の薬師如来像が浮かんできたが、もっと似

亀山の町並み

慈恩寺本堂

ている仏像があったとさらに思い巡らせているうち、奈良の博物館で見た元興寺《がんごうじ》の薬師如来に行き着いた。

　重量感溢れる体軀や流れるような衣文《えもん》、その衣を突き破るような大腿部の張りが見事な元興寺のその像は、いまこうして慈恩寺の阿弥陀如来に向き合っていると、まるで同じ仏師が彫ったのかと思うほど、よく似ていると思えてくる。

　亀山から鈴鹿山脈の加太《かぶと》峠を越え、木津川に沿って下ると、奈良に行き着く。奈良に都があった時代は、加太越えの道が主要道だったので、元興寺の薬師如来の影響が何らかの形で亀山に伝わったというのは十分考えられよう。

　思わず「元興寺の薬師如来に似てますね」と言うと、「よくそう言われますけど、元興寺の方は漆を一切使っていない一木造りで、なんかこうすっきりしとりますね」とのこと。

　木心乾漆造は、一般に平安時代になると用いられなくなると言われているが、慈恩寺の阿弥陀如来像はその技法で造られている。これが奈良時代にまで遡るものかもしれないというのは、そこからの推論だろうが、元興寺の薬師如来は平安時代初期の像なので、その影響を受けて造られたとすると時代が合わなくなる。

　中央ではすでに廃れていた技法が、まだ亀山には残っていたということなのだろうか。いまとなってはわからないが、私には慈恩寺の阿弥陀如来は元興寺の薬師如来像に決して劣らない、むしろ大らかな感じは、元興寺の薬師如来を上回るように思える。

これほどの仏像が東海道沿いにあるのに、この街道を旅した古人《いにしえびと》たちが紀行文などにその存在を記していないのは不思議だが、「野村に住むわたしらの仏さんですから」とその人が言うように、特に秘仏としていたわけではなく、暮らしの中でお祀りされてきたためだろうか。

おもしろい話を聞いた。慈恩寺の阿弥陀如来像が旧国宝（現在は重要文化財）に指定されたのは昭和十二年（一九三七）だが、その際指定のための調査対象だったのはこの像ではなく、薬師堂にお祀りされていた薬師如来像だった。ところが調査官は本堂にお祀りされていた阿弥陀如来に目を留め、こちらの方が国宝に相応しいと予定が変更されたという。何とも大らかな話だが、そもそもこの像自体が大らかな姿をしている。ここはそういう土地柄なのだろう。

慈恩寺にたたずんでいると、数年前に訪ね歩いた滋賀県湖北地方の観音堂での様子が思い出される。人知れず美しい仏像があること、それを土地の人が守っていること。両者の映像が頭の中で重なったとき、また大きく西に踏み込んだのを確信した。

48

関《せき》

関の中の関・鈴鹿関

関が近づいてくるにつれ、道の先に聳え立つ鈴鹿山脈の、その山肌までもが捉えられるようになってくる。あの山のどこかに峠道がある。そこを越えたらいよいよ西国、東海道の旅も終盤に入る。

鈴鹿川に沿った大岡寺畷《だいこうじなわて》の直線道を過ぎ、住宅街の中の旧道を歩いていると、左手に大きな鳥居が現れ、そこから先の町並みが一変した。関宿に入ったのだ。鳥居は伊勢神宮のもので、鳥居の先には伊勢《いせ》別《べつ》街道が南東に延びている。伊勢別街道は津のあたりで日永《ひなが》の追分から来た伊勢街道に合流する。西からの旅人の多くは日永まで行かずに、この関で伊勢別街道に入り伊勢神宮に向かったというから、関は伊勢参詣の玄関口でもあった。

早速関宿に入っていくと、正面には鈴鹿の山並み、その山に向かってこれぞ旧道風景と思える町並みが続いている。

その統一感と規模たるや、これまで目にしてきたどの町並みをも凌いでいる。だいぶ見慣れたはず

の連子《れんじ》格子《こうし》の家々も、ここまで途切れずに連続していると見事の一言に尽きる。町屋は江戸の中頃から明治の中頃までのものが多いようで、歩き進むにつれ漆喰壁に虫籠《むしこ》窓《まど》の家も目に付くようになる。日本橋から東海道を歩き続けてきた私にとって、本陣など主要建物こそ残っていなくとも、関は宿場町の面影を町全体で伝える初めての場所で、それが日常の暮らしの中にあるところに惹かれる。

およそ一・八キロに及ぶ旧宿場町が国の重要伝統的建造物群保存地区に選定されたのは昭和五十九年（一九八四）。東海道の宿場町では唯一の選定地区だが、店舗やかつての旅籠を利用した資料館などが連なる宿場の中心部分をのぞき、関はごく普通に人が暮らす静かな町で、人もまばらだ。

店の前にみかんを並べた食料品店に入ってみる。おやつを買い「すばらしい町並みですね」と奥さんに言うと「表はいろいろ規制があって手を入れられないから、結構大変なんですよ」とのこと。重要伝統的建造物群保存地区になったときは、それがどういうものか知らない人が多く、かえって規制が増えたことで戸惑いもあったという。江戸時代の建物が残っているところはそれを修理し、残っていないところも東海道に面した表側だけは景観を乱さないよう連子格子などを用いた。街道沿いに暮らす人たちの協力によって蘇った景観なのだ。

先に進むと、大旅籠《おおはたご》玉屋。堂々たる漆喰壁が印象的な建物だ。現在は旅籠の様子を展示した歴史資料館になっている。その玉屋の向かいには、立派な庵《いおり》看板の店がある。寛永年間から続く深川屋という菓子店で、店内には畳の間に木枠の小さなガラスケースが一つだけ置かれ、そこに菓子箱が並べられている。売られているのは関の戸といって、こし餡を薄い求肥《ぎゅうひ》で包み和三盆《わさんぼん》をまぶした直径三センチほどの餅菓子。江戸時代東海道を行き来する諸大名に人気だったという。現在の関の戸も当時のままの製法で、それ以外の菓子は売られていない。現代人に媚びないその心意気が好ましく、一切れ試食させてもらうと、こし餡と和三盆が溶けあい上品な甘みが口に拡がっていく。土産に一箱買って店

鈴鹿川と鈴鹿山脈

二軒あった本陣の一つ、伊藤本陣跡

を出ると、先ほど「関の戸」と書かれていたはずの庵看板の文字が「関能戸」になっている。見間違えたかと思ったらそうではなく、西から来た人には漢字で、東から来た人には平仮名で示しているらしい。自分が歩いている向きがすぐにわかるように書き分けられたのだろうが、これは東からの旅人の流れと西からの旅人の流れが意識されていたということでもあっただろう。東から西への移り変わり、その境界を探しながら歩いている私には、これも一つの境界に思えた。

ところで関は、深川屋から少し西に行ったところにある地蔵院の門前町として発展し、関といえば地蔵院、『東海道名所図会』でも地蔵院についてかなり紙面が割かれている。地蔵院は街道と一体化しており、関の風景に趣を添える関の中心的存在だが、関にはさらに歴史を遡った古代律令制の時代、鈴鹿の関所が置かれていたように、関所の町としての顔もあった。

古代の関所は畿内周辺にいくつも置かれ、その中でも鈴鹿関、不《ふ》破関《わのせき》、愛発関《あらちのせき》は古代三関と呼ばれ特に重視されていたが、関所に由来して地名を関と名乗っているのはこの三重県の関ぐらいで、鈴鹿関の重要性がうかがえる。事実鈴鹿は東西、南北、そのどちらについても関所として申し分のない位置にある。

鈴鹿関というと、古代最大の内乱である壬申の乱を思い出す。大津京で病に伏せっていた天智天皇が息子の大友皇子に皇位を譲ると決めたことから、大海人皇子（天智天皇の弟、後の天武天皇）は剃髪して吉野に隠棲したが、六七二年一月に天智天皇が崩御すると大海人皇子は皇位奪回の計画を練り、七月二十四日の早朝妃の鸕野讃良皇女《うののささらのひめみこ》（後の持統天皇）や草壁皇子、忍壁皇子《おさかべのみこ》らわずか数十人を伴って吉野を発ち鈴鹿を目指した。伊賀の名張《なばり》では参軍を得られなかったが、次第に伊勢や美濃、尾張らの豪族の協力を得ることに成功。大津京を脱した大海人皇子の息子高市皇子《たけちのみこ》と積殖《つみえ》（柘植《つげ》）で合流し、鈴鹿関を封じたことでさらなる勢いを付けた。鈴鹿は北は鈴鹿山脈、南は布引山地に挟まれた狭隘な土地のため、守るに易く攻めるに難い天然の要害だったのだ。

三関の中で最初にその場所が明らかになったのは不破関で、現在関ヶ原には資料館もできているが、愛発関は未だ不明のままである。鈴鹿関はというと、ここも長らく考古学、歴史学、古代史など各方面にわたる研究にもかかわらずなかなか場所を特定することができなかったが、平成十七年（二〇〇五）にこれまで注目されてこなかった観音山の山裾から土塁と大量の古代瓦が見つかり、さらに発掘調査を進めたところ、土塁は築地塀《ついじべい》の一部でそれが鈴鹿関の西の城壁であるとわかったという。

観音山というのは、その晩泊まることにしている国民宿舎に近いので、翌朝そこに寄ってから鈴鹿峠に向かおうかと思っているが、できれば鈴鹿関についてもう少し詳しいことが知りたい。東海道から少し北に入ったところに、市役所支部がある。そこのまちなみ文化財室を訪ねてみると、「ちょっとお待ちください」とこれまでの調査報告資料を取り出し、最新の調査状況を教えてくれた。

築地塀は平城京など国の重要施設に用いられたもので、鈴鹿の築地塀は埋め立て部分も入れると七メートル以上の高さになるということ。西城壁築地塀は観音山から東海道を越えてその南にある小山の南まで、およそ七百メートルにわたって続いていたらしいこと。鈴鹿関には東西に二つの施設があり、全体を合わせると現在の関宿がすっぽりおさまってしまうくらいの規模だったかもしれないこと。

そういった話をいくつも聞いているうち、古代の関所とは比べものにならないほどの規模で、防衛施設であったのと同時に、朝廷の威厳を示すための施設でもあったことがわかってくる。

特に興味を抱いたのは、東と西に施設があり、東から来る人は東の施設で、西からの人は西で取り調べを受けたということだ。これまであまり意識もせず関東、関西という言い方をしてきたが、考えてみれば関東は関所の東、関西は関所の西ということだろう。古代の関所は東西の境界の原点とも言えそうで、鈴鹿峠を越えたら西に入るのだろうと思っていた漠然とした境界がここで確かなものとなった。

ちなみに西の城壁の規模から、鈴鹿関は少なくとも不破関よりは規模が大きかったようだ。愛発関のことが不明なので何とも言えないが、もしかすると鈴鹿は古代三関の中でも最大だったと言える日が来るかもしれない。

翌朝早起きをして、鈴鹿関の西城壁の一部が見つかったという観音山を目指した。早朝の麓の道は朝靄に包まれてみずみずしく、峠越え前のウォーミングアップにはちょうどよい。五分もしないうちに土手を覆う青いシートが見えてきた。中の様子をうかがい知ることはできないが、前日もらった資料にある航空写真と照らし合わせると、鈴鹿関の西城壁は、鈴鹿の山々と伊勢平野のちょうど境界付近にあり、関所の場所としては申し分ないように思える。これなら鈴鹿の山を越えてきた人を取りこぼす恐れもないだろう。

壬申の乱以後長屋王の変（七二九）や恵美押勝の乱（七六四）など、国家にとっての一大事の際にも重要な役割を果たした鈴鹿関は、やがて国が安定してくるとかえって交通の弊害になることから、桓武天皇の時代に廃止された。とすると鈴鹿関が機能していたのはわずか百年余りの間ということになるが、古代史に名を残す数々の事件と向き合った関所だけに、その存在感は百年という時間をはるかに上回って大きく感じられる。目をつむると、慌ただしく駆け回る関司《かんし》の声が聞こえてくるようだ。ビニールシートに覆われているこの場所は、現在から古代へと思いを巡らせる歴史の入口にもなっている。

　再び東海道に戻り、早朝の関の町をゆっくりと歩いた。寺の境内で朝のラジオ体操をしている人々がいる。犬の散歩をしている初老の女性と目が合い、挨拶を交わす。背後から朝日が射し込み、関の町と鈴鹿の山を照らしている。輝くような山に向かって歩いていくと、やがて関宿が終わり旧道は国道一号線に合流した。

　すぐ先に、国道一号線と大和街道とが分岐合流する追分がある。大和街道とは、加太《かぶと》峠を経て奈良に至る道だ。関所が機能していた時代の官道、つまり古代の東海道は、鈴鹿峠越えの道ではなくこの大和街道だったことを思うと、ここは関所が置かれるべくして置かれた場所だったということがよくわかる。さらに言えば、ここに関以外の地名は考えられない。ここは関の中の関だった。

49

坂下《さかのした》

鬼の住処

関の西の追分を過ぎると、東海道は国道一号線に合流する。これまでは国道に合流するとがっかりしたものだが、早朝でほとんど車も通らない山に分け入るような道では、国道沿いを歩く方が不安が少ない。それに数百メートルもすればまた旧道に入るのだ。いつの間にか右手には鈴鹿川、川に覆い被さった木々の色づきに目が留まる。

最後に鈴鹿川を見たのは、まもなく関に入ろうという大岡寺畷《だいこうじなわて》だった。そこから数キロ上流に来ているだけにすっかり渓谷の雰囲気で、川には人の頭ぐらいの石がごろごろ横たわっている。流れはゆったりとしているが、昔の鈴鹿川はいくつもの瀬を持つことから八十瀬川《やそせがわ》と呼ばれ、ひとたび雨が降ると氾濫、村人はもちろん旅人も難渋したらしい。

鈴鹿川八十瀬《やそせ》渡りて誰が故《ゆゑ》か夜越えに越えむ妻もあらなくに　（三一五六）

これは『万葉集』巻十二に収められている歌だが、この頃すでに鈴鹿川の八十瀬が難所として知られていたことがわかる。

いま私は国道一号線の橋から、鈴鹿川を暢気に見下ろしているが、昔の旅人は時に岩伝いに川瀬を渡りながら上流に向かった。川が増水し濁流の中を進まなければならないときなど、さぞかし難渋しただろう。そんな鈴鹿川に昔の人は木を渡して簡易な橋を架けた。

その橋についてこんな話が伝わっている。あるとき関の山から切り出した桐で造った橋を架け替えることになり、たまたま通りかかった京都の公家が不要になった木を持ち帰って琴を作らせたところ、その音色のすばらしさに皆が驚き、宮中に献上されたという。名琴を生んだ桐の橋が架かっていた場所はわからないが、旅の苦労話よりも橋が美しい音色の琴に生まれ変わり宮中の宝となったという話が伝わるあたり、都との繋がりが感じられ興味を惹かれる。鈴鹿川の渡渉は江戸時代の終わりまで続いたようなので、鈴鹿が難所というのは峠道だけのことではなかったことになる。

やがて旧道が復活、沓掛という集落に入る。旧道沿いに民家が顔を寄せ合うように並んでいるが、風景はもうすっかり山国のそれで、民家の間からときおり茶畑も見える。行く先に見える駱駝のこぶが三つ並んだような山は三子《みつご》山《やま》。三つの山は南北に並んでおり、南峰と鈴鹿山の鞍部にこれから越える鈴鹿峠がある。

三子山が正面に見えるようになると、そこがかつての坂下宿だ。ざっと見渡したところ、百軒程の小さな集落で、平地が少ないためほとんどの家が東海道沿いに集まっている。集落の規模に反して本陣が三軒、旅籠も四十二軒と多く、総戸数に占める旅籠の割合は箱根に次いで高かったが、明治になって鉄道が開通すると客足が遠のき、住民の多くは早々にやっていけなくなって坂下を出てしまっ

鈴鹿峠越えの道

坂下の町並み

たという。

本陣家の退去や道路の拡幅で、宿場時代の面影を失ってしまった現在の坂下は、本陣跡の表示がなければ、かつての宿場町だとは気づかずに通り過ぎてしまったかもしれない。いつの間にか民家はまばらになり、あっという間に宿場の外れに来た。

坂下を出るとまた国道に合流、数百メートルほど先に峠に通じる山道が現れた。片山神社と刻まれた石標が峠道への目印、さあいよいよと歩き出すと道はすぐさま杉木立の中の薄暗い道になり、緊張が走った。

鈴鹿峠といえば、鬼や山賊にまつわる伝説の宝庫だ。『今昔物語集』に伊勢の水銀商が鈴鹿山中で山賊に殺された話があるように、鈴鹿峠は峠道の険しさ以上に旅人を襲う輩《やから》が跋扈《ばっこ》する場所として恐れられていた。さすがに今の時代そのようなことはないが、別の意味で物騒な世の中だ。不安を封じ込めるように歩いていると、杉木立の先に延喜式内社片山神社と刻まれた石標と朽ち果てた木の鳥居が見えてきた。

峠越えの安全をお祈りしていこうと近づくも、「危険につき立ち入り禁止」の表示。傾いた石段下で手を合わせたが、ここにお祀りされていたのは倭比売命《やまとひめのみこと》、瀬織津比売神《せおりつひめのかみ》、坂上田村麻呂など九柱だ。祓いを司る祓戸《はらえど》四柱と言われる神々のうち、三柱が片山神社の御祭神になっているので、この場所はもともと祓いの場と捉えられていたらしい。

御祭神の一柱、瀬織津比売で思い出すのは、京都祇園祭の後祭《あとまつり》に登場する鈴鹿山でお祀りされている、鈴鹿明神という名の女神だ。祇園祭の鈴鹿山は烏丸御《からすまお》池《いけ》に近い場《ば》之《の》町《ちょう》が出す山だが、華やかなその山が表しているのは、むかし鈴鹿の山中で通行人に悪さをする鬼を瀬織津比売神が退治したという伝説である。

　鈴鹿峠における鬼（山賊）退治には、様々なバリエーションがある。悪さをする方としては、ときに山賊、ときに鬼で、鬼が人間に化けて旅人を襲うというものもあった。他方、それらを退治する英雄として有名なのは坂上田村麻呂だ。田村麻呂は片山神社の御祭神としてもお祀りされているし、この先鈴鹿峠を越え土山宿に入る手前に鎮座する田村神社はまさにこの田村麻呂をお祀りする神社だが、田村麻呂についても天から舞い降りた鈴鹿御前が田村麻呂の鬼退治に力を貸したとか、田村麻呂が退治した鬼が実は美しい女鬼で、田村麻呂に降伏して心を入れ替え伴侶になったとか、こちらも様々な話がある。さらに鬼を退治する英雄も田村麻呂に限らず、美しい鈴鹿御前という話も聞く。

　往々にして峠には伝説がつきものだが、東西の境界にもあたり、伊勢も含めた東国と都とを結ぶ交通の要衝である鈴鹿は、信仰と伝説の吹きだまりだと強く感じる。様々なバリエーションを持つ鈴鹿峠の伝説のうちの一つが、祇園祭の鈴鹿山に目に見える形になって伝えられているところを見ると、鈴鹿以西はやはりもう西国といえるのかもしれない。

　祇園祭の鈴鹿山にお祀りされている鈴鹿明神（瀬織津比売神）は、薙刀《なぎなた》を手に鈴鹿山中の鬼に立ち向かう姿をしている。それにあやかり、薙刀の代わりにはならなくとも何かの役には立つかもしれないと、落ちていた枝を拾い山道を登っていった。

　いよいよ本格的な山道かと構えているとすぐさま道は明るくなり、巨大なコンクリートの橋脚と階段が現れた。その橋脚は上を走る国道一号線を支えるもの。階段を上がると、峠道はその国道によって分断されるが、国道を横断するとすぐにまた山道に戻る。そこから本格的な峠道かと思いきや、気づくと道は平らで、あっけなく峠に着いてしまった。

拍子抜けしながら峠を越えると、三重県と滋賀県の県境を示す表示を境に木立が途切れ、陽光が降り注ぐ明るい道に変わった。道の両側には茶畑、太陽の光を反射してまぶしい。これでは鬼の居場所はなさそうだ。

持っていた枝を空中に放り投げると、緩やかな坂を下っていった。

三陣あった本陣の一つ、大竹屋本陣跡

50

土《つち》山《やま》

流れ着いた秘宝

十数年前、かつて近江国と呼ばれた滋賀県各地に足繁く通った。

日本列島のほぼ中央に位置し、日本一大きな湖である琵琶湖を抱く近江は、都の置かれた京都に隣接しており、都と各地を結ぶ様々な街道が琵琶湖の周りを回廊のように取り巻いている。その街道を通じ、近江には都の影響を受けた豊かな文化が育まれたが、同時にここには都に同化しない近江らしさを守る力があると、近江各地を訪ねる中で感じたものだ。

現代の近江で惹かれるのは、開かれていながら秘され守られているような近江独特の風土で、とくに信仰や風習が下手に観光化されずに、その土地その土地の日常生活に根付いたものとして、大切に守られているところに魅せられ、湖畔の町はもちろん、琵琶湖から遠く離れた山間部にも足を延ばした。

鈴鹿峠を越えた最初の宿場・土山《つちやま》にも、周辺で行われる祭を見に何度か足を運んだことがある。瀧《た》

樹《き》神社で行われるケンケト踊り、山女原《あけびはら》や黒滝の花傘太鼓踊りなどがそれで、風流踊《ふりゅうおどり》を取り入れたそれらの祭は、都の雅な雰囲気が色濃く、静かな山村で繰り広げられる舞はどこか幻想的ですらあった。

大阪からそこを目指そうと思うと、鈴鹿山脈に向かって車を延々と走らせなければならない。当時はまだ新名神高速道路が通っていなかったこともあり、土山というと、近江国の最も奥まった懐深い場所にあるという印象が刻まれた。

いま私は東から鈴鹿峠を越え、近江側に出たところだ。日本橋を発ち四百キロ以上を歩いて、ようやくその土を踏むことができた。待ちに待った西国。ほっと安堵の息をつくが、ここが近江国の最奥にあるという感覚はない。それよりも鈴鹿峠を越えたことで、一気に京都までの距離が縮まった感じがしている。

以前瀧樹神社のケンケト踊りや山女原の花傘踊りを見に行ったとき、このような奥まったところに都の影響があるのかと驚いたが、いまこうして東から鈴鹿峠を越え近江に入ると、都の影響がここまで及んでいるのは至極当然のことに思える。

西から東に向かう旅人の立場に立てば、鈴鹿峠は西、つまり都との別離の境界になる。古人《いにしえびと》の未知の世界に対する恐怖心は、現在のように日本中至るところが均質化し、見知らぬ土地などないほど隅々まで目が行き届く情報社会にあっては、想像もつかないものだった。都に親しんだ人が都を離れる不安は、さぞかし大きかっただろう。鈴鹿峠に伝わる鬼の伝説も、実際峠に山賊が出たということもあったのだろうが、都との別離を恐れる都人の心に浮かんだ幻影だったのかもしれないとも思う。

近江国最初の宿場・土山宿は、坂上田村麻呂をお祀りする田村神社の先から始まっていた。現在の土山に江戸時代に遡る建物はないが、伝統的な日本家屋が多く、統一感がある。土山でも、亀山や関のようにかつての屋号が掲げられている。鳥居《とりい》本《もと》屋、加賀屋、瓢簞《ひょうたん》屋と白い文字で書かれた木札を目で追いながら歩いていくと、ひときわ立派な建物が見えてくる。

一つは連子《れんじ》格子《こうし》に白い漆喰壁の、問屋場跡に建つ建物。もう一つは、同じく連子格子に黒い漆喰壁の、本陣跡に建つ建物。どちらも歴史を感じさせる造りで、土山の景観造りに一役かっているが、本陣の方は昭和になってからの再建と聞く。本陣家にはいまも土山さんが暮らしており、事前に予約をすれば当時のまま残されている上段の間や大広間などを見せてもらえるようだが、今回は早朝のため遠慮した。

さらに歩いていくと、道ばたに常明寺《じょうみょうじ》と書かれた表示。常明寺といえば、土山で客死した森鷗外の祖父・森白仙の墓がある寺だ。早速脇道に入っていく。田圃の拡がる風景の先に、純白の漆喰壁が続き、大きな楠が空に向かって突き出している。山門に「臨済宗東福寺派」「瑞寶山湖東禅林常明寺」と墨書された木札が下がり、奥に見える本堂は古くはないが、禅宗らしい格調の高さが感じられる。

常明寺の創建は和銅年間（七〇八〜七一五）、元明天皇が文武天皇供養のために開いたと伝わり、当初は現在地から西に一キロほどの場所で七堂伽藍を構える大寺院だったが、次第に荒廃し、南北朝時代の貞和五年（一三四九）、京都東福寺の僧によって再興された際、現在地に移されたという。

それはともかく、この寺に長屋王の大般若経二十七巻が伝わっている、と山門前の表示にある。白仙の墓参りのつもりで訪れたが、それを見たとたん静かな興奮に包まれた。

長屋王といえば、神亀六年（七二九）に起きた長屋王の変が思い出される。天智天皇の皇子高市皇《たけちのみ》子《こ》を父に、天智天皇の皇女御名部皇女《みなべのひめみこ》を母に持つ長屋王は、藤原不比等に次ぐ地位を占めていたが、不比等の死後右大臣に就任。聖武天皇が即位すると左大臣として藤原氏に対抗する勢力となったが、何者かによる密告で謀反の疑いをかけられ、家族ともども死に追いやられてしまった。これが長屋王の変で、長屋王の死後、政権が藤原氏のもとに戻ったことで、首謀者は藤原氏ではないかと言われて

各所に石標が立つ土山の旧東海道

土山の町並み

いる。

血なまぐさい政権争いで、無実の罪を着せられた長屋王だが、生前仏教を篤く信仰していたことで知られ、鑑真来日のきっかけを作ったのも長屋王という。

大般若経は信仰心篤い長屋王が書写させたもので、一つは従兄弟にあたる文武天皇の死を悼み、和銅年間に書写させたものなので和銅経と呼ばれる。もう一つは神亀経《じんぎきょう》で、そちらは神亀年間（七二四〜七二九）に父母の冥福を祈って書写させたものだ。それぞれ六百巻ずつあったが、時代とともに数が減り、和銅経は二百二十巻が現存している。

土山の常明寺に伝わるのは、和銅経の一部の二十七巻で、国宝に指定されている。田圃に囲まれた静かな土山の一寺院に、そういう謂われのものが伝わっている。私の心が躍ったのは、そのためだった。しかもここから北東に六、七キロほどの太平寺に百四十二巻（国宝）、見性庵《けんしょうあん》に四十三巻（重要文化財）が伝わっているというから、現存する和銅経の大半が鈴鹿山麓の土山にあることになる。*

長屋王の大般若経は、当初奈良の薬師寺に伝わっていた。それがいつしか近江国安土にある桑實寺《くわのみでら》に移され、さらにそれが土山の三つの寺に渡ったということらしい。薬師寺は長屋王と妻の吉備内親王が信仰を寄せていた寺で、桑實寺は薬師寺領だったという関係のようだ。

桑實寺に移されたのは、長屋王の変の後、謀反者が関係するものを人目に触れさせたくないということからだろうか。もしそうだとしても、桑實寺から土山に移された理由はわからない。

疑問は残るが、常明寺に関して言えば、ここは文武天皇供養のために、母である元明天皇によって創建された寺と伝わっているので、ここに文武天皇の死を悼んで書写された大般若経があることは、ある意味自然ともいえる。

土山の常明寺、見性庵、太平寺へと渡った大般若経は、それ以後場所を移すことなく、各寺院で大切に守られてきた。土山にある理由はわからないし、今後その理由が明らかになることもないかもしれないが、鈴鹿山麓は都から目の届く範囲にありながら、しかも秘密裡に守ることのできる場所だったということは言えるかもしれない。

やはりここは近江なのだ。ようやく近江に到達した。この懐深い土地の一端に触れ、静かな興奮が渦巻いた。


*常明寺、見性庵、太平寺に伝わっていた大般若経は、現在京都国立博物館などに寄託されている。

51

水《みな》口《くち》

秀吉の目

落ち着いた家並みの間から茶畑や田圃がのぞく長閑《のどか》な旧道を歩いていると、正面にお椀を伏せたような低山が見えてくる。道が緩やかに曲がるとその山はいったん視界から消えるが、しばらくして今度は右の方に顔をのぞかせる。山に気を取られているうち、やがて復元された冠木《かぶき》門が現れ水口に着いたことを知らされた。

　朝六時前に関を発っているので、もうかれこれ八時間近く休みなしに歩いていることになる。途中肩や首が痛くなり一時はどうなることかと思ったが、いつの間にか苦痛が和らぎ無事水口に到着することができた。脳内モルヒネのおかげだろう。マラソンランナーにはよく聞く話で、実際経験してみるとなるほどこういうことなのかとわかったような気がするが、水口に着いたとたん肩が痛み出し、思わずリュックを下ろした。

　見回すと先ほどの山がすぐそこに迫り、表面を覆う杉の一本一本までよく見える。何ということの

ない山だが、先ほどから気になっていた。通りがかりの人に聞いてみると、「古城山《こじようさん》ですよ」という。大岡山《おおおかやま》とも言われるその山は、かつて山上に豊臣秀吉が重臣中村一氏に築かせた水口岡山城《みなくちおかやまじよう》があったことからそう呼ばれ、水口のシンボル的存在と知った。

　水口の城というと、将軍上洛の際の御殿として小堀遠州に築かせた近世の水口城が思い浮かぶ。当時幕府の作事奉行として大坂城や二条城を手がけていた遠州は、伏見城の遺構を移して水口城を完成させたが、その姿は二条城のミニチュア版といった趣だったようだ。実際そこに将軍が宿泊したのは、寛永十一年（一六三四）の家光上洛時だけで、その後は幕府の任命した城番が管理し、水口藩成立後は藩主の居城として使われたが、明治の廃城後、建物の大半が公売に付された。撤去された本丸跡には高校ができ、石垣の多くは近江鉄道の敷石に使われたが、出丸《でまる》の石垣が一部残っていたことから、整備されそこに資料館ができた。

　近江国には水口城のほか伊庭《いば》、永原、柏原にも御殿があった。だいぶ前になるが、それらの遺構を見に琵琶湖の東を回ったことがある。水口城を訪ねたのもそのときで、以来水口というと近世水口城の城下町というイメージを抱いていたが、いま東から東海道を歩き、水口に入ったところで出迎えてくれたのは、近世の御殿の城ではなく、戦国時代の城が置かれていた山だった。これまで目が向かなかった水口に出会えたようで、秀吉が造らせたという水口岡山城跡に関心が高まった。

　ところで、江戸時代東海道では「京立ち石部《いしべ》泊まり」と言われた。これは京都を発った旅人の多くが大津、草津を経て石部に泊まったということで、石部の東隣の水口は宿泊より休憩に使われる宿場だったようだが、宿場規模としてはそれなりにあった。水口は戦国時代の頃から、わずかながら休憩できる施設を備えた宿場だったので、早くから町としての発展が見られたのだろう。

　現在はというと、ところどころに連子《れんじ》格子《こうし》の家が残る静かな住宅街といった趣きだ。宿場時代の建

水口岡山城址への登山道

三筋の街道入口。左の道がこの先で二つに分かれ、三筋の街道となる

物は残っていないが、家々のたたずまいのせいかどことなく懐かしい感じがする。

地図に目をやると、この先東海道は紡錘型に三筋に分かれ、一キロほどその状態で西に進んだ後また一本に束ねられ、今度は鉤形を描いている様子が見て取れる。鉤形になっているのはその南に江戸時代の水口城があるためで、典型的な城下町の造りだが、中央の紡錘型の三筋の道は珍しい。

三筋の街道は広い意味ですべてが東海道だが、厳密には真ん中の道が東海道だ。おもしろいことにその紡錘型の街道のほぼ真北に、先ほどから気になっている古城山がある。もしかしてと思っていたら、やはりそこは水口岡山城の城下町だったところで、三筋の街道は天正十三年当時の町割りの名残だった。

せっかくなので、古城山に行ってみることにした。山に向かって北に百メートルほど行くと、大岡寺《だいこうじ》に突き当たる。そのお寺は元々山の上にあったが、山上に城を築くため、山から下ろされたという。山上にあったときは、多くの堂宇を構え栄えていたが、そこが要害の地で交通の便もよかったことからたびたび戦禍を被り、本坊を残すだけになった。天正十三年（一五八五）築城のため山から下ろされたのはその本坊で、享保元年（一七一六）現在地に移転し再建されたのだという。

古城山で寺が戦禍を被った理由は、そのまま秀吉がそこに城を築いた理由になる。

地図を見ると、水口には東海道はもちろんのこと伊賀道に信楽《しがらき》道、柘植《つげ》方面に向かう杣《そま》街道に日野街道といった多くの街道が集まっていることがわかる。さらに視野を広げれば、それらの道は大和国や伊勢国、紀伊国にも通じている。

水口や信楽など、伊賀国に接する近江国の最も懐深いところは、かつて甲賀《こうか》郡と呼ばれた。現在の甲賀市がほぼそれに相当するが、そこは中世甲賀衆とか甲賀武士と呼ばれた半農半武の土豪が群雄割拠していたことで知られる土地だ。彼らはそれぞれが対立するのではなく同族が結束して一種の自治組織を作り、あるときは鈴鹿関や街道を警護し、またあるときは外敵との抗争の際に協力するなど、甲賀での暮らしを守るために大きな働きをしたが、その戦闘能力は相当なものだった。甲賀衆が守っている甲賀から伊賀にかけての道は大和への侵攻の際に重要だったことから、信長も次第に勢力を拡げていく中で甲賀衆を組み込もうとしたらしい。本能寺の変で信長が倒れた後政権を握った秀吉も、基本的には信長同様甲賀衆の力を利用したが、天正十三年（一五八五）紀州雑賀《さいか》攻めの際、出陣命令に背いたなどと難癖をつけ、甲賀衆たちの支配権を剝奪した。これを機に秀吉による甲賀の新しい支配体制が始まったということで、岡山水口城はその端緒となった城といえる。

そうした戦国時代の甲賀を思い浮かべながら、大岡寺を後に古城山への道を登った。整備された道は歩きやすく、十分足らずで山頂に到着。最近木を伐採したばかりのようで、あちらこちらに切り株がある。見かけは悪いが、そのおかげで眺望が利く。

これから進む西に目をやると、水口の町のはるか彼方に修験道で知られる飯道山《はんどうさん》や阿《あ》星《ぼし》山が、東の方には綿向《わたむき》山をはじめとする鈴鹿山脈の連なりをうっすらと捉えることができる。東海道は樹木の陰で見えないが、秀吉はおそらくこの山頂から三百六十度をぐるりと見回し、水口を通過する人の動きを捉えたに違いない。水口岡山城を最初に任せたのは秀吉子飼いの武士中村一氏だったが、一説によると彼は甲賀の出だという。それが事実なら、交通の要衝でありながら三方を山に囲まれた近江の懐深い水口を安心して任せることができただろう。

水口岡山城は天守閣のある本丸、二の丸、三の丸、そして西の丸を持つ城で、本丸は十六メートルもの高さの石垣の上に建っていたと考えられるというから、この時代の城としてはかなり立派なものだった。その石垣の一部が本丸の北に残っている。荒々しく野面《のづら》積みされた石垣の残骸が、当時の勢いを感じさせる。わずか三代十五年で廃城になったが、今なおその存在感は大きい。

ここに到るまで、交通の要衝と言われる場所を何度も通過してきた。東海道には北から南から数え切れないほどの道が集まり、各地へと通じていることをそのたびに実感させられたが、鈴鹿峠を越えいよいよ京都が近づいてくると、東海道の役割の大きさや重みがさらに増してきたような気がする。

秀吉の時代、近江国に築かれた城の多くは信長時代を踏襲し琵琶湖沿いにあったが、唯一内陸に置かれたのが水口岡山城だった。秀吉は水口の重要さを熟知していたのだ。

水口の旧東海道

52
石《いし》部《べ》
良弁《ろうべん》と石

水口を出て一時間ほどすると、東海道は野洲《やす》川の大きな流れに突き当たる。鈴鹿山脈の御在所山に発し琵琶湖に注ぐ野洲川は、琵琶湖に流れこむ四百六十本近い河川の中で最も長く、利根川の坂東太郎に対して、近江太郎とも呼ばれる。

度重なる氾濫で、周辺に暮らす人たちの生活を脅かしてきた川だが、同時にそのたびに肥沃な大地を生み、流域に古くから人々の営みを芽生えさせもした。守山の下之郷からは弥生時代中期の大規模な多重環濠集落遺跡が見つかっているし、三上山の北の野洲では二十四個にも及ぶ銅鐸が出土、その中には日本最大のものも含まれている。

以前そうした遺跡を訪ねては、古代近江の豊かさに感じ入ったものだが、野洲川といえば、さらに時代を遡った有史以前の名残を有してもいる。

確かそれは、野洲川中流の河原だったはず。地図を見ると、その場所は新生橋の近くで現在地から

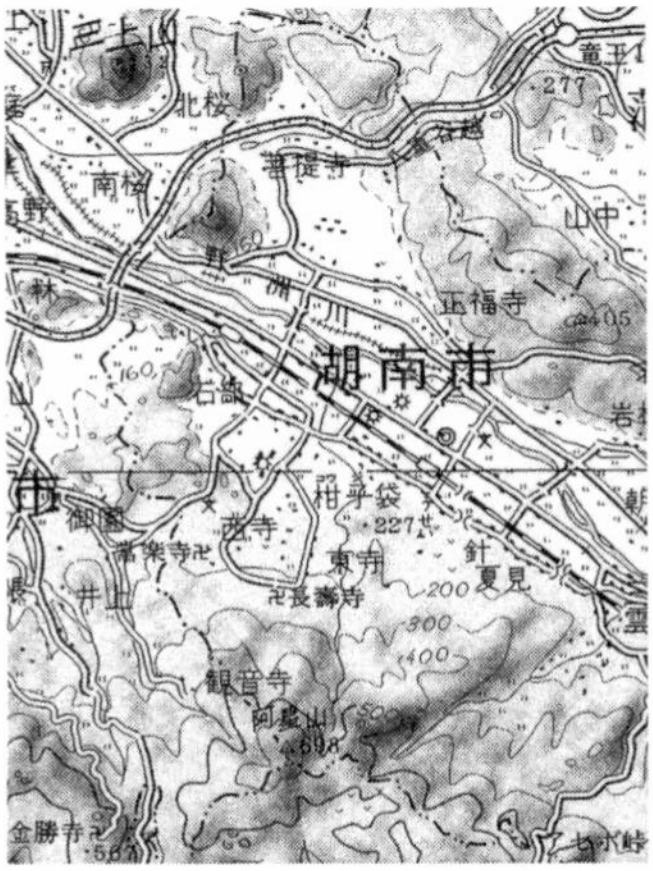

はやや遠い。寄り道はまたの機会にしたが、実はそこには二百万年ほど前の象や鹿の足跡が化石となって残っている。

発見されたのは、昭和六十三年（一九八八）のこと。野洲川の河床で、立木が埋もれて炭化した化石林が発見された際、象や鹿の足跡も一緒に見つかった。数年前には日本地質学会が選定した県の石の一つに、この化石も認定されたというが、興味を惹かれたのは、その足跡が残されていた河原の土が、二百六十万年ほど前の古琵琶湖層だったということだ。

琵琶湖は最初から現在の場所にあるのではなく、およそ四百万年前に伊賀の東に誕生したものが、伊賀盆地や鈴鹿山脈の隆起によって少しずつ北に移動し、およそ四十万年前に現在の位置に落ちついたと言われている。

古琵琶湖層というのは、現在の琵琶湖が出来るまでの過渡期、湖の移動を示すもので、野洲川中流の河原に、そうした時代の化石が剝き出しに残っているというのだから、スケールの大きな話だ。ということは、いま向かっている石部も、またそこまでの東海道も二百六十万年前には古琵琶湖の中にあった、つまり古琵琶湖が通過していった土地ということになるだろう。そういうところをこれから歩いていく。

野洲川を渡り石部を目指し西に歩いていると、民家の切れ目から進行方向左、つまり石部の南に屏風のように連なる山並みが見えてくる。その中で一番高い山は阿星《あぼし》山といい、その麓に常楽寺《じょうらくじ》と長寿寺という天台宗の古刹がある。常楽寺は西寺、長寿寺は東寺とも呼ばれ、それらは地名にもなっている。

数年前の夏、友人と湖南地方を旅したとき立ち寄ったが、どちらの寺にも国宝に指定された見事な建物が残っており、静かな集落にひっそりとたたずむその風情に、私たちはすっかり魅せられた。常

いまも採石が行われている石部の山

石部宿東の出入り口

楽寺の三重塔、長寿寺の本堂はとくに印象深い。もちろんそれらの建物は創建当初からのものではないが、どちらの寺も、奈良時代良弁《ろうべん》によって開かれたと伝わっている。

良弁は聖武天皇に見込まれ、大仏建立に大いに力を貸した高僧だが、実はこの石部周辺には、常楽寺と長寿寺以外にも、良弁開基と伝わる寺がいくつもある。たとえば東海道の北、野洲川を越えたところの正福寺《しょうふくじ》や、その少し西にある少菩提寺がそうで、少菩提寺は廃寺になっているが、多宝塔や地蔵像など石造物がいくつも残されている。

範囲を拡げると、良弁開基の寺は他にもある。少菩提寺に対し大菩提寺と呼ばれる金勝寺《こんしょうじ》がそれで、金勝寺は石部の南に連なる山並みからさらに南の、湖南アルプスと呼ばれる田上《たなかみ》・信楽山塊の山中に鎮座している。ちなみにその寺がある周辺の山中には、磨崖仏がいくつも残されている。一番有名なのは狛坂《こまさか》廃寺磨《ま》崖仏《がいぶつ》で、高さ六メートル、幅四メートルの巨石に刻まれた三尊は、それが固い石に刻まれたものとは思えないほど繊細で巧みだ。

当時都や寺院を造営するための木材は、杣山から切り出され、運ばれた。その杣山の代表が近江の田上山周辺だったが、同時にそこは、仏像づくりに重要な鉱物資源の宝庫でもあったと言われている。これらの資材は、瀬田川の水運を利用し奈良に運ばれた。その集積地である瀬田にも、良弁開基と伝わる石山寺がある。

田上山をはじめとする湖南アルプスや、その麓の石部周辺に良弁開基の寺が多いのは、良弁が湖南の山々を渡り歩いていた何よりの証拠だが、さらに踏み込んで言うと、良弁は資源豊富なこの山塊を熟知していた、あるいは資源の利用に習熟した人たちをとりまとめるような立場にいたということではないだろうか。良弁の足跡のあるところに、見事な石造物が残されているのは単なる偶然ではないだろう。

静かな石部の町を抜けると、コンクリート工場があり、目の前に黒灰色の岩肌が剝き出しになった低山が現れる。灰山といって、現在も山の中腹にはショベルカーが数台、いまも採石が続いている。石部の町は湖南アルプスからは多少離れているが、山麓と言ってもよい位置にあり、石部の低山は湖南アルプスの北端に当たる。その石部の低山もかつては鉱物資源の宝庫だったことから、大仏を造る際ここから銅を採掘させたという話も聞く。

石部の「石」は、湖南の山塊に秘められた石の存在を伝えている。その石を熟知し、活用したのが良弁を中心とした石の匠たちだった。

三上山を望む石部の町並み

53

草《くさ》津《つ》

和中散《わちゅうさん》本舗の軌跡

浅みどり三上の山の春霞たつや千歳のはじめなるらん　大江匡房

先ほどからちらちらと見えていた三上山が、石部を出ると進行方向右手にその秀麗な全容を現す。近江富士とも呼ばれる三上山は、小ぶりながら凛として美しく、琵琶湖周辺を巡っているとふとした折に目に留まるので、よい目印になる山だ。

いつしか東海道は伸びやかな湖東平野を進んでいる。そうした風景の中でひときわ存在感のある三上山は、古来信仰の山として周辺で暮らす人々の心のよりどころとなってきたが、当然その姿は近くを通る旅人たちの心も強く捉えた。三上山を詠んだ歌の数々はその現れだ。

三上山は美しい。この山には神奈備《かんなび》としての神々しさを内に包み込んだ柔らかさがある。富士山は東海道中その姿を目にすると圧倒され、ときには足のすくむ思いがしたが、標高四百メートルほどの

三上山を前にそのような畏怖を感じることはなく、むしろこの山に宿る神々しさに母性を重ねたくなる。三上山は琵琶湖とともに近江の風土を造りあげた、まさに近江の母のような存在だ。

そんな三上山としばし同道二人旅を楽しんだ後、東海道は伊勢落《いせおち》に入っていく。伊勢落はかつて伊勢神宮に仕える斎王の一行が通ったことから伊勢大路と呼ばれていたのが、いつの間にか伊勢落に変わったという由来を持つように、古くから往来があった土地だ。現在の伊勢落は板塀に瓦屋根、連子《れんじ》格子《こうし》、蔵などが目に付く静かな住宅街で、そうした町並みは六地蔵に入っても同じように続いている。

六地蔵は江戸時代梅の木立場《たてば》が置かれ、旅人が休憩する茶屋が建ち並んでいた点、伊勢落とは少々趣が異なり、紅殻格子《べんがらごうし》や塀に瓦が乗った瓦塀が華を感じさせる。六地蔵で目につくのは、「麴屋　糀屋太郎兵衛」「和中散《わちゆうさん》屋　ぜさい東店大角重蔵」「もぐさ屋　亀屋善蔵」といった、かつての屋号を記した表示だ。立場でこうした表示があるところは少ない。歴史を大切にする土地柄なのだろう。街道脇を流れる水路の音を聞きながらそれらの屋号を追っていくと、大きくカーブした先に、卯建《うだつ》の高い重厚な構えの商家が見えてきた。

一目で古いとわかるその建物は、和中散という漢方薬で知られた「ぜさいや」のもので、つい先ほど「ぜさい東店」という表示があった家の本家にあたる。店舗の東隣には小ぶりながら堂々とした四脚門が、東海道を挟んだ向かいには当主大角家の隠居所や地蔵堂があり、そこだけ江戸時代に遡ったようだ。国の重要文化財に指定されているこれらの建物は、いまも大角家の人たちによって守られている*。

中を案内してもらえるというので、あらかじめ予約をしておいた。呼び鈴を押すと、「どうぞ」と低い声が響いた。「少し早いのですが」と言いながら引き戸を開けると、体格のいい齢八十過ぎの男性が「かましまへん。いまそこを開けますから」と迎えてくれる。

蔀戸《しとみど》が開くにつれ、薄暗かった室内に光が入り、黒光りした広い板の間に置かれた江戸時代の大きな看板に目が留まる。一つは彫刻で縁取りされ、「わちうさん」と書かれたもの。もう一つは赤字で「ぜさい」と書かれたもの。さぞや遠くからでも目を惹いただろうと思われる、立派な看板だ。

「ご存じのように、ここは和中散という薬を売る店でした。六地蔵には五、六軒同じような店がありましたけど、建物が残っているのはここだけです。江戸時代はこの戸を全部外してましたから、通りと一体感がありましてね。お客さんをここに上げ、お茶を振る舞ったので梅の木茶屋とも呼ばれてました。

始まりは江戸初期の元和年間で、京都の名医・半井卜養《なからいぼくよう》の娘を娶ったときに製薬法を伝授され、以来ここで薬を売ってきたと言われとります。腹痛を訴えた家康が和中散を飲んだところ、たちまちよくなったことから、和中散の名が広まりました」

淀みなく店の歴史を話し始めるその男性は、大角家二十四代当主の大角弥右衛門さんだ。

「江戸時代、ここにはいろんな人が立ち寄りましてね。元禄年間にはケンペルが立ち寄って『江戸参府旅行日記』に「この地で発明された効能ある薬」と書いてますし、幕末にはシーボルトも来て薬をもらい受けたり、この辺の植物を長崎に送らせたりしたようです。店舗の東に書院を増築して小休み本陣にしたもんですから、大名さんも休んでいかれました。どうぞこちらへ」

案内された書院は、本陣さながらに格調高く、千鳥破風《はふ》の玄関や、そこを飾る欄間に目が引き寄せられる。欄間は外側と内側で図柄が異なり、繊細さと力強さを兼ね合わせた技術は見事だ。

「玄関の欄間でこれだけのものは、二条城とここぐらいでしょう。今度はこちらへどうぞ」

見とれている間もなく、奥に続く座敷に案内されるが、そこでもまた屏風絵や襖絵に目を奪われる。

「奥が上段の間です。いまは次の間との仕切りに別のが入ってますけど、元々ここには曾我蕭白《そがしょうはく》の

近江富士とも呼ばれる秀麗な三上山

旧和中散本舗（国指定史跡）

『楼閣山水図』と『松竹梅図』があったんです」

重要文化財なので、現在元絵は栗東《りっとう》の博物館にあるというが、その写真を見せてもらうと、「楼閣山水図」と「松竹梅図」は画風が異なり、上段の間には蕭白の絵にしては落ちついた風景が、裏側には蕭白らしい勢いある松が描かれている。玄関から書院に足を踏み入れた大名は、迫力に満ちた松竹の襖絵で仕切られた上段の間に通されてから、室内では穏やかな山水図を前に旅の疲れを癒やしたということなのだろう。

蕭白は京都の商家の生まれだが、伊勢に何度か足を運んでいる。これらの襖絵は旅の途中立ち寄ったとき、代金を支払う代わりに描いていったということだが、東海道に面した門の奥にこれほどの書院があるとは思ってもいなかった。

「庭をご覧ください」

その声に導かれ、上段の間から庭に目を向けてみる。池の奥には小高い築山《つきやま》、手前にはきれいに刈り込まれた皐月《さつき》と石が点々と配され、低く抑えられた生け垣越しに、遠く日向山が望める。国の名勝に指定されているこの庭は、小堀遠州の作と言われているらしい。

遠州といえば水口城の普請にあたった関係か、水口の大池寺《だいちじ》も遠州作と言われている。水口城も大池寺も、寛永年間に造られたとされる。和中散の建物が建てられたのもその頃なので、水口への途中ここに立ち寄り、作庭した可能性はあるだろう。本来は回遊式の庭園で、築山に登ると三上山が見えるというから、まさにこれはこの土地のシンボルを取り込み、その自然風景を凝縮したような庭だ。

そういえばこの庭のこぢんまりとした優しい感じは、三上山に似ている。遠州ならその土地の象徴にイメージを重ねつつ、それを取り込む景色を造る技術は十分持ち合わせていたはずだが、あいにく想像の域を出ない。

一通り説明を聞き終えると、満ち足りた思いでもう一度庭に目をやった。復元ではない当時のままの建物が醸し出す街道沿いの雰囲気、建物内の調度品、書院の庭、そしてそれらを受け継ぎ語り伝えている大角家の人たち……。旧東海道で残っていてほしいと思うすべてがここにある。

東海道の旅も残すところあとわずかだ。楽な旅ではなかっただけに喜びはひとしおだ。一期一会。いまこの瞬間、感謝の気持ちがわき上がった。

草津は中山道と東海道が分岐合流する追分に作られた宿場で、江戸時代の姿を留めた本陣が残っている。何とかこの日のうち見学しておきたいと、残りの道を急いだが、二十キロ以上歩き続けた一日の最後に、早足で歩くには無理があったようで、旧草津川に沿った旧道に入ったあたりで、突然脚全体が経験のない痛みに襲われた。その後どうやって歩いたのかは覚えていないが、気づいたときには、閉館間際の本陣前に立っていた。

＊現在、旧和中散本舗（大角家住宅）は春、秋の特別公開期間以外は非公開。

54

大《おお》津《つ》

瀬田の唐橋を渡って義《ぎ》仲寺《ちゅうじ》へ

瀬田の唐橋に着いたのは昼近い頃だった。

琵琶湖南端から流れ出る唯一の河川、瀬田川に架かるのが唐橋だ。橋の上から北に目をやると、どこまでも湖が続いているように見える。水面《みなも》は空より青く、国道一号線の白い橋のはるか先には、淡い灰色をした湖西の山々が連なっている。

南に目を転じると、瀬田川の青い流れ。コンクリートの橋の上を新幹線が猛スピードで走り抜けていく。そのすぐ南には名神高速の橋もある。

瀬田川は琵琶湖を出ると、しばらくそのまま南下した後、西に向きを変え、蛇行を繰り返しながら宇治川と名を変え、最後は淀川に合流し大阪湾に注ぐが、唐橋付近から見るとこの川は東と西を分ける境界に思える。逆に橋は東西を繋ぐ存在で、かつて瀬田川に架かる橋は瀬田の唐橋だけだったが、現在は多くの橋が東西を繋いでいる。ちなみにここからでは見えないが、国道一号線の橋からさらに二百メートルほど北には、ＪＲの鉄橋も架かっているので、橋の数でいうと五つあることになる。

瀬田の唐橋が瀬田川に架かる唯一の橋だった時代に比べると、瀬田川を越えることの意味はかなり薄れているが、思い返せば唐橋は歴史上さまざまな境界になり、多くの歴史的事件に登場している。

天武天皇元年（六七二）壬申の乱の際、東から攻める大海人皇子軍と大津京を守る大友皇子軍が激突したのも、この唐橋の上だった。

天平宝字八年（七六四）恵美押勝（藤原仲麻呂）の乱では、孝謙天皇の軍に追われ平城京を脱した恵美押勝の行く手を阻むため、先回りして瀬田の唐橋が焼き落とされた。

平安時代の末には、源義仲（木曾義仲）追討の命を受けた源範頼が、義仲の忠臣今井四郎兼平と唐橋を挟んで交戦。

鎌倉時代の承久の乱（一二二一）では、朝廷の復権を目指す後鳥羽上皇方が時の執権北条義時方と唐橋で戦を交えたというように、瀬田の唐橋は数々の攻防戦の舞台になってきた。これは瀬田の唐橋が交通の要衝であることに加え、ここを守ることが畿内を守ることに繋がるという、軍事的な境界でもあったからだろう。現在唐橋が東西の境界になっているという感覚はなきに等しいが、交通の要衝ということだけは変わらないようで、橋を走り抜ける車は列をなし、途切れることがない。

唐橋を渡り、琵琶湖の西岸に沿って北に向かうと、いよいよ大津だ。大津には戦国時代、秀吉が浅井長政に築かせた大津城があったが、関ヶ原の戦を制した家康は、戦の翌年大津城を廃し、湖岸に膳《ぜ》所《ぜ》城を築いた。膳所は唐橋に近い。家康も、この橋を重視していたのだろう。

膳所城は現存しないが、膳所に入ると街道が幾度も折れ曲がっていたり、寺社の門などに城の建物の一部が使われていたりと、城の名残がそこかしこで見られる。連子《れんじ》格子《こうし》の家が残る膳所を歩いていると、左手に義《ぎ》仲寺《ちゅうじ》が見えてきた。義仲寺は、源義仲の死後、愛妾の巴御前が墓所近くに草庵を結ん

瀬田の唐橋

大津の町並み

だことに始まる寺で、江戸時代大津の風光を気に入った松尾芭蕉が滞在したことでも知られる。芭蕉はよほどこの地が気に入ったらしく、死後は義仲寺に葬るよう遺言したことから、境内には義仲の墓と並んで芭蕉の墓もある。早速小さな門をくぐった。

深紅の紅葉が境内を包み込むように枝葉を垂れ、その奥に茅葺きの草庵が顔をのぞかせている。こぢんまりとした境内。すぐに芭蕉の墓に目が留まる。

木曾殿と背中合わせの寒さかな

門人島崎又玄《ゆうげん》が、念願かなって義仲の隣に眠る芭蕉の墓前で詠んだこの句が、脳裏を過ぎる。

義仲と芭蕉では、生きた時代が五百年近く隔たっている。しかも義仲が命を落としたのは三十一歳のときで、五十歳近くまで生きた芭蕉とは年齢的にも隔たりがある。

芭蕉はどのような思いで、死後義仲の墓の隣に眠りたいと言い残したのだろう。

芭蕉の心中に思い巡らせながら、墓前で手を合わせていると、境内奥から六十代ぐらいの男性がゆっくりと近づいてきた。

「良い寺でしょう」

「そうですね。よく来られるんですか」

「近くなもんでね」

聞けばその人は義仲のファンらしく、この近くに今井兼平の墓もあるので、日々の散歩コースになっているという。

「唐橋を渡ってきたんですけど、唐橋も源範頼と今井兼平の戦の舞台だったんですよね」

「ええ、でも最期は粟津に向かおうとしたんです。義仲軍はついに兼平と義仲の二人だけになってしまって、もういよいよだめだっていうんで、義仲は兼平を助けようと、覚悟を決めて敵中に入っていったら、馬が脚を取られて動けなくなってしまった。そこを討たれたんです。兼平もそこで自害しました。だからこの辺は、木曾源氏終焉の地ですわ」

その人は一息つくと、義仲の墓に目をやった。

「芭蕉はなんでここを選んだんでしょうね」

赤や黄色の紅葉が池に舞い落ちる様子を見ながら、ぽつりそう言うと、その人はまた口を開いた。

「義仲への憧れというか、尊敬する気持ちが強かったのと違いますか。義仲は子供時代苦労したけど、二十歳そこそこで旗揚げして平氏を打ち倒した。なのにまたすぐに討ち取られ、若死にしてしまったでしょう。その無常感が芭蕉の胸に響いたんだろうと思いますわ」

「大津の風景が気に入っていた、ということもあるでしょうか」

「それもありますやろね。石山寺の西の山に、幻住庵を建てて、そこに四カ月ぐらい滞在したこともありますわ。琵琶湖は海みたいに広いけど、海と違うて荒々しさがないでしょう。朝と晩では色が違うし、周りには山もあるから、そりゃ好きになりますよ」

大津周辺には、近江八景に選ばれた名風景が集まっているが、琵琶湖のある風景なら八景ならずともイメージの源泉になっただろう。

「この後はどちらまで」

「大津宿の名残を見て、京都三条大橋まで」

「そうでっか。気い付けて。余計なことやけど、大津には宿場時代からのものはあらしまへん。おまけに残ってた町屋が、高度成長期にぎょうさん建て替えられてしまいましてね。大津百町って言われてたのに、その地名もなくなってしもうて」

江戸時代の大津は宿場町として規模が大きかったばかりか、城下町でもあり湊町でもありと、多彩な顔を持つ町だった。湖岸には年貢米を保管する蔵屋敷が建ち並び、日本海側からの年貢米や諸物資は琵琶湖の船運を利用して大津港へと集められ、京都や大坂へと運ばれた。そうした当時の繁栄ぶりが、百町に現れていたはずだが……。

行く春を近江の人と惜しみける　芭蕉

「行く春」を「変わりゆく大津」とすると、いまの気持ちにしっくりくる。

義仲寺を出ると、一路大津宿に向かった。

55

京《きょう》都《と》三《さん》条《じょう》大《おお》橋《はし》

逢坂峠と琵琶の調べ

大津の本陣跡から南に六百メートルほど行くと、東から来た国道一号線と合流し、いよいよ逢坂峠へと入っていくが、その手前に関蟬丸神社《せきせみまるじんじゃ》を見つけ、お詣りに立ち寄ることにした。

関蟬丸神社の石標に並び、音曲藝道祖神と刻まれた石標が立っているように、ここは琵琶の名手で知られた盲目の歌人蟬丸を関明神《せきのみょうじん》としてお祀りする神社だ。

蟬丸といえば「これやこの行くも帰るも別れては知るも知らぬも逢坂の関」という百人一首にも入っている有名な歌が思い浮かぶ。子供時代、正月になると毎年家族で百人一首のカルタ取りに興じたものだが、蟬丸のこの歌は子供心にもそのリズム感が心地よく、お気に入りの一首だった。当時の私にこの歌の意味などわかるはずもない。逢坂峠というところを、人々が行ったり来たりするのだという程度の認識だったが、『今昔物語集』や謡曲『蟬丸』の話を知るようになると、この歌は逢坂峠という場所の秘された一面を垣間見せてくれる、実に示唆に富んだものに思えてくる。

そもそも蟬丸についてはわからないことが多い。平安時代宇多天皇の皇子敦実《あつみ》親王の雑色《ぞうしき》だったとか、醍醐天皇の第四皇子だったとか、『後撰集』の詞書によれば逢坂の関に庵《いおり》を結んでいた隠者だったというが、琵琶の名手だったことは確かなようで、そのことが物語に取り上げられる一つのきっかけになったのだろう。

逢坂の関に住む蟬丸が琵琶の名人であると知った源博雅が、自身も管弦の名人だったことから、何とか蟬丸の奏でる琵琶を聞きたいと三年間逢坂に通い続けた末、ようやく琵琶の秘曲を伝授されたというのが『今昔物語集』の話で、謡曲『蟬丸』はこれをもとにさらに脚色を加えて描かれている。そちらでは蟬丸は延喜帝（醍醐天皇）第四皇子という設定で、目が見えないことから僧形にされ逢坂山に捨てられてしまう。そこへやってきたのが狂人となり放浪していた姉の逆髪《さかがみ》の宮で、二人は偶然の再会に喜びつつも互いの宿命と世の無情を嘆き合い、姉はまた去っていくという展開だ。

蟬丸が高貴な身分の出であったにせよそうでなかったにせよ、盲目で琵琶の名手だった彼が逢坂峠と結びつくところに、逢坂峠の実態があるように思う。

逢坂峠が畿内と畿外との境界に当たることは言うまでもない。その前ぶれは瀬田の唐橋にあったが、逢坂峠こそ押しも押されもせぬ境界で、とくに都人《みやこびと》にとってこの峠を越えることは都を捨てるに等しく、現在の私などには想像もつかない不安や恐れがつきまとっていただろう。そのため峠には峠の神が祀られた。逢坂山が手向山《たむけやま》と呼ばれもするのはそのためで、これからお詣りしようとしている関蟬丸神社も峠の神に発する神社なのだろう。

いずれにせよ、目が見えないために蟬丸が逢坂峠に捨てられたという謡曲の話は、当時高貴な身分の家で行われていた障碍のある子供を都から辺境の地に隠すという習慣を示唆するもので、そういう舞台に選ばれるイメージがこの峠にはあったのだ。

ここに限らないが、峠や関所には、多くの旅芸人がたむろしたと言われる。そのことも琵琶の名手蟬丸が逢坂峠と結びつく一因になった。

蟬丸が逢坂峠付近で琵琶を奏でる無名の法師だったとすれば、その出自について不明な点が多いのも当然だが、何にせよ峠から聞こえてくる美しい琵琶の音色が、この峠を越える数多の旅人たちの心を慰めたことは事実だろう。

薄暗い峠を歩いているとどこからともなく琵琶の調べが聞こえてくる……。その情景を思い浮かべると、どこかもの悲しい幽玄の世界に引き込まれそうになる。

京阪電車の線路を越えると、踏切の目の前に鳥居が立っている。踏切を渡ったとたんすぐに神社の境内とは、神様もさぞや騒音に悩まされているだろうと思うが、ひとたび境内に足を踏み入れると、瞬く間に外界から切り離され、森々とした空気に身が引き締まる。実際すぐ背後には山が迫っている。逢坂峠はまだ先だが、これが逢坂山らしい。

社伝によると嵯峨天皇の弘仁十三年（八二二）、小野岑守が坂の神として逢坂山の山上に猿田彦命《さるたひこのみこと》を、山麓に豊玉姫命《とよたまひめのみこと》をお祀りしたのに始まり、円融天皇（在位九六九〜九八四）の代に蟬丸を合祀したというから、やはり元々は峠の神をお祀りする神社だったのだ。ちなみに山上の方を上社、麓の方を下社と呼び、今私がいるのは下社になる。それが鎌倉時代、鴨長明が「逢坂の関の明神と申すは、昔の蟬丸なり。彼の藁屋の跡を失はずして、そこに神と成りてすみ給ふなるべし。」と『無名抄』に記しているように、いつしか蟬丸が関明神ということになってしまった。

朽ちかけた檜皮葺の拝殿に近づくと、音楽や和歌の上達を願う絵馬が重なるように奉納されている。この先残り少なくなった旅路の安全を峠の神に願い、手を合わせた。

東海道はその後国道一号線に合流、逢坂峠への道は交通量が増え、ひっきりなしに車が走り抜けて

大谷にある蟬丸神社

逢坂関址

いく。関蟬丸神社の上社を過ぎる頃から、勾配が感じられるようになるが、山を掘り下げて造られた国道に、かつての峠越えのような険しさはない。

道の両側には高いコンクリートの壁が続く。車の騒音が、その壁に反響するかのように渦巻いている。やがてその壁が途切れ、道が平坦になる。どうやら逢坂峠に着いたようで、見ると道の右側に逢坂山関址と刻まれた石碑と常夜燈が並んでいるが、苦心して登った実感がないままやってきた逢坂峠は、車の行き来の激しい国道一号線ということもあって実感が薄い。付近にあったという逢坂関も、確かな場所はわからない。一瞬足を留め、すぐに逢坂峠の西に歩き出した。

ほどなく、右手に蟬丸神社が見えてくる。それほど間隔を置かずに、三つ目の蟬丸神社である。ここ大谷の蟬丸神社は先にお詣りに立ち寄った関蟬丸神社の下社と上社の分社で、創建は前者より百年以上遅い天慶九年（九四六）、蟬丸を主祭神とし、猿田彦命と豊玉姫命は合祀された形になっているというから興味深い。

天慶九年といえば、関蟬丸神社の御祭神に蟬丸が合祀された時代に近い。ここ大谷の蟬丸神社が関蟬丸神社のような変遷を経ず、いきなり蟬丸を主祭神としてお祀りしているということから、すでにその時代蟬丸が逢坂峠と切っても切れない関係になっていたということがわかるが、こうも立て続けに蟬丸神社が現れると、改めて蟬丸と逢坂峠との結びつきの強さを見せつけられる思いがする。

歌の持つ力だけでも蟬丸は十分後世に名を残しているが、このように逢坂峠に深く食い込んだその存在は不滅といってよい。蟬丸の背後には、逢坂峠を越えた数え切れないほどの無名の旅芸人の存在も感じられる。蟬丸が逢坂峠にその名を永遠に刻んだことで、無名のまま社会の表に出ることなく陰で生き闇に消えていった人たちの存在も、同時に永遠にそこに刻まれたことになるのだ。

追分の少し手前で京都市に入ったが、もう少し詳しくいうと、そこは京都市の山科区だ。山科というのは京都のようでまだ京都ではないような、中間色を湛えたところだとかねがね思ってきた。南以外を山に囲まれた盆地で、山科と京都の間には東山が連なっている。そのため地理的には山科はまだ洛内とは呼べず、事実生粋の京都人は山科を京都と思っていないようだが、古代から山科の地に御所や離宮が造られた歴史を振り返ると、山科は政治的に洛内だったと考えてもよいように思う。

山科は何より、大化の改新で中大兄皇子（後の天智天皇）の腹心として蘇我氏を倒した中臣鎌足が館を構えた土地で、天智天皇の時代飛鳥から大津に遷都することになったのも、山科に近い大津の重要性を熟知していた鎌足の導きによるところが大きいとされている。またそれに先立ち、天智天皇の母にあたる斉明天皇も山科に御所を設けていたと言われるし、平安時代の末には後白河上皇による山科御所と呼ばれる別荘も造られたように、山科は京都に都が置かれる以前から天皇家と縁の深い土地だった。

三方を山に囲まれた自然豊かな山科は、隠棲するに相応しい場所だが、交通の要衝だったので完全に周囲から隔離されてしまうことはなく、東海道などを通じて様々な情報を得ることができた。そんな山科の四宮《しのみや》を歩いていると、徳林庵《とくりんあん》の地蔵堂前にやってきた。塀がないので、気がつけば境内に足を踏み入れている。きれいに整備されてはいるが六角堂が醸す雰囲気からだろうか、歴史ある地蔵堂に感じられ、この先残り少なくなった旅路の安全を願い顔を上げると、御由緒に目が留まった。それによるとこの地蔵堂は後白河法皇の時代、都への出入口に当たる六カ所の街道筋に、都の守護や往来の安全を願って置かれたことに始まる、いわゆる六地蔵の一つで、ここにお祀りされているお地蔵さまは仁寿二年（八五二）小野　篁《たかむら》によって造られたものらしい。

　まさに山科が都との境界として捉えられていたことを教えてくれる話だが、それ以上に私が関心を持ったのは、この徳林庵を開いた南禅寺第二六〇世雲英正怡《うんえいしょうじ》禅師が、仁明天皇の第四皇子人康《さねやす》親王の末葉にあたるということだった。

　人康親王は高熱のために失明して宮中を追われ、山科御所に隠棲し出家して法性《ほっしょう》と号されたと伝わり、『伊勢物語』第七十八段に描かれている「山科の禅師の親王」は人康親王のことと言われる。

　琵琶の名手だったことから、江戸時代には座頭や琵琶法師たちの祖と崇められたり、守護神として信仰されたりしたらしいが、人康親王の話は蟬丸の出自について言われている話とそっくりだ。そう思っていたところ、境内の片隅に「人康親王　蟬丸　供養塔」と刻まれた供養塔を見つけた。

　ちなみに地名の四宮は、人康親王が仁明天皇の第四皇子だったことに由来するという。蟬丸にも醍醐天皇の第四皇子だったという説もあるので、何か因縁を感じる。

　都により近い山科では、峠と関わりの深い蟬丸よりも人康親王に纏わる伝説の方が色濃いようで、徳林庵から北に三百メートルほどの山裾に鎮座する諸羽《もろは》神社は親王の山荘跡と伝わるし、ここからすぐ近くにある十禅寺には親王の像が安置されている。そちらにも足を延ばしたいところだが、日没までもう一時間ほどしかない。逢坂峠の東から旅をともにしてきた蟬丸ともここでお別れになる。

　名残惜しい気持ちで来た道を振り返ると、空に虹が架かっていた。その虹は、逢坂山方面から山科の方に向かって半分ほど弧を描いたところで薄くなり、空に溶け込んでいったが、旅の終盤、何という天からの贈り物だろう。逢坂峠を越え、山科を過ぎ、いよいよ洛内に入ろうとしている私にとって、その虹はまさにゴールへの架け橋に思えた。

日没を迎えた三条通りは街灯に照らされ、向こうから来る車のヘッドライトに目が眩む。左の路地奥、青蓮院《しょうれんいん》の大楠が暗くなった空を漆黒に染めている。東山三条の交差点を過ぎると建物が高くなり、人通りも車の往来も多くなっていく。京都の賑やかな夜はすでに始まっていた。

広重「京師〈三条大橋〉」

京都三条大橋

おわりに

二〇一〇年から一一年にかけて、日本橋から京都を目指し東海道を歩いたが、次第に中世の旅人のように京都から東を目指す東海道も自分の目で見たいと思うようになり、順不同で復路も歩いたので、東海道を往復歩き終えたのは二〇一二年。いずれにしても今から十年近くも前のことになる。立ち寄った神社仏閣や史跡は相当数に及び、旅の後、膨大な体験と情報を自分なりに消化するのに数年を要し、本書の元になった原稿を一旦書き終えたのは二〇一五年だった。

十年という時間は長くもあり、短くもあるが、これだけの時間が経つと、当然東海道にも変化が生じる。開発によって新しい建物が出来たり、見学できたところができなくなっていたり、その逆だったり、熱心に説明してくださった地元の人が鬼籍に入られたり……。変化はあっても、およそ十年前の東海道風景として残す意味はあるだろうと思い、このたびの出版に際し初めに書いた文章に大きく手を入れることはしていない。主に施設に関して見学の状況が変わった点についてのみ、各章の最後に補ったが、すべて網羅できているかどうかは心許ない。不備があったらご指摘を賜ることができれば幸いだ。

それにしても、この十年の間、東海道の変化はもとより身の回りでも様々なことがあった。二〇一一年には東日本大震災、一九年からは新型コロナのパンデミックと、穏やかだった日常が一瞬にして変化する様を目の当たりにした。個人的なことでは、父が二〇一九年に他界した。そもそも東海道というテーマは、東京で暮らす高齢の父を支えるために、東京大阪間を頻繁に往復する中で、三浦雅士氏のお勧めから着想を得たもので、日常的な東海道の往復がなければ、この長大な徒歩の旅を決意することはなかっただろう。東海道は、私にとっては避けて通ることのできない街道でありテーマであったと今思っているところだ。

それはともかく、東海道には「はじめに」で挙げたように、いくつもの魅力がある。それは前著『近江古事風物誌』でテーマとした近江とも少なからず重なるもので、やや大雑把な言い方ではあるが、両者に共通する魅力は道によってもたらされたものが多い。近江では琵琶湖の周りを取り巻く街道が、周辺各地と近江とを結びつけ、そこに豊かな風土をもたらし育んだ。とりわけ都だった京都との結びつきは強い。東海道は東西を結ぶ道なので、回廊としての道を持つ近江とは単純な比較はできないが、東海道においても京都の存在は色濃く感じられるし、東海道にも南北の道がいくつも交差していることから、遠隔地との文化的交流がもたらされてきた。道のあるところには歴史がある。五百キロ近くに及ぶ東海道において、その魅力は分散されがちだが、自らの足で歩いたことで、表面からだけではわからないその土地の魅力に迫る手立てを教えられたように思う。

東海道については、これまで多くの先人たちが歌、俳句、紀行、小説など様々な方法で書き残してきた。古いものでは『万葉集』や『古今和歌集』の歌があり、中世には『更級日記』『十六夜日記』『東関紀行』があり、近世には『東海道中膝栗毛』があり、といった具合で、それぞれに作者の生きた時代が反映されている。現代において東海道を描く最大の利点は、こうした先人たちの誰よりも幅広い時代を俯瞰できるところにあると考え、取り上げる時代に変化を持たせながら東海道を描こうと心がけた。土地への愛情は、その土地の小さな歴史を知ることから始まる。言葉の持つ力という点では先人たちの足下にも及ばないが、本書が東海道への理解と愛着を深めるきっかけの一つになるなら、現代の旅人冥利に尽きる。

本書の元になった原稿は六年近くパソコンの中で眠っていた。一時は出版を諦めかけもしたが、父高橋英夫の遺稿本や著作集の出版に裏方として関わる中で、本の持つ力の大きさに改めて気づかされ、東海道の記録も本として残したいという思いを強くした。本書の刊行は、私のその思いを受け止め、内容に共感しご理解くださった編集部西口徹氏のご尽力の賜物だ。西口氏に心より御礼を申し上げるとともに、個々のお名前は挙げないが、取材中に出会った方たちと、家族をはじめ間接的に支えてくださった皆様に感謝の気持ちを伝え、筆を置くことにする。

二〇二一年十一月一日　ピラカンサが照り映える、秋晴れの大阪にて

高橋真名子

*本書は書き下ろし作品です。

高橋真名子

（たかはし・まなこ）

1965年、東京生まれ。日本女子大学卒業。エッセイスト、紀行作家。著書に、『近江古事風物誌——さざなみの回廊めぐり』（河出書房新社）がある。『高橋英夫著作集』（全8巻）編集協力。

東海道五十三次いまむかし歩き旅

二〇二三年一月三〇日　初版発行
二〇二三年三月三〇日　2刷発行
著　者——高橋真名子
発行者——小野寺優
発行所——株式会社河出書房新社
〒一五一-〇〇五一
東京都渋谷区千駄ヶ谷二-三二-二
電　話——〇三-三四〇四-一二〇一〔営業〕
〇三-三四〇四-八六一一〔編集〕
https://www.kawade.co.jp/
組　版——株式会社ステラ
印　刷——モリモト印刷株式会社
製　本——小泉製本株式会社

ISBN978-4-309-22839-6
Printed in Japan